PROGRAMS THAT WORK

자폐증의 문제행동에 대한 부모훈련

치료자 매뉴얼

RUBI 자폐증 네트워크

Parent Training for Disruptive Behavior

The RUBI Autism Network

Karen Bearss · Cynthia R. Johnson · Benjamin L. Handen
Eric Butter · Luc Lecavalier · Tristram Smith · Lawrence Scahill 공저

김봉년 · 김예니 공역

학지사

역자 서문

2017년 가을, 미국 에모리 대학교의 중증자폐환우를 위한 행동치료센터인 마커스 자폐센터(https://www.marcus.org/)를 한 달 정도 방문하였습니다. 이곳에서 자해, 타해, 식이거부, 과잉행동 등 심각한 문제행동을 갖고 있는 자폐 스펙트럼 장애 아동과 청소년에 대한 행동치료 과정에 참여하고 돌아온 지 벌써 3년 가까이 지났습니다.

마커스 자폐센터에서의 근거중심 행동치료와 교육과정에 대한 경험은 "문제행동은 훈련과 학습을 통해 변화되고 조절된다."는 자명한 사실을 다시금 확인시켜 주었습니다. 이 원칙이 중증자폐환우에서도 적용될 수 있음을 직접 보고 배우면서 즐거움과 경이로움도 느꼈습니다.

병원이나 센터를 통해서 받은 치료의 효과를 가정/학교/직장/지역센터 등으로 확장하고 일반화하는 일은 비단 문제행동에 대한 효과뿐만 아니라, 모든 자폐 특수교육이나 심리-행동치료가 공통적으로 마주하고 있는 당면 과제라고 생각합니다.

바로 그 일반화와 효과 확장을 위해서 부모도 함께 치료의 과정을 배우고, 집이나 지역사회에서 환우의 학습-훈련-교육 과정을 도울 수 있다면, 효과성은 배가 될 것입니다. 이런 생각을 구체화해서 정교하게 만들어진 프로그램이 RUBI-AUTISM NETWORK의 부모훈련 프로그램인 이 책입니다.

이 프로그램은 이미 10년 정도에 걸쳐 정교한 임상연구와 사례연구를 통해 상당히 유의미한 효과성을 입증하였으며, 단순 부모교육보다 뛰어난 행동치료 효과, 특히 문제행동에 대한 치료 효과를 가진다는 것을 보여 주고 있습니다.

우리나라에서는 2013년 보건복지부 산하 국립정신건강센터에서 발달장애 아동과 청소년에 대한 문제행동치료를 위한 행동발달증진센터를 설립하여 운영하였고, 이후 '발달장애인 생애주기별 종합대책'에 따라 발달장애 거점병원-행동발달증진센터를 확대 설치하고 있습니다. 서울대학교병원 소아청소년정신과는 2019년 말 보건복지부에서 지정하는 발달장애인 거점병원이 되었고, 부설 행동발달증진센터를 동시에 운영하게 되었습니다.

서울대학교병원에서 지난 40년의 발달장애치료의 역사를 통해서 확인한 바에 따르면, 발달장애 환우의 가족교육-훈련-지원은 핵심치료과정 중에 하나가 되어야 한다는 사실입니다. 이는 모아애착 프로그램, 소아청소년 사회성 증진 프로그램, 발달장애 가족교육 프로그램을 통해 확인되었습니다. 이러한 흐름에 덧붙여, 이 책인 『자폐증의 문제행동에 대한 부모훈련』을 발간하여 좀 더 도움이 되고자 합니다.

『자폐부모 교육』(학지사)에서도 언급하였지만, 21세기에 출판된 다양한 자폐 스펙트럼 장애치료 프로그램에 대한 효과성 연구의 결과를 종합해 보면, 첫째, 일찍 발견해서 일찍 충분한 치료/교육을 제공한다. 둘째, 사회성에 초점이 맞추어진 종합적 접근을 제공한다. 셋째, 부모와 가족을 교육하고 훈련을 시켜서 자폐환우의 치료에 참여할 수 있는 능력을 배양하는 것이 치료 효과 증진에 결정적이라는 결과를 일관되게 보여 주고 있습니다. 이러한 부모님 참여의 중요성에 도움이 될 수 있는 책이 이 부모훈련 프로그램이라고 생각합니다.

이 책의 번역과정에서 큰 도움을 주신 분이 많습니다. 서울대학교병원 소아정신과 임상강사를 마치고, 지금은 가톨릭대학교병원으로 옮기신 유재현 교수님, 홍영은 선생님과 오매화 선생님 그리고 발달장애 가족(부모)훈련 프로그램 운영을 위하여 고생해 주신 국립정신건강센터의 최정원 과장님, 양영희 선생님 그리고 행동발달증진센터의 모든 선생님께 감사드립니다.

이 프로그램이 앞으로 많은 거점병원과 대학병원뿐만 아니라, 공공병원과 클리닉에서도 폭넓게 사용되기를 바라고, 의료 영역을 넘어 특수교육/사회복지/발달심리 영역으로도 확장되기를 바랍니다. 감사합니다.

2020년 8월

김붕년, 김예니 올림

매뉴얼 소개

자폐 스펙트럼 장애(autism spectrum disorder: ASD)는 사회적인 상호작용과 의사소통의 질적 결함뿐만 아니라 관심사가 한정되어 있고 행동이 반복적인 것이 특징인 초기 아동기의 발달장애이다(APA, 2013). 스펙트럼이라는 용어는 자폐 스펙트럼 장애 아동이 경미한 장애부터 심각한 장애까지 증상을 나타낼 수 있음을 의미한다. 심각한 자폐 스펙트럼 장애 아동은 지적장애가 있으며 최소한 언어장애가 있을 수 있다. 경미한 자폐 스펙트럼 장애 아동은 평균 또는 평균 이상의 지능을 가지고 있을 수도 있고 다른 사람에게 관심을 가질 수 있지만, 현저한 사회적 장애를 보일 수 있다. 이러한 자폐 스펙트럼의 개념은 지난 수십 년 동안 진화해 왔으며, 자폐증이라고 불리는 좀 더 협소하게 정의된 상태와는 대조적이다.

최근의 전 세계적인 추정에 따르면, 1,000명당 6명의 아동이 자폐 스펙트럼 장애로 진단받는 것으로 추정되고 있다(Elsabbagh et al., 2012). 자폐 스펙트럼 장애의 핵심적인 특징 외에도, 자폐 스펙트럼 장애 아동의 최대 50%가 문제행동을 나타낸다. 부모들은 빈번한 '분노발작' '앉아서 떼쓰기' '일상적인 지시에 대한 반항' '공격적인 폭발' '머리 세차게 흔들기' 그리고 일상생활에 관련된 기타 심각한 문제행동들이 있다고 설명한다(Hartley, Sikora, & McCoy,

2008; Mazurek, Kanne, & Wodka, 2013). 지난 10년 동안 우리 연구 그룹은 자폐 스펙트럼 장애와 문제행동을 나타내는 아동들을 위한 24주간의 구조화된 부모훈련(parent training: PT) 프로그램을 개발하고 시험해 왔다. 이 매뉴얼은 그러한 노력의 산물이다.

진단 기준의 확대와 그에 따른 자폐 스펙트럼 장애로 확인된 아동 수의 증가로 인하여 이러한 취약 계층과 그 가족에 대한 지원 방식에 대한 문제가 제기된다. 가장 시급한 과제 중 하나는 연구 결과를 병원에 보급하는 것이다. 브룩맨-프레이지(Brookman-Frazee)와 그 동료들(2012)이 지적한 바와 같이, 자폐 스펙트럼 장애 아동에게 경험적으로 지원되는 행동 중재를 제공하는 데 전문화된 전문가가 부족하다. 이 매뉴얼의 목적은 이러한 공중보건 문제를 해결하기 위해 우리의 부모를 훈련하는 방법을 보급하는 데 있다.

부모훈련은 일반적으로 미취학부터 청소년기로 발달하는 아동의 문제행동을 줄이는 데 있어 견고한 실적을 가지고 있다(Dretzke et al., 2009). 부모훈련은 또한 치료 모델로서 몇 가지 장점을 가지고 있다. 첫째, 실용적이고 시간 제한적이라는 점이다. 부모훈련은 보통 4개월에서 6개월의 기간 동안 10회에서 16회 실시된다. 둘째, 외래 진료소, 가정 및 학교를 포함한 다양한 환경에서 중재할 수 있다는 것이다. 또한 일대일 회기 또는 그룹으로 전달할 수도 있다. 셋째, 부모훈련에서 배운 기술 덕분에 부모가 변화 매개자가 될 수 있다는 것이다. 아이와 가장 많은 시간을 보내는 사람이 부모라는 것을 고려하면, 부모훈련은 여러 상황(예: 집, 교회, 상점, 친구의 집 및 다른 가족 구성원)에서 기술의 일반화를 촉진한다.

자폐 스펙트럼 장애 아동에 대한 부모훈련의 잠재적 관련성은 강력하다. 공격행동, 텐트럼, 지시 따르지 않기, 자해 및 물건 파괴와 같은 문제행동은 가족의 삶의 질을 떨어뜨릴 수 있다(Hayes & Watson, 2013). 자폐 스펙트럼 장애 아동의 문제행동은 일상생활 기술의 학습과 규칙적인 수행을 방해한다(Scahill et al., 2012). 아침에 다섯 살 아들에게 옷 입힐 것을 생각하면서 어머니가 "그는 할 수는 있지만, 하지 않을 것입니다."라고 말하듯이 말이다. 부모훈련은 문제행동을 줄이고, 적응적 기능 향상을 위한 잠재력을 가지고 있다. 부모에게 행동수정의 필수 사항을 가르치는 것은 일반적으로 아동발달을 위한 핵심이다(Kaminski et al., 2008). 이는 자폐 스펙트럼 장애와 문제행동을 하는 아동을 위한 부모훈련의 경우에도 마찬가지이다.

자폐 스펙트럼 장애 아동에 대한 '부모훈련'이라는 용어를 적용하려면 용어를 명확히 해야 한다. 자폐 스펙트럼 장애의 경우, 이 용어는 하나 이상의 자폐 스펙트럼 장애의 핵심 기능 개선에 중점을 둔 중재에도 적용되어 왔다(Carter et al., 2011; Dawson et al., 2010; Kasari et al., 2010). 이 프로그램에서 부모는 시선 마주치기, 기능적 의사소통, 상호작용 놀이 기술 및 공동주의를 촉진하도록 훈련받을 수 있다. 예를 들어, 카사리 등(Kasari et al., 2010)은 부모와 아이의 공동 참여를 향상시키기 위해 자폐 스펙트럼 장애 유아를 대상으로 하는 부모훈련 모델(8주 동안 24회기)을 사용했다. 부모훈련은 또한 아동 중심의 치료 프로그램에 대하여 부가적으로 포함되어 왔다. Early Start Denver Model(ESDM)의 무작위 시도에서 실시된 2년간 매주 20시간의 중재는 주로 아동의 의사소통과 사회성 발전에 초점을 두었다. 부모도 이 방법에 대한 교육을 받았고, 아동과의 일상 활동 중에 ESDM 전략을 사용하도록 권장되었다(Dawson et al., 2010). 이러한 연구에서 문제행동은 부모훈련의 초점이 아니었다.

그에 반해서, 부모훈련은 자폐 스펙트럼 장애 아동의 문제행동에 중점을 둔 중재를 설명하는 데에도 사용되어 왔다. 비록 이러한 노력들이 중점을 둔 부분에 있어서는 다르지만, 대부분은 응용행동분석(ABA)의 원리를 기반으로 하고 있다. ABA의 핵심 요소는 기능 분석이며, 이러한 기능 분석은 아동의 문제행동을 유발하는 요소를 파악하는 것을 포함한다(Hanley, Iwata, & McCord, 2003). 부모는 종종 아이의 '분노발작'에 당황한다. 부모는 실제 행동(즉, 빈도, 지속 시간 그리고 강도)에 대해 설명할 수 있지만, 분노발작을 예측할 수 없거나 '난데없는' 것이라고 종종 묘사한다. 기능 분석에서 치료자는 행동(선행사건)과 그 뒤에 이어지는 것(결과)을 정확히 지적한다. 이러한 순서는 종종 ABC 모형이라고 한다. 아동은 음식이나 특정 장난감과 같은 유형의 물건에 집중할 수 있다. 또는 텐트럼으로 옷 입기와 같은 요구 사항에서 회피할 수 있다는 것을 시간이 지남에 따라 배웠을 수도 있다. 그런 다음 부모는 환경 조작을 통해 아동의 행동을 수정하도록 지시받을 수 있다. 그 결과는 행동에 대한 환경(즉, 부모)의 반응이다. 부모는 행동이 예측 가능하다는 것을 인식하고 행동에 대한 그들의 반응이 의도치 않게 어떻게 재발을 부추길 수 있는지 확인하도록 훈련받는다. 예를 들어, 분노발작에 대한 반응으로 아동에게 장난감을 주는 부모는 실제로 그러한 행동을 강화할 수 있다. 진행 상황을 모니터링하기 위해, 부모는 아동이 중재에 어떻게 반응하는지 기록하도록 교육받는다. 부모훈련의 다른 핵심 요소로는 적절한 행동의 정적 강화, 일과표의 사용, 지시 따르기를 향상시키는 것으로 알려진 특정 기법 및 새로운 기술의 체계적인 도입 등이 있다.

응용행동분석의 원리에 따라 구축된 특수한 부모훈련 기법은 자폐 스펙트럼 장애 아동의 문제행동을 줄이기 위한 경험적 지원을 제공한다. 그러나 이러한 경험적 지원의 대부분은 단일 피험자 설계 연구를 기반으로 한다

(Johnson et al., 2007). 단일 피험자 연구는 특정 기법의 효과를 입증하는 데에는 유용하지만, 이러한 기법의 적용은 고도로 개별화되는 경향이 있다. 현재 우리가 직면하고 있는 과제는 이러한 개별화된 접근법에서부터 더 넓은 적용을 촉진할 수 있는 구조화된 부모훈련 프로그램으로 어떻게 나아가는가 하는 것이다. 이를 위해, 자폐 스펙트럼 장애 아동의 문제행동에 대한 부모훈련에 관한 문헌이 적지만 증가하고 있다. 59명의 자폐 스펙트럼 장애 아동을 대상으로 한 9주간의 실험(2~9세, 29명은 적극적인 치료 대상 / 30명은 대기명단)에서 Stepping Stone Triple 프로그램을 평가하였다. 그 결과, 대기 명단과 비교했을 때 적극적인 치료를 받은 아동의 경우 부모가 측정한 아동의 문제행동이 유의한 감소를 보였으며, 이는 6개월의 추적 관찰 기간 동안 유지되었다(Whittingham et al., 2009). 2~6세 사이의 105명의 아동을 대상으로 실시한 20주간의 세 그룹 연구(그룹당 35가족)에서 통 등(Tonge et al., 2014)은 구조화된 부모훈련 프로그램을 학부모 교육 및 평소와 같은 치료와 비교하였다. 치료 효과는 치료 후 6개월이 지난 시점에 측정되었다. 그 결과, 세 그룹 모두 적응적 기능의 측정 및 문제행동의 감소에 있어 개선을 보였다. 부모훈련 그룹은 다른 두 그룹에 비해 적응적 기능의 측정에 있어 통계적으로 유의한 가장 큰 이득을 보였다. 문제행동의 측정에 있어서는 그룹 간에 차이가 없었다.

자폐 스펙트럼 장애 아동을 위한 부모훈련 프로그램의 주요 요소로는 일반적으로 행동수정(예: ABC 모형 및 기능 분석)에 대한 배경 정보, 특정 기법에 대한 교훈적 지침, 각 기법을 연습하기 위한 회기에서의 역할놀이, 부모가 실생활에서 기법을 적용할 수 있는 과제, 상담을 위한 가정방문 그리고 행동 기법을 검토하고 다듬기 위한 후속 회기가 포함된다. 치료 매뉴얼에서 이러한 요소들을 조직하는 것은 자폐 스펙트럼 장애와 문제행동을 하는 아동을 위한 부모훈련을 테스트하기 위한 전제 조건이다(Smith et al., 2007). 실행 가능성을 보여 주기 위해서는(즉, 가족이 치료 매뉴얼을 받아들이고, 치료자가 치료 매뉴얼을 신뢰할 수 있게 제공할 수 있기 위해서는) 초기 시험 연구가 필요하다(Johnson et al., 2007). 실행 가능성을 보여 주기 위해 중재의 효과를 테스트하는 대규모 무작위 임상 시험(randomized clinical trial)을 위한 단계를 설정한다. 엄격한 테스트와 유효성 입증 이후에는 더 널리 보급될 수 있다(Bearss et al., 2013b; Smith et al., 2007).

매뉴얼 개발

이 매뉴얼은 처음에 리스페리돈 단독 치료 및 리스페리돈과 부모훈련의 다기관 무작위 임상 시험의 준비 과정에서 소아정신과 약리학회(Research Units on Pediatric Psychopharmacology: RUPP) 자폐증 네트워크의 공동 노력으로 2002년에 개발되었다(Johnson et al., 2007; Scahill et al., 2009). 이 매뉴얼의 내용과 구조는 연구 현장에서 신뢰할 수 있는 전달을 촉진하고 심각한 문제행동을 동반한 자폐 스펙트럼 장애가 있는 학령기 아동의 치료를 위해 약물에 대한 보조 역할을 하도록 설계되었다. 이 매뉴얼은 정상 발달 아동을 위해 설계된 부모훈련 프로그램과 자폐 스펙트럼 장애 및 지적장애에 관한 행동 문헌에서 추출한 것이다. 매뉴얼 개발의 목표는 자폐 스펙트럼 장애 아동의 문제행동을 줄이기 위한 효과적인 행동 기법을 부여하고 일상생활 기술의 학습을 촉진하기 위한 구조화된 부모훈련 매뉴얼을 작성하는 것이었다. 이 매뉴얼은 다음 일련의 기본 가정에 기초하여 작성되었다.

1. 자폐 스펙트럼 장애 아동은 주로 유형의 관심 있는 물품(강화물)에 접근하거나, 주의를 끌기 위해, 또는 상황을 피하기 위해 원치 않는 행동을 한다.
2. 자폐 스펙트럼 장애 아동은 기능적 의사소통 기술이 결여되어 있을 가능성이 높다.
3. 항목 1과 2를 감안할 때, 자폐 스펙트럼 장애 아동은 부적응적이고 지시 따르지 않는 문제행동을 보일 가능성이 높다.
4. 자폐 스펙트럼 장애 아동은 발달 지연으로 인해 적응 행동이 결여될 가능성이 있으며, 이는 지시 따르지 않는 문제행동에 의해 증폭될 가능성이 높다.
5. 자폐 스펙트럼 장애 아동은 자극통제 전략의 이점을 누릴 가능성이 높다(예방 및 선행사건 접근법).
6. 부모훈련으로 인하여 문제행동이 감소하고 적응 행동이 향상될 수 있다.
7. 부모훈련은 심각한 문제행동(예: 공격행동, 텐트럼, 자해, 물건 파괴)에 대한 약물치료의 필요성을 제거할 수 있지만, 심각한 문제행동을 동반한 자폐 스펙트럼 장애 아동에 있어 약물치료의 보조물로서 사용될 수도 있다.

이 매뉴얼에서 다루는 분야에는 행동수정과 포괄적인 행동지원의 필수 요소들이 포함된다(Horner, Carr, Strain, Todd, & Reed, 2002). 행동수정의 요소에는 표적행동에 대한 기능적인 평가, 선행사건 및 예방 전략, 강화 전략, 기능적 의사소통 훈련 그리고 일상생활 기술 가르치기에 대한 지침이 포함된다. 순서 및 선택된 기법은 이용 가능한 증거(예: 단일 피험자 설계 시험에서 얻은 증거), 일반적으로 보고되는 부모의 우려 사항(예: 지시 따르지 않기, 문제 행동) 및 자폐 스펙트럼 장애 아동에서 부족한 충분히 입증된 적응력 장애에 근거한다. 마지막으로 우리는 아동의 안정된 변화를 촉진하고, 학습한 기술을 미래의 상황과 환경에서 적용할 수 있는 부모의 능력을 향상시키기 위해 일반화와 유지에 중점을 두었다.

부모훈련 매뉴얼 자체는 11개의 핵심 회기와 특정 아동의 필요를 충족시키기 위한 7개의 보충 회기로 구성된다. 부모훈련의 핵심 및 보충 회기의 지속 시간은 60~90분이다. 부모 (또는 양육자) 모두가 부모훈련 회기에 참석하도록 권장되지만, 한 명의 부모 또는 양육자가 모든 회기에 참석하여 중심이 되도록 요구된다. 핵심 회기와 보충 회기는 매주 제공되어야 한다. 이것이 완료된 후에는, 이전 회기에서 다룬 수업을 적용할 수 있는 기회를 부모에게 주기 위해 방문을 격주로 확대하는 '촉진 전화 통화' 단계로 이동하는 것이 좋다.

매뉴얼에 대한 연구

4~13세 사이의 자폐 스펙트럼 장애 아동 17명을 대상으로 진행한 새로 개발된 부모훈련 매뉴얼에 대한 초기 파일럿 연구에서, 회기에 대한 낮은 이탈과 높은 출석 비율로 입증된 바와 같이 부모들이 매뉴얼을 받아들였다는 사실이 드러났다. 부모의 수용은 과제에 대한 부모의 적극적인 참여에 의해서도 입증되었다. 마지막으로 회기별 평가에서는 치료자가 안정적으로 매뉴얼을 전달하는 것으로 나타났다(RUPP Autism Network, 2007).

그 후 이 매뉴얼은 자폐 스펙트럼 장애와 심각한 문제행동을 가진 124명의 아동들에 대한 대규모 다기관 연구에서 테스트되었다. 피험자들(4~14세)은 6개월 동안 리스페리돈 단독 또는 리스페리돈 + 부모훈련 그룹으로 무작위 배정되었다. 두 치료 그룹 모두는 개선을 보였다. 복합 치료 그룹의 아동들은 과민성과 지시 따르지 않는 문제에서 더 큰 감소를 보였으며(Aman et al., 2009), 일부 적응적 기능 영역에서 더 큰 개선을 보였다(Scahill et al., 2012).

현재 매뉴얼은 자폐 스펙트럼 장애 및 문제행동을 가진 미취학 아동을 위한 독립형 치료로 사용하기 위해 RUPP 자폐증 네트워크 시험에서 사용된 버전을 수정한 것이다. 16명의 자폐 스펙트럼 장애 아동(3~6세)을 대상으로 실시한 시험 연구에서 부모의 수용이 견고하고, 치료 전달이 신뢰할 만하다는 것을 보여 주었다(Bearss et al., 2013a). 이 수정된 매뉴얼은 3~7세 사이의 자폐 스펙트럼 장애를 가진 180명에 대한 대규모 다기관 연구에서 테스트되었다. 피험자들은 부모훈련 또는 구조화된 부모훈련 프로그램에 무작위로 6개월 동안 배정되었다. 결과는 부모 보고서에 의해 그리고 치료 과제를 알지 못하는 독립적인 평가자에 의해 평가되었다. 자폐 스펙트럼 장애 진단 외에 아동들은 약물이나 안정적인 약물치료를 받지 않아야 했으며, 적어도 중간 수준의 문제행동 및 지시 따르지 않기 행동을 보여야 했다. 문제행동 및 지시 따르지 않기 행동에 대한 부모 평가에서 부모훈련 그룹의 아동들은 대조군에 비해 유의한 개선을 보였다. 독립적인 평가자들은 부모훈련 그룹 아동들의 69%를 긍정적 반응자로 분류했으며, 이에 비해 부모훈련 그룹에서는 40%를 긍정적으로 분류했다(Bearss et al., 2015).

매뉴얼의 사용

우리의 연구에서 치료자들은 심리학 또는 관련 분야에서 석사 또는 박사 과정 교육을 받았다. 치료자들은 행동 원리에 대한 사전 지식, 자폐 스펙트럼 장애 아동과 함께 일한 경험, 또는 둘 다를 가지고 있었다. 따라서 이 매뉴얼은 응용행동분석의 원리에 익숙한 치료자나 자폐 스펙트럼 장애 아동들과 함께 일한 경험이 있는 사람에게 가장 유용할 것으로 기대된다. 이 매뉴얼은 문제행동을 줄이고, 대안행동을 가르치는 데 필요한 특정 기술을 부모에게 가르치는 구조를 제공한다. 이 매뉴얼은 숙련된 치료자를 위해서는 부모훈련 과정의 일반적인 개요로 사용될 수 있으며, 새로운 치료자를 위해서는 매뉴얼에서 직접 섹션을 구현하는 단계별 가이드로 사용될 수 있다.

매뉴얼에는 권장되는 지시가 포함되어 있지만, 치료자는 가족의 필요에 따라 특정 개념(예: 타임아웃)을 더 일찍 도입할 수 있다. 이러한 유연성은 우리의 연구에 이 매뉴얼을 적용한 방식과도 일치한다. 각 회기에는 치료자 스크립트(밀접하게 또는 개요로 사용할 수 있음), 비디오 삽화(www.oup.com/us/RUBI에서 이용 가능), 부모 학습활동 및 과제가 포함된다. 학습활동과 비디오 삽화는 부모와 함께 비공식적이지만 집중적인 문제 해결 토론을 촉진하기 위한 것이다. 학습활동은 해당 회기에서 제시된 기법의 구성 단계를 밟아 나가도록 부모를 안내한다. 예를 들어, 1회기에서 학습활동 3은 설명된 상황의 선행사건을 식별하기 위해 부모에게 간단한 개요를 읽도록 한다. 6회기에서 비디오 삽화는 배우에 의해 묘사된 잘못된 행동 기법의 적용을 부모에게 보여 준다(예: 계획된 무시를 실시하면서 아동에게 말하기). 회기에서 부모는 비디오 삽화 속의 부모가 무엇을 잘못하고 있는지, 그리고 무엇이 다르게 수행될 수 있는지 식별하도록 질문을 받을 수 있다. 일부 부모는 자신의 아이가 삽화에 나타난 문제행동을 보이지 않는 경우 비디오와 관련하여 어려움을 겪을 수 있다. 그렇지만 원리를 확인하는 것은 그것이 아동이 보이는 다른 행동 또는 미래에 그 아동에 관련될 수 있으므로 여전히 가치가 있다. 아동의 나이, 기능 수준 및 표적행동에 따라 치료자 스크립트와 학습활동을 조정할 수 있다. 매뉴얼에는 우리의 부모훈련 제공 경험에서 나온 많은 예제가 포함되어 있다. 실습 치료자는 시간이 지남에 따라 자신의 사례를 구축하는 것이 좋다.

교훈적인 정보, 학습활동 및 비디오 예제 외에도, 치료자는 부모와 함께 주어진 기술을 검토하고 시연하는 역할을 한다. 이 매뉴얼에서 부모훈련은 아동의 출석 없이도 제공될 수 있다. 일부 경우에는 치료자가 특별한 기법을 검토하고 시연하기 위해 부모에게 아동을 회기에 데리고 오도록 권장할 수도 있다. 그러나 모든 회기에서 부모는 검토된 기법을 적용하는 과제를 부여받고, 다음 회기에서 자신의 노력 결과를 토론한다. 매뉴얼에 제시된 회기에서는 아동의 나이, 부모가 지정한 대상 문제 및 부모의 기술 수준에 따라 다양한 과제 선택이 제공된다. 따라서 치료자는 과제를 아동과 가족에게 맞출 수 있다. 과제(예: 임박한 변화를 아동에게 알리는 데 도움이 되는 타이머 도입하기, 아동에게 자신의 접시를 싱크대에 넣게 하도록 4단계의 지시 따르기 유도 사용)를 통해 부모는 부모-자식 간의 상호작용에 있어 작지만 눈에 띄는 변화를 가져올 수 있다. 과제 경험의 검토는 부모가 부모훈련 적용에 있어 진전을 보이고 있는지 여부를 평가할 기회도 제공한다. 과제는 부모훈련의 핵심 요소이기 때문에 각 회기의 처음 5~10분에 검토된다. 이전 회기의 과제를 완료할 수 없다면 문제를 해결해야 하는 이유(예: 이해 부족, 빡빡한 주간 일정, 특정 기술에 대한 회의적인 태도 등)에 대한 토론이 필요하다. 부모가 과제를 끝내면 치료자는 성공을 축하할 수 있다.

요약하면, 행동수정 기법의 설명, 학습활동의 완성, 비디오 삽화의 검토, 회기 및 과제에서의 역할놀이는 이야기만으로는 충분하지 않다는 단순한 개념을 반영한다. 정말로 중요한 것은 부모가 기법을 실생활에서 사용하는 법을 실제로 배우는지 여부이다.

이 부모훈련 매뉴얼에는 가정방문도 포함되어 있다. 시간이 걸리긴 하지만(일부 지역에서는 청구되지 않을 수도 있음), 가족의 집을 볼 기회는 치료자에게 가족 생활 구조에 대한 새로운 시각을 제공할 수 있다. 예를 들어, 아동 침실 준비, 가정 안전 개선 또는 주방 좌석 변경을 제안하는 것은 가정방문 후에 보다 쉽게 이루어진다. 비디오 기술의 사용은 가정환경에 대해 더 많이 배울 수 있는 또 다른 방법일 수 있다.

연령대와 대상 문제

이 매뉴얼이 미취학 자폐 스펙트럼 장애 아동의 부모를 대상으로 설계되었지만, 이 매뉴얼의 이전 버전들도 14세 이하의 자폐 스펙트럼 장애 아동에서(Aman et al., 2009; Scahill et al., 2012) 그리고 5~14세 사이의 자폐 스펙트럼 장애 아동의 주의력결핍 과잉행동장애 치료를 위한 부모훈련 및 아토목세틴 무작위 임상시험에서(Silverman et al., 2014) 성공적으로 사용되어 왔다. 이러한 모든 적용에서 텐트럼, 공격행동, 지시 따르지 않기 및 충동적 행동과 같은 대상 문제들이 비슷하게 나타났다.

따라서 부모훈련은 미취학부터 학령기까지의 아동에게 적용될 수 있다. 학령기 아동에게 이 매뉴얼을 적용하기 위해서는, 부모훈련의 원리와 실천을 설명하기 위한 연령에 적합한 예제가 치료자에게 필요할 것이다. 예를 들어, 학령기 아동의 부모가 직면한 문제는 종종 과제를 완료하거나 입욕이나 가사 일과 같은 일상생활 활동에서 독립성을 증가시키는 것에 관계된다. 치료자는 또한 연령에 더 적합한 강화물을 고려해야 하며, 명확하게 언어적으로 고기능인 학령기 아동을 위해 기능적 의사소통과 같은 전략을 어떻게 수정해야 할지 고려해야 할 수도 있다. 또한 과제와 중재는 부모의 능력과 아동에 맞게 조정되어야 한다. 이 매뉴얼은 어떠한 기법을 학령기 아동의 부모에게 제공하는 방법에 대한 구체적인 제안을 제시한다.

준수 및 치료 충실도

아동을 위한 증거 기반의 심리 사회적 개입의 대부분에는 치료 제공을 안내하는 매뉴얼이 있다(Perepletchikova & Kazdin, 2005). 이러한 구조화된 중재의 성공은 치료에 대한 충실도가 긍정적인 임상 결과를 얻는 것과 관계가 있음을 시사한다(Henggeler et al., 1997). 매뉴얼 준수를 촉진하기 위해, 우리는 각 회기에서 다루게 될 중심 주제를 나열하는 일련의 치료 충실도 체크리스트를 포함하였다. 이러한 형태는 치료자가 의도된 대로 중재를 제공하는지 여부를 모니터링하기 위해 우리 연구에서 사용된 형태와 유사하다. 따라서 치료자가 각 회기에 대한 충실도 체크리스트를 작성하여 관련 섹션을 다루었는지 확인하는 것이 좋다.

부모훈련 프로그램 개요

회기	기술 / 활동
1. 행동 원리	• 전체 치료 목표를 소개한다. • 행동의 기능, 선행사건 및 행동 결과의 개념을 소개한다.
2. 예방 전략	• 문제행동의 선행사건을 논의하고, 예방 전략을 개발한다.
3. 일과표	• 문제행동을 줄이기 위해 일과표를 세우고, 중재 지점(시각적 일과표 사용을 포함)을 확인한다.
4. 강화 1	• 지시 따르기를 높이고, 바람직한 행동을 강화하고, 새로운 행동을 가르치기 위해 강화물의 개념을 소개한다.
5. 강화 2	• '아이가 올바른 행동을 할 때 관심주기'를 소개한다. • 아이 주도적 놀이를 통해 놀이와 사회적 기술을 가르친다.
6. 계획된 무시	• 문제행동을 감소시키기 위해 소거(계획된 무시)의 조직적 사용을 검토한다.
7. 지시 따르기 훈련	• 지시에 따르는 것을 향상시키고, 지시에 따르지 않는 행동을 관리하기 위해서 지시 따르기 사용 및 효과적인 부모의 요청을 소개한다.
8. 기능적 의사소통 훈련	• 체계적 강화를 통해 문제행동을 대체한 의사소통 기술을 가르친다.
9. 기술 가르치기 1	• 연쇄(chaining)와 과제 분석을 사용하여 문제행동을 적절한 행동으로 대체하는 것과 새로운 적응, 대처 및 여가 기술을 촉진하기 위한 도구를 제공한다.
10. 기술 가르치기 2	• 기술을 가르치는 동안 사용할 다양한 촉구 절차를 지도한다.
11. 일반화 및 유지	• 긍정적 행동 변화를 강화시키고, 새롭게 학습한 기술을 일반화하는 전략을 수립한다.
가정방문[1]	• 자연스러운 환경에서 아이를 관찰한다. • 아이의 집 구조를 익힌다. • 전략의 시행을 계획한다.

1) 가정방문은 치료자의 판단에 따라 치료 초반이나 후반에 진행할 수 있다.

촉진 전화 통화	• 중재 전략의 시행을 검토한다. • 새롭게 나타나는 염려되는 행동에 대해 중재법을 개발한다.

보충 회기	기술 / 활동
1. 토큰 시스템	• 부모에게 집과 지역사회에서 긍정적 행동을 장려하기 위해 사용하는 토큰, 별 차트 및 포인트 제도의 바른 사용법을 알려 준다.
2. 섭식 문제	• 편식, 식사 시간 문제행동, 과식과 같이 자폐 스펙트럼 장애 아동이 자주 보이는 섭식 문제를 부모가 다룰 수 있도록 도와준다.
3. 모방 기술	• 부모에게 아이가 다른 사람을 모방하도록 도와줄 수 있는 핵심 기술을 지도한다.
4. 수면 문제	• 취침 시간 일과의 어려움, 잠들기 어려움, 밤에 깨는 것, 수면 관련 문제들 및 아이가 부모의 침대에 들어가는 것과 같이 자폐 스펙트럼 장애 아동이 자주 보이는 취침 시간 및 수면 문제에 대한 정보를 제공한다.
5. 타임아웃	• 타임아웃을 제대로 사용하는 것, 문제가 발생했을 때 문제를 해결하는 방법, 집에서 타임아웃 계획을 어떻게 개발하고 시행하는지에 대한 정보를 제공한다.
6. 용변 훈련	• 부모가 기저귀 떼기, 변기 사용 거부, 취침 중 용변 훈련 문제와 같은 다양한 용변 훈련 문제를 다루는 데 도움이 된다.
7. 위기 관리	• 아동의 위험한 행동 관리, 가족 위기 및 긴급한 교육 문제를 해결할 수 있는 기회를 제공한다.

행동지원계획서 소개

행동지원계획서(behavior support plan: BSP)는 조직화 문서이자 살아 있는 문서이다. 이것은 부모훈련 프로그램의 진도를 추적할 수 있는 곳이다. 행동지원계획서는 각 부모훈련 회기 동안 실시간으로 치료자와 부모에 의해 검토되고 수정된다. 행동지원계획서의 목표는 부모와 치료자가 성취하려는 것과 그것이 어떻게 수행될 것인지를 포착하는 것이다. 행동지원계획서가 시간이 지남에 따라 작성되기 때문에 최종 문서는 아동별 목표와 중재에 대한 풍부한 설명을 제공한다. 행동지원계획서는 수용 시 부모가 지정한 표적 문제행동에 대한 설명에서부터 시작된다. 시간이 지남에 따라 각 아동을 위해 고안되고 구현된 다양한 중재 전략이 강조된다. 행동지원계획서에는 다음이 포함된다.

- **표적행동 및 기능 평가**: 치료의 초점인 문제행동, 문제행동과 관련된 이전 상황 또는 사건 그리고 행동의 기능은 이 행동지원계획서의 첫 번째 항목들이다. 표적행동에 대한 데이터 수집 절차도 문서화되어 있다. 이러한 초기 행동지원계획서의 요소들은 부모 인터뷰, 관찰된 부모-아동 간 상호작용, 표준화된 부모 평가 및 첫 번째 부모훈련 회기

중의 토론을 포함하여 사용 가능한 모든 정보를 기반으로 한다. 그런 다음 행동지원계획서는 후속 부모훈련 회기에서 필요에 따라 업데이트 된다.

- **강화물**: 아동이 선호하는 항목과 활동들이 행동지원계획서에 포함될 수 있다. 부모훈련 프로그램에서 확인되고 수정된 아동별 강화 전략들도 열거되어 있다.
- **예방 전략**: 시각적 스케줄의 사용과 기타 성공적인 선행 관리 전략들이 행동지원계획서에 문서화되어 있다.
- **가르치기 전략**: 행동지원계획서는 또한 아동별 가르치기 전략들을 문서화한다. 이러한 개별화된 전략에는 기능적 의사소통과 일상생활 기술을 촉진하는 데 사용되는 접근법이 포함될 수 있다. 과제 분석, 부모가 실시하는 특정 촉구 및 기타 아동별 가르치기 절차는 필요에 따라 기록되고 수정된다.
- **결과**: 계획된 무시의 대상과 각 대상에 대한 계획된 무시의 유형도 행동지원계획서에 포함된다.
- **보충 주제**: 어떤 부모는 수면 문제, 섭식 문제, 용변 훈련 및 타임아웃 등의 보충 회기에 참여한다. 이러한 전략도 행동지원계획서에 요약되어야 한다.
- **일반화 및 유지**: 행동지원계획서의 마지막 부분에서는 환경 전반에서 지속적인 변화(즉, 문제행동의 감소와 적응 행동의 향상)를 촉진하기 위한 전략이 강조된다.
- **앞으로 고려해야 할 사항**: 프로그램 과정에서 생성되지만 적극적으로 구현되지 않는 실행 가능한 전략이 이 섹션에서 문서화될 수 있다. 그

것은 부모가 아직 구현할 기회를 갖지 못한 유망한 전략을 위한 '플레이스 홀더'로 간주될 수 있다.

요약하면, 행동지원계획서는 반복적인 방식으로 부모에게 방향을 제시한다. 이것은 부모훈련 프로그램의 과정에서 아동별 문제와 부모의 반응에 부모훈련을 적응시키는 것을 허용한다. 각 회기는 이전 회기의 과제에 대한 검토와 행동지원계획서의 검토 및 업데이트와 함께 시작된다. 각 회기에서 행동지원계획서를 검토하는 것은 부모에게 이전 행동 중재의 성공과 문제점을 토의할 수 있는 기회를 제공한다. 이러한 검토는 문제를 파악하고, 지속적인 중재를 개선하며, 새로운 전략을 개발하기 위해 사용될 수 있다. 그런 다음 이러한 접근 방식의 조정이 행동지원계획서에 추가된다. 수정된 행동지원계획서는, 살아 있는 문서로서, 가장 최근의 회기에서 확인된 새로운 기법뿐만 아니라 계속되어야 하는 테스트된 중재를 부모에게 떠올리게 하는 방법으로서, 각 회기 후에 부모와 함께 가정으로 돌아가야 한다.

행동지원계획서는 이 프로그램의 핵심 요소이다. 첫째, 이것은 부모가 부모훈련 프로그램을 통해 달성하려는 것에 대한 청사진이다. 둘째, 이것은 프로그램 진행 과정에서 개발되고 유지되고 수정되는 중재에 대한 일기이다. 행동지원계획서를 완료하면 부모가 치료 과정에서 도전적인 행동을 관리할 수 있는 자신의 능력이 확장되는 것을 볼 수 있다. 셋째, 이것은 통합을 촉진한다. 아동별로 성공적인 행동 전략을 분석함으로써 행동지원계획서는 치료로 이어지는 아동의 도전적이고 문제행동에 대처하는 부모의 능력을 촉진한다. 넷째, 행동지원계획서는 다른 제공자 및 교육자와 논의할 때 사용할 수 있는 선행사건, 행동 및 교정 전략을 기술하기 위한 어휘를 부모에게 제공한다. 따라서 조직화된 행동지원계획서는 부모와 교사 간의 의사소통뿐만 아니라 환경 전반에 걸친 일관성을 촉진할 수 있다. 마지막으로, 행동지원계획서는 자폐 스펙트럼 장애 아동의 문제행동을 줄이고 기술 학습을 촉진하기 위한 부모의 상당한 노력을 높이 평가한다. 부모의 투자에 대한 누적적이고 포괄적인 기록은 부모가 순간적 좌절을 넘어서 자신의 노력의 긍정적인 효과를 인식하는 데 도움이 될 수 있다. 완성된 행동지원계획서의 예시는 치료자 매뉴얼 365~378쪽을 참고하라. 행동지원계획서 서식은 부모용 워크북 7~16쪽에 제시되어 있다.

치료자용 팁 시트

행동지원계획서

부모와 가능성 있는 몇 가지 중재 전략을 생성하는 회기가 있으며, 그중 일부 전략을 부모가 주간 과제의 일부로서 구현할 수 있다. 예를 들어, 예방 전략 회기 동안에 검토된 8개의 범주에 대하여 몇 가지 잠재적인 과제 선택이 일반적으로 생성되지만, 부모는 해당 주에 한두 가지 전략에만 집중하게 될 것이다. 해당 회기 동안 생성된 모든 실행 가능한 아이디어는 행동지원계획서에 기록한다. 적극적으로 실시되는 전략은 각각의 섹션에 기록한다(예: 예방 전략, 강화). 잠재적인 미래 전략은 '앞으로 고려해야 할 사항' 섹션에 추가한다.

각 회기가 시작될 때 행동지원계획서를 검토함으로써 생성되었지만 실행되지 않은 전략들(예: 앞으로 고려해야 할 사항 섹션에 포함된 전략들)을 재검토하고, 그러한 전략들을 가족의 실행 계획에 통합하기에 좋은 시기인지 논의하기 위한 기회를 가질 수 있다. 부모가 이전에 생성된 전략을 실행하는 것이 의미가 있는 경우 프로그램 후반 또는 치료 후에도 시간이 있다.

가족과의 마지막 접촉(예: 마지막 촉진 전화 통화 회기)은 행동지원계획서의 최종 검토와 편집을 완료할 수 있는 기회이다. 이러한 검토에는 부모가 구현하지 않기로 결정한 전략뿐만 아니라 구현했으나 효과가 없는 전략을 행동지원계획서에서 제거하는 것도 포함되어야 한다. 부모는 업데이트한 최종 문서를 가지고 프로그램을 종료해야 한다.

차례

핵심 회기 자료

보충 회기 자료

부록

일러두기 – 회기 포함 사항:

치료자용 팁 시트

이전 회기의 과제와 관련된 문제 해결 공통 과제와 회기에서 발생하는 일반적인 문제에 대한 가장 중요한 해결책이다.

치료자 스크립트

치료자에 대한 지시는 [고딕]으로 강조 표시

과제 예시

치료 충실도 체크리스트

1회기

행동 원리

개요

1회기에서는 행동 접근법의 기본 원리, ABC 모형 그리고 문제행동을 다루는 전략을 결정하는 데 있어 평가의 중요성을 개략적으로 설명한다.

목표

1. 부모훈련의 전반적인 목표, 회기 구성 및 요구 사항을 소개한다.
2. 행동이 어떻게 학습되는지 논의한다.
3. ABC 모형과 선행사건의 개념을 확인한다.
4. 행동을 명확히 정의하는 방법을 소개한다.
5. 결과를 소개한다.
6. 행동의 기능을 확인한다.
7. 데이터 보관의 중요성에 대해 토론하고, ABC 기록지를 소개한다.
8. 비디오 삽화를 시청한다.
9. 일차적 관심 행동에 대해 토론하고, 가정에서의 데이터 수집을 개시한다.
10. 행동지원계획서를 소개한다.

부모의 목표

1. 부모가 학습활동 1.3에서 선행사건을 확인한다.
2. 부모가 두 용어(공격행동 및 문제행동)에 대한 행동적 정의를 제공한다.
3. 부모가 학습활동 1.6에서 선행사건, 행동, 결과 및 행동의 기능을 확인한다.
4. 부모가 어떠한 행동의 비디오 삽화에서 선행사건과 결과를 확인하기 위해 ABC 기록지를 사용하는 능력을 보여 준다.
5. 부모가 ABC 기록지를 사용하여 추적할 행동을 확인한다.

자료

1. 치료자 스크립트
2. 비디오 삽화
3. 부모용 워크북 1회기 학습활동
4. 치료 충실도 체크리스트
5. 행동지원계획서[1)]

1) 행동지원계획서의 복사본은 부모용 워크북에 있다. 치료자와 부모는 이 양식을 사용하여 매 회기가 끝날 때마다 기록하여야 한다.

치료자 스크립트

목표 1 부모훈련의 전반적인 목표, 회기 구성 및 요구 사항을 소개한다

이 프로그램의 목표는 당신이 아동의 행동을 개선하고 새로운 기술을 촉진하는 데 도움이 되는 전략을 가르치는 것이다. 다음 몇 주에 걸쳐 우리가 논의할 전략들은 아동의 적응 (또는 일상생활) 기술을 향상시키고 공격행동, 텐트럼 및 지시 따르지 않기와 같은 문제행동을 줄이기를 희망하는 자폐 스펙트럼 장애(ASD)가 있는 아동의 부모에 대해 수년간 성공적으로 사용된 것들이다. 이 프로그램에서 당신은 문제행동을 예방하며, 문제행동을 대체할 수 있는 새로운 기술을 가르치고, 문제행동 대신에 긍정적인 행동을 촉진하는 데 도움이 되는 여러 가지 전략을 구현하는 방법을 배우게 된다. 여기에 우리가 다루게 될 주제들에 관한 학습활동이 있다. [회기 주제에 대한 부모용 워크북 1회기의 학습활동 1을 확인한다.] 당신은 각 회기의 요점을 요약한 자료를 매주 제공받게 된다. 당신이 회기 토의, 실습 및 과제에 참여하는 것이 아동의 행동에 긍정적인 영향을 미칠 것으로 기대한다.

목표 2 행동이 어떻게 학습되는지 논의한다

오늘 우리는 ABC 모형을 검토할 것이다. ABC 모형의 핵심 아이디어는 우리가 내보이는 대다수의 행동이 학습된다는 것이다. 즉, 가정이나 학교에서 아동에게 문제가 되었던 행동들도 학습된 것이다. 좋은 소식은, 당신의 아이가 다른 사람을 때리거나 징징거리거나 텐트럼 하는 것을 배웠다면, 아이가 새롭고 보다 적절한 방식으로 행동하는 것도 배울 수 있다는 것이다. 이것은 누군가가 아동이 다른 사람을 때리도록 의도적으로 가르치는 일에 나섰다는 것이 아니라, 때리는 것이 특정한 환경 조건의 결과라는 점을 시사하는 것이다. 고전적인 예로, 진열대에 놓인 사탕을 원하기 때문에 식료품 가게의 계산대에서 소리를 지르는 아동을 생각해 보자. 어머니는 처음에 안 된다고 말할 수도 있지만, 아이가 계속해서 소리를 지를 때면 마침내 그에게 사탕을 줄 수도 있다. 이제 아이가 행복하고 어머니는 더 이상 공개적인 텐트럼에 당황하지 않고 아이의 고함을 들을 필요도 없기 때문에 이것은 지금 당장에는 의미가 있다. 그러나 이 어머니의 반응이 어떻게 미래에 문제를 일으킬 수 있을까? [부모가 다음과 같이 대답할 수 있게 한다. '아이가 소리를 지르면 사탕을 얻게 된다는 것을 배웠다.']

목표 3 ABC 모형과 선행사건의 개념을 확인한다

학습된 행동이란 생각은 ABC 모형을 고려할 때 더 이해하기 쉽다. [학습활동 1.2로 넘긴다.] ABC 모형의 A는 선행사건을 나타내고, B는 행동을 의미하며, C는 결과를 의미한다. ABC 모형은 상황에 따라 특정 선행사건 및 결과가 발생할 수 있는 경우, 그 행동이 증가 또는 감소하는 결과로 이어질 수 있음을 의미한다.

선행사건

선행사건은 어떠한 행동 전에 오는 상황이나 사건이다. 이것은 때때로 다음에 나오는 행동에 대한 '촉발요인'으로 기술되기도 한다. '촉발요인'이 발생하지 않으면 아동은 그렇게 행동하지 않는다. 선행사건은 어떤 사람에게 무엇인가를 하도록 지시하는 환경에서 사건(예: 전화벨 울림, 학교로 가는 다른 경로), 사람(예: 미술 교사가 아닌 음악 교사) 또는 물건(예: 정지 표지, 쿠키 접시)일 수 있다. 예를 들어, 아동이 아침에 학교에 가기 위해 일어나는 행위에 대한 선행사건은 알람 시계가 울리는 것일 수 있다. 우리가 운전 중에 멈추는 행위에 대한 선행사건은 정지 신호이다. 아동의 텐트럼에 대한 선행사건은 그의 어머니가 장난감을 집어 들라고 말하는 것일 수 있다. 선행사건은 행동 결정에 있어 매우 중요한 역할을 한다. 이러한 몇 가지 예를 살펴보고, 당신이 선행사건을 식별할 수 있는지 알아보자. [부모와 함께 학습활동 1.3을 확인한다.]

목표 4 행동을 명확히 정의하는 방법을 소개한다

ABC 모형에서 우리는 '행동'이라는 용어를 사용하는 방법에 대해 매우 구체적으로 설명한다. 행동이란 관찰되거나, 계산되거나, 시간을 측정할 수 있는 행동이다. 우리가 하는 모든 것을 행동이라고 설명할 수 있다. 아침에 알람 시계를 끄고, 이를 닦고, 아이를 껴안는 것이 모두 행동의 예이다. 아동은 컴퓨터를 하거나, 옷을 입거나, 아침을 먹거나, 친구들과 대화하는 등 하루 종일 행동에 참여한다. 또한 아동은 동생이나 개를 때리거나 자신의 손을 무는 등 문제행동을 나타낼 수도 있다. ABC 모형에서는 모든 사람(부모, 교사, 치료자)이 아동의 행동에 대한 구체적이고 상세한 설명을 사용하여 어떤 행동이 일어나고 있는지 명확하게 파악하는 것이 중요하다. 더 자세한 설명을 위해 어머니와 아동의 치료자 간의 이러한 대화를 살펴보자. [학습활동 1.4에서 대화 1을 확인한다.]

톰(Tom)이 가정에서 그리고 치료 시 어떻게 행동하고 있는지에 대해 얼마나 알고 있습니까? [부모가 대답하도록 한다.] 어머니와 치료자는 실제로 일어나는 일에 대한 명확한 그림이 아니라, 톰의 행동에 대한 막연한 생각만을 전달하는 단어를 사용하고 있었다. 이제 행동적 용어가 사용되는 어머니와 치료자 간의 대화를 살펴보자. [학습활동 1.4에서 대화 2를 확인한다.]

구체적인 행동적 용어를 사용하는 것은 아동의 교사, 치료자 또는 의사와 이야기할 때 매우 유용할 수 있다. 이것은 아동의 행동을 바꾸는 데 도움이 되는 결정을 내릴 때에도 중요하다. 심지어 '공격행동'이라는 단어조차도 충분히 구체적이지는 않다. '공격행동'이라는 것보다 더 구체적인 행동을 생각해 보자. [학습활동 1.4의 하단으로 부모를 안내한다. 부모가 대답하게 하고 정답을 칭찬한다. 치료자는 때리기, 물기, 차기, 던지기와 같은 다른 예를 추가할 수 있다.] '방해행동'이라는 것은 어떤가? [부모가 예시를 제공하고 학습활동 1.4에 기록한다. 예시에는 비명 소리, 장난감 던지기, 교실 주위를 달리기 등이 포함된다.]

목표 5 결과를 소개한다

선행사건이 행동을 촉발시키는 것을 기술한다면, 결과는 어떠한 행동 직후 그에 반응하여 발생하는 것을 기술한다. 어떤 결과들은, 뜨거운 난로를 만졌을 때 손에 화상을 입거나 자동 판매기에 돈을 넣고 콜라를 얻는 것과 같이 자연스럽다. 행동을 유지하거나 행동이 지속될 가능성을 높이는 데 도움이 되는 것은 결과이다. 예를 들어, 한 아동이 학교에서 손 드는 것을 배우는데, 그 이유는 그러한 행동의 결과로서 교사가 아동을 호명하기 때문이다. 다른 아동은 친구들이 웃고 킥킥거리기 때문에 욕하는 것을 배운다. 어떤 아동은 결과가 컴퓨터 할 시간을 잃어버리는 것이라면, 남을 때리지 않는 법을 배울 수 있다.

목표 6 행동의 기능을 확인한다

행동이 일어나는 이유를 파악하는 것이 어려울 수 있기 때문에, 아동 행동의 기능이나 목적을 결정하기 위한 보다 체계적인 접근 방식을 취하는 것이 유용할 수 있다. 이를 통해 그러한 것들을 바꾸기 위한 최선의 전략을 결정할 수 있다. 특히 어떠한 행동을 둘러싼 구체적인 선행사건과 결과에 대한 정보를 보관함으로써, 우리는 왜 아동이 문제행동을 계속하는지 더 잘 이해할 수 있다. 우리는 이를 돕기 위해 당신에게 가정에서 아동의 행동을 관찰하고 그에 대한 정보를 수집하도록 요청할 것이다. 어떠한 행동의 선행사건과 결과를 주의 깊게 관찰하고 분석하고 나면, 특정 행동의 가능한 기능이나 목적을 더 잘 이해할 수 있게 된다. 이를 '기능적 행동 평가'라고 한다. 이것은 궁극적으로 행동을 바꾸는 방법에 대하여 우리가 정보에 근거한 결정을 내리는 데 도움이 된다.

부모가 직면하는 가장 큰 어려움 중 하나는 아동이 왜 종종 문제가 되는 특정 행동을 하는지 파악하는 것이다. 어떤 부모는 무엇이 행동을 촉발하는지 모른다고 말하며, 심지어 행동이 아무런 이유 없이 일어난다고 말하기도 한다. 자폐 스펙트럼 장애 아동은 대개 의사소통에 어려움을 겪으며, 귀찮은 것을 말할 때 어려워할 수 있고, 원하는 것을 요청하는 좋은 방법을 모를 수도 있다. 일반적으로 상당히 말을 잘하는 아동조차도 좌절하거나 화가 났을 때 '자신의 말을 사용'하는 데 어려움을 겪을 수 있다. 그래서 행동은 매우 자주 의사소통의 한 형태로 작용한다. 의사소통 능력이 약한 자폐 스펙트럼 장애 아동은 자신의 행동이 원하는 바를 매우 효과적으로 전달한다는 것을 배울 수 있다. 따라서 아동이 문제행동을 할 때에는 "내 아이가 이러한 행동을 통해 무슨 뜻을 전달하려는 것일까?"라고 자신에게 묻는 것이 중요하다. 텐트럼은 "너무 힘들어!", 비명을 지르는 것은 "나를 내버려 둬!", 그리고 때리는 것은 "그것은 내 것이야. 돌려줘!"라는 의미를 전달하는 것일 수 있다.

아동이 파괴적으로 될 수 있는 몇 가지 주된 이유가 있다. 첫째, 아동은 어떠한 상황을 피하거나 탈출하기 위해 행동을 취할 수 있다. 예를 들어, 아동은 수업에서 배제되기 위해 교실에서 친구를 때리는 것을 배울 수 있다. 이것은 교사에 의해 주어진 과제를 '회피'하는 자신의 방법일 수 있다. 아동은 신나지 않은 어떠한 것을 하도록 요구받을 때 종종 텐트럼을 한다. 우리는 이러한 행동의 기능 또는 동기가 어떠한 작업이나 지시를 회피하기 위한 것이라고 생각한다. 둘째, 다른 사람들의 주의를 끌기 위해서이다. 예를 들어, 어머니가 전화로 이야기할 때 머리를 찧는 것이 어머니의 관심을 빨리 얻는 방법이라는 것을 알게 되면서 아동은 머리를 찧을 수 있다. 셋째, 아동은 자신의 행동이 자신이 원하는 것을 얻는 기능을 수행한다는 것을 배웠기 때문일 수 있다. 예를 들어, 아동은 어머니가 TV를 끄면 큰 소리를 지를 수 있는데, 이것은 여동생이 낮잠을 자는 시간 동안에 소리를 지르면 어머니가 이를 멈추기 위해 TV를 다시 켠다는 사실을 알았기 때문이다. 넷째, 일부 자폐 스펙트럼 장애 아동은 특정 행동에서 기쁨을 느끼거나 '자동적으로' 보상이 되기 때문에 그러한 행동을 한다. 예를 들어, 아동은 소리를 좋아하기 때문에 시끄러운 소리를 내거나, 흥분했을 때 하면 즐겁다고 생각하기 때문에 손을 펄럭일 수도 있다. 우리는 종종 이러한 행동들을 감각적 유입, 내적 불안의 감소, 또는 단순한 즐거움과 같은 여러 요인에 의해 동기부여가 되는 것으로 간주한다. 몇몇 예를 살펴보고, 선행사건과 결과에 대한 정보를 사용하여 당신이 아동 행위의 기능을 파악할 수 있는지 알아보자. [학습활동 1.5를 확인한다. 어떤 예시는 하나 이상의 기능이 포함되어 있다는 사실에 주의하자. 예를 들어, 두 번째 예시는 '원하는 것을 얻기' 위한 것이거나(라디오 켜기), '자동으로 보상'을 위한 것(손 펄럭이기)일 수 있다. 이러한 예시에서 추가적인 ABC 데이터를 수집하는 것이 어떻게 아동 행동의 기능을 밝히는 데 도움이 되는지 논의할 수 있다.]

[학습활동 1.6을 참조한다.] 이 모든 것을 하나로 묶으려면, 먼저 당신이 각각의 사례에서 선행사건, 행동 및 결과를 먼저 구별할 수 있는지 확인해야 한다. 때때로 먼저 아동의 행동을 파악한 후에 ABC 모형의 다른 구성 요소를 찾아내는 것도 도움이 된다.

도피, 관심 끌기, 원하는 것을 얻기 또는 자동으로 보상 중에서 선택할 수 있다는 것을 기억하면서, 1번 항목에서 마이클(Michael)이 때리는 행위의 기능이 무엇인지 생각해 보자[원하는 것을 얻기, 즉 변경된 채널을 되돌리기]. 2번 항목에서 수지(Susie)가 비명을 지르고 발로 차는 것의 기능은 무엇인가? [과제하기에서 벗어나기]

아동 행동의 기능에 대한 이해의 중요성과 그것이 중재 선택과 어떻게 관련되는지를 설명하기 위해, 한 가지 예를 더 들어 보자. 수업 중에 종이비행기를 접거나, 급우에게 큰 소리로 말하거나, 수업시간에 적절하지 않은 소리를 내면서 문제행동하는 아동이 있고, 교사는 파괴적이란 이유로 그 아동을 교장에게 보낸다. 이 아동은 수업 활동을 피하려고 시도하기 때문에 파괴적일 수 있다. 교사의 결과는 논리적이지만, 또한 비효과적이다. 이 경우, 아동은 수업 활동에서 벗어나는 데 성공했으므로 문제행동이 다시 일어날 수 있다. 똑같은 행동과 교사의 반응을 예로 들지만, 이번에 아동 행동의 기능은 급우들의 관심을 끄는 것이다. 이 경우, 교실에서 아동을 제거하기로 한 교사의 결과는 문제행동을 줄이는 데 도움이 되는데, 그 이유는 교사가 '관심 끌기'라는 행동의 기능을 올바르게 목표로 하고 있기 때문이다. 중재 전략을 결정할 때 행동에만 집중하지 않는 것이 그토록 중요한 것은 바로 이러한 이유 때문이다. 행동의 기능을 목표로 삼는 것이 더 유용하며, ABC 데이터를 사용하여 그것이 무엇인지 파악할 수 있다.

목표 7 데이터 보관의 중요성에 대해 토론하고, ABC 기록지를 소개한다

어떠한 행동에 대한 선행사건과 그 결과가 무엇인지 항상 명확하지는 않으며, 이는 기능적 평가가 중요한 이유이기도 하다. 이것은 일종의 탐정 일이기도 하다. ABC 관계를 결정하기 위해 며칠 동안 데이터를 유지하는 것이 중요하다. 행동 직전에 일어나는 것 외에, 일반적으로 수집해야 하는 기타 선행사건 정보에는 날짜, 시간, 환경 및 활동과 함께 문제행동이 발생했을 때 관련된 사람도 포함된다.

[학습활동 1.7로 넘긴다.] 'ABC' 데이터 수집표에는 필요한 정보가 명시된 열이 있다. 날짜, 시간, 환경, 활동 및 관련된 사람들을 위한 열이 있으며, 선행사건을 설명하는 열, 행동을 설명하는 열 그리고 결과가 얼마나 효과가 있었는지에 대한 코멘트를 포함하여 결과를 설명하는 열도 있다. 즉, 만약 텐트럼을 할 때 아동을 침실로 보내는 결정을 내렸다면, 이것은 이러한 결과가 도움이 되었는지(텐트럼의 신속한 중단), 또는 문제를 더욱 악화시켰는지를 기록하는 부분이 될 것이다. 마지막으로 당신은 이 모든 정보를 사용하여

'기능' 열에 행동의 기능이라고 생각되는 것을 기록할 수 있다.

목표 8 비디오 삽화를 시청한다

아동과 부모 사이의 상황에 대한 비디오 삽화를 보고 ABC 기록지를 사용하여 연습해 보자. ABC 기록지에 아동이 내보이는 행동, 관찰한 선행사건 그리고 그러한 행동이 부모에 의해 어떻게 관리되었는지(결과)를 기록한다. [부모에게 ABC 기록지에 선행사건, 행동 및 결과를 적게 한다.]

> 이 프로그램에 포함된 비디오는 www.oup.com/RUBI와 www.hakjisa.co.kr(자료실)에서 이용할 수 있다.
>
> 비디오 1: ABC와 브라우니
> 선행사건: 아동이 브라우니를 요구한다. 어머니는 "안 돼."라고 말한다.
> 행동: 아동은 발을 구르고, 브라우니 박스를 어머니에게 던지고, 반복적으로 소리를 지른다.
> 결과: 어머니는 그에게 브라우니를 준다.

목표 9 일차적 관심 행동에 대해 토론하고, 가정에서의 데이터 수집을 개시한다

가장 우려되는 아동 행동을 검토하여 요약하자. [부모와 함께 이러한 행동에 대해 논의한다. 부모가 표적이 되는 우려 영역을 설명함에 있어 반드시 명확한 행동적 용어(예: 때리기, 지시 따르지 않기)를 사용하도록 한다.] ABC 기록지를 사용하여 다음 주 동안에 추적할 한두 가지 행동을 선택하자. [부모가 추적할 한두 가지 표적행동을 선택하게 한다.] 학습활동 1.7을 사용하자: ABC 기록지를 사용하여 당신이 기억하는 표적행동의 가장 최근 에피소드를 작성해 보자. 계속해서 아동의 행동과 가능한 영향에 대해 더 알아보기 위해, 우리는 당신에게 아이의 표적행동에 관하여 다음 한 주 동안 ABC 데이터를 계속 유지하도록 요청할 것이다. [부모에게 여분의 ABC 데이터 양식과 함께 양식 보관 장소와 작성 시점 등과 같은 물류에 대해 논의한다.]

목표 10 행동지원계획서를 소개한다

오늘 끝내기 전에, 프로그램 전체에서 사용할 문서를 소개한다. 이 행동지원계획서는 학교와 기관에서 사용되는 것과 유사한 문서이다. 이 문서는 먼저 관심 행동과 함께 행동의 '기능'이라고 생각되는 것들을 개략적으로 설명한다. 다음 회기에서 우리는 당신이 작성하게 될 ABC 기록지에서 아동의 행동 기능에 대해 더 많은 정보를 얻을 것이다. 행동지원계획서의 나머지 페이지는 당신의 아동에 대해 전략을 사용하는 방법을 문서화하는 데 사용될 것이다. 우리는 이 문서를 매주 검토하고 계속해서 추가할 것이다.

우리가 오늘 이야기한 것을 복습하는 자료를 당신에게 주려고 한다. 당신은 일주일 동안 이것을 보는 것이 좋다. 우리는 다음 회기에서 당신이 제기하는 질문을 해결할 수 있다. [1회기 정리로 넘긴 뒤 한 주 동안 이 자료를 반복하여 복습할 것을 요청한다. 다음 회기의 약속 시간을 확인하고 종료한다.]

핵심 주제를 기반으로 하여 다양한 중재 방식을 제공하는 '보충회기'를 참조.

과제 사례 예시

ABC 데이터 할당

사례 1

존슨(Johnson) 씨는 지난 주 로비(Robbie)의 텐트럼에 대한 ABC 데이터를 완성하였다. 12회의 텐트럼 중 10회에서, 선행사건은 욕실에 들어가거나 외투를 입는 것과 같이 로비가 존슨 씨로부터 무엇인가를 하도록 요청받은 것으로 확인되었다. ABC 데이터를 신중하게 분석한 결과, 로비가 요청받은 것을 미룰 수 있었던 것으로 나타났다. 예를 들어, 목욕을 하도록 요구받았을 때 텐트럼을 할 경우 로비는 30분 동안 아이패드를 사용하도록 허락받았다. 결론적으로, 우리는 로비의 텐트럼 대부분이 요구/요청을 '회피하기' 또는 '도피하기' 위한 것이라고 추측하였다. 다른 두 건은 로비가 매우 피곤했을 때 발생하였다.

사례 2

안톤(Anton)의 유치원 교사는 2주 동안 그의 자해적인 머리 때리기 행동에 대한 ABC 데이터를 수집하였다. 지금까지 가장 빈번한 선행사건은 다른 아동이 안톤의 장난감을 가져가는 것이었다. 그러한 행동의 결과는 보조원이 와서 다른 아동에게 그 장난감을 안톤에게 돌려 주라고 말하는 것이었다. 안톤의 머리 때리기는 장난감 되찾기와 같이 자신이 원하는 바를 얻기 위해 기능했다고 추측되었다.

사례 3

밀러(Miller) 여사는 ABC 기록지에 와이엇(Wyatt)이 다른 사람을 때리고 차거나 꼬집기 전후에 일어난 일들을 적었는데, 이러한 그의 행동이 '공격적'이었기 때문이었다. 며칠 후, 많은 사람이 있었던 곳에서 와이엇의 공격 패턴이 관찰되었다. 결과는 그가 혼잡한 상황에서 제거되었다는 것이었다. 따라서 와이엇의 공격행동이 불편을 느끼는 상황을 피할 수 있게 해 주었다고 추측되었다(그는 초조하거나 불안했을 수 있으며 무엇을 해야 할지 몰랐다).

사례 4

첸(Chen) 여사는 ABC 기록지에서 딸인 사라(Sara)가 언어치료 전에 그리고 작업치료가 시작되기 전에 괴성을 지른다고 보고하였다. 첸 여사는 선행사건으로 '치료실로 가라는 말을 듣는 것', 행동으로는 '괴성을 지르고 엄마에게 달려들기' 그리고 결과로서 '치료자가 그녀를 치료실로 다시 안내하는 것'이란 것을 확인하였다. 그러나 첸 여사는 행동의 기능에 대해서는 확신이 들지 않았다. 사라가 괴성을 지르는 것은 그녀가 대기실에 있는 기차 세트와 함께 더 많은 시간을 갖기 위함이었을까, 치료에서 빠져나오려고 했기 때문일까, 아니면 엄마와 떨어지고 싶지 않았기 때문일까? 추가적으로 가능한 선행사건의 모니터링에 대해 토론한 후 (예: 대기실에서 일어나는 일, 시간대, 기차 세트에 대한 접근 등), 첸 여사는 사라가 엄마와 떨어지지 않으려고 괴성을 지른다는 가설을 테스트하기 위해 ABC 데이터를 일주일 더 완성하도록 요청받았다.

행동 원리
- 치료 충실도 체크리스트

성명(아동): ______________________ 방문일: ____________ (년/월/일)

치료자: ______________________

회기 목표가 치료자에 의해 달성된 정도를 평가한다.

0 = 목표가 달성되지 않음

1 = 목표가 부분적으로 달성됨

2 = 목표가 완전히 달성됨

N/A = 목표가 회기에 포함되지 않음

치료자의 완성도 목표	평가			
1. 부모훈련의 전반적인 목표, 회기 구성 및 요구 사항을 소개한다.	0	1	2	N/A
2. 행동이 어떻게 학습되는지 논의한다.	0	1	2	N/A
3. ABC 모형과 선행사건의 개념을 확인한다.	0	1	2	N/A
4. 행동을 명확히 정의하는 방법을 소개한다.	0	1	2	N/A
5. 결과를 소개한다.	0	1	2	N/A
6. 행동의 기능을 확인한다.	0	1	2	N/A
7. 데이터 보관의 중요성에 대해 토론하고, ABC 기록지를 소개한다.	0	1	2	N/A
8. 비디오 삽화를 시청한다.	0	1	2	N/A

9. 일차적 관심 행동에 대해 토론하고, 가정에서의 데이터 수집을 개시한다.	0	1	2	N/A
10. 행동지원계획서를 소개한다.	0	1	2	N/A

계 ________ / 20

부모의 참여, 올바른 응답 및 활동 완료 정도를 평가한다.

0 = 부모가 기술이나 이해를 보여 주지 않았고 과제를 완료하지 못함

1 = 부모가 몇몇 질문을 올바르게 이해하고 응답했으며 부분적으로 과제를 완수함

2 = 부모가 거의 모든 질문을 올바르게 이해하고 응답함

N/A = 목표가 회기에 포함되지 않음

부모의 목표	**평가**			
1. 부모가 학습활동 1.3에서 선행사건을 확인한다.	0	1	2	N/A
2. 부모가 두 용어(공격행동 및 문제행동)에 대한 행동적 정의를 제공한다.	0	1	2	N/A
3. 부모가 학습활동 1.6에서 선행사건, 행동, 결과 및 행동의 기능을 확인한다.	0	1	2	N/A
4. 부모가 어떠한 행동의 비디오 삽화에서 선행사건과 결과를 확인하기 위해 ABC 기록지를 사용하는 능력을 보여 준다.	0	1	2	N/A
5. 부모가 ABC 기록지를 사용하여 추적할 행동을 확인한다.	0	1	2	N/A

계 ________ / 10

비고: 우리는 교육 시간에 참석한 가족 인원 수에 맞는 충실도 체크리스트 사본을 준비할 것을 권장한다.

충실도 노트:

2회기

예방 전략

개요

2회기는 행동의 선행사건 관리에 대한 정보를 제공한다. 이전 주 동안에 수집된 ABC 데이터와 예방 전략 검토 시 생성한 아이디어가 문제행동을 예방하기 위한 접근법을 개발하는 데 사용된다.

목표

1. 이전 회기의 과제를 복습한다.
2. 문제행동의 예방을 도입한다.
3. 8개 범주의 예방법을 검토하고, 이미 부모가 하고 있는 예방법을 확인한다.
4. 비디오 삽화를 통해 문제행동을 예방하기 위한 방법을 확인하는 부모의 능력을 평가한다.
5. 과제를 위한 한두 가지 예방 전략을 확인한다.
6. 행동지원계획서를 갱신한다.

부모의 목표

1. 부모는 자신이 현재 문제행동을 예방하는 방법을 확인한다.
2. 부모는 비디오 삽화를 시청하고, 향후 문제행동을 예방할 방법에 대한 조언을 제공한다.
3. 부모는 문제행동을 예방하는 한두 가지 새로운 방법을 확인한다.

자료

1. 치료자 스크립트
2. 비디오 삽화
3. 부모용 워크북 2회기 학습활동
4. 치료 충실도 체크리스트
5. 행동지원계획서

치료자용 팁 시트

2회기는 길어질 수 있으며, 많은 가족이 다중 예방 전략을 실시함으로써 혜택을 받을 수 있다. 당신의 가족에게 해당된다고 느낀다면, 당신은 이 회기를 두 개의 분리된 부분으로 나눌 수 있다. 첫 번째 부분에서는 처음 네 가지의 예방 기법을 검토하고, 과제를 할당한다. 두 번째 부분에서는 다음 네 가지의 예방 전략을 다루고, 별도의 과제를 할당한다.

ABC 과제 데이터 검토

부모가 적어 둔 각 사례를 살펴본다. 이것은 어떤 선행사건이 행동을 촉발하는지 그리고 아동이 어떤 결과를 받게 되는지(예: 부모가 현재 어떤 반응을 보이고 있는지)를 포함하여 아동의 행동에 관련된 구체적인 배경사건을 이해할 수 있는 좋은 기회이다.

ABC 기록지에서 각 사례를 살펴볼 때, 당신은 여백에 특정 문제에 부합할 수 있는 아이디어나 전략을 써넣을 수 있다(예: 부모는 아이가 반복적인 말을 한다고 설명한다. 이 경우 그러한 행위를 계획된 무시로 표시한다). 이는 당신이 과제의 중요성을 강조하는 기회가 되기도 한다.

과제의 어려움 1: 부모가 ABC 기록지를 작성하지 않았거나 단지 부분적으로만 작성하였다

과제 완료와 관련된 문제에 대한 일반적인 권장 사항에 관해서는 부록 4 '프로그램 실행 시의 문제 해결' 장을 참조한다. 부모에게 과제를 철저하고 정확하게 하는 것이 중요하다는 사실을 강조하는 것이 필수적이다. 부모가

ABC 기록지를 작성하는 데 어려움을 겪을 때(예: 기록지를 완성하지 못했을 때, 데이터에 오류가 있을 때, 단지 몇 가지 예만을 적었을 때, 그리고 그 주에 아동이 표적행동을 나타내지 않았을 때)에는 부모를 집으로 보내서 다른 주에 ABC 데이터를 작성할 수 있도록 한다.

과제의 어려움 2: 부모가 항목을 잘못된 범주에 넣는다(예: 행동을 선행사건 범주에 넣기)

치료자 스스로가 특정 상황에 대한 ABC 기록을 충분히 잘할 수 있어야 한다. 그렇게 할 수 없다면 당신은 부모를 교정할 수 없다! 부모가 ABC의 일부 또는 행동의 기능을 부적절하게 식별한 사실을 알게 된다면, 잘못 분류된 데이터나 그에 대한 오해에 대해 이야기를 나누고 교정한다. 데이터가 어떻게 기록되었어야 했는지 부모가 이해하도록 도와준다. 예를 들어, 부모가 구체적인 행동에 대한 설명을 기록하는 대신 "아동이 텐트럼 했음."과 같이 '비행동적인' 묘사를 사용하는 데에서 오류가 있을 수 있다. 또 다른 오류는 부모가 배경사건을 부적절하게 식별할 때이다. 예를 들어, 당신은 "아동은 힘든 하루를 보내고 있었다."와 같은 선행사건을 볼 수 있다. 이러한 유형의 오류는 부모 쪽의 정확도를 높이기 위해 이야기되고 교정되어야 한다. 부모를 가정으로 보내서 기록지를 올바르게 채울 수 있는 기회로서, 또 다른 일주일분의 ABC 데이터를 완성하게 한다.

치료자 스크립트

목표 1 이전 회기의 과제를 복습한다

1회기에서 우리는 행동의 ABC에 관해 이야기했고, 아동의 행동에 대한 ABC 데이터를 계속 작성하는 과제를 주었다. 이 기록지가 아동의 행동에 대해 무엇을 말해 주는지 그 내용을 살펴보자. [ABC 데이터 시트의 결과를 확인한다. 도표를 완성하고, 이 회기에 가지고 나온 것에 대해 부모를 칭찬한다. 부모가 도표를 완성하지 않았거나 지참하는 것을 잊은 경우에는, 이전 주에 발생한 한두 가지의 표적행동에 대해 토론하면서 회기 중에 ABC 기록지의 작성을 완료한다. 또한 과제가 왜 어려웠는지도 분석한다. 부모가 과제를 이해하지 못했는가? 구조적인 어려움이나 가족의 스트레스 요인 때문에 부모가 과제를 완료하지 못했는가? 다음 회기에서 데이터 작성을 강화하기 위해서는 회기 사이의 전화 통화와 같은 추가적인 지원을 가족에게 제공하는 것이 필요할 수도 있다.] 당신은 아이의 문제행동에서 어떠한 패턴을 발견했는가? 예를 들어, 행동은 매일 같은 시간에 또는 동일한 활동 중에 발생하는 경향이 있는가? 다양한 사람이 관계되어 있는가, 아니면 동일한 사람이 아이와 함께 있을 때 행동이 일어나는 경향이 있는가? [다음 회기까지 부모가 계속해서 ABC 데이터를 수집해야 하는지 결정한다.]

목표 2 문제행동의 예방을 도입한다

오늘 우리는 문제행동 예방에 관한 두 회기 중에서 첫 번째 회기를 검토할 것이다. 부모는 일상생활에서 문제가 발생하지 않도록 자연스럽게 많은 일을 한다. 예를 들어, 걸음마를 배우는 아이가 계단에서 떨어지거나 독성이 있는 세정제를 마시는 것을 막기 위해 부모는 무엇을 하는가? [부모에게 대답할 기회를 준다.] 그렇다. 부모는 계단 꼭대기에 베이비 게이트를 설치하고 가정용 세제가 보관된 캐비닛에는 안전 잠금 장치를 설치한다. 자폐 스펙트럼 장애 아동의 부모는 식당, 영화관 또는 교회와 같이 예상대로 어려웠던 환경에 아이를 데리고 가지 않음으로써 지역사회에서의 문제를 예방할 수 있다. 다른 부모는 특정 장소에 체류하는 시간을 제한한다. 예를 들어, 부모는 짧은 물품 목록으로 식료품점으로의 이동을 제한할 수 있다. 이런 형태의 예방은 선행사건 관리 전략이라고 한다. 우리는 종종 ABC 데이터 수집에서 했던 바와 같이, 문제행동에 대한 선행사건을 바라봄으로써 예방 전략을 고안할 수 있다. 예를 들어, 머리를 세차게 흔들기의 일반적인 선행사건이 진공청소기를 켜는 것이라고 ABC 데이터에서 나타나면, 선행사건 예방 전략의 한 가지는 부모가 거실을 진공청소기로 청소하는 동안 아이를 침실로 옮기는 것일 수 있다.

목표 3 8개 범주의 예방법을 검토하고, 이미 부모가 하고 있는 예방법을 확인한다

아동의 문제행동을 예방하기 위해 부모가 이미 하고 있는 일이 있을 수 있다. 따라서 여러분이 현재 하고 있는 일들에 대해 이야기해 보자. 자녀를 위한 예방 아이디어를 우리가 정리하는 데 도움이 되도록 생각해 볼 몇 가지 범주를 여러분에게 제시하려고 한다. [부모용 워크북 2회기 학습활동 1a, 1b를 확인한다. 학습활동 2.1a가 2.1b의 빈칸을 작성하는 방법에 대한 예시라는 사실을 설명한다.] 각 범주를 살펴보자. 우리는 당신이 이러한 범주들 중 하나에 속하는 몇 가지 작업을 이미 수행하고 있는지 확인할 것이다. 우리는 앞으로 여러분이 할 작업에 대해서도 생각해 볼 것이다. [다음에 열거된 8개의 범주를 살펴본다. 부모가 각 범주하에 현재 가정이나 지역사회에서 실시되고 있는 전략들을 열거하는 것을 돕는다.]

1. **상황이나 사람을 피한다**: 부모가 아이를 식당, 쇼핑 또는 교회에 데리고 가지 않음으로써 문제를 예방하는 방법을 일찍이 언급했다. 어떤 가족은 아동이 줄을 서서 기다려야 하는 곳을 피한다. 당신의 가족이 적극적으로 피하는 상황이 있는가, 그 이유는 무엇인가? 이러한 범주에 속하는 문제를 예방하기 위해 당신이 해야 할 일을 생각해 보자. [부모가 학습활동 2.1b에 이러한 것들을 적게 한다.] 때때로 어떤 사람들은 문제행동에 대한 선행사건이 되기도 한다. 예를 들어, 어떤 아동은 아버지에게 복종하지만, 어머니가 뭔가를 하도록 요청할 때마다 어머니를 힘들게 한다. 어떤 아동은 특정 아동과 제대로 노는데 어려움을 느낀다. 이러한 것이 당신의 아이에게 해당하는가? [학습활동 2.1b에 모든 항목을 추가한다.]

2. **환경을 통제한다**: 여기에는 캐비닛에 자물쇠를 설치하거나 집의 문을 안쪽에서 잠그는 것이 포함된다. 일부 교사는 아동을 자신을 '싫어하는' 사람들과 멀리 떨어져서 앉게 하거나 산만함을 제어하는 파티션을 사용함으로써 교실 환경을 통제한다. 문제행동을 예방하기 위해 환경을 통제하는 방법을 생각해 보자. [부모가 학습활동 2.1b에 이러한 것들을 적도록 한다.]

3. **조금씩 또는 작은 단계로 처리한다**: 앞서 말한 바와 같이, 일부 부모는 아이가 짧은 시간 동안 상황을 다룰 수 있다는 사실을 발견한다. 따라서 가족은 이러한 환경을 모두 피하기보다는 특정 상황에서 시간을 제한한다. 어떤 가족은 긴 자동차 여행을 피한다. 다른 가족은 생일 파티나 가족모임에서 전체 시간 동안 머물지 않는다. 아동이 머무는 시간을 제한하는 상황을 생각해 보자. [학습활동 2.1b에 추가한다.]

4. **사건의 순서를 변경한다**: 이것은 선호 활동을 멈추도록 누군가 지시했을 때 어려움을 겪는 아동에게 특히 유용할 수 있다. 예를 들어, 어머니가 아이패드를 끄고 옷을 입고 학교에 갈 준비를 하라고 요청할 때, 어떤 아이는 공격적으로 행동할 수 있다. 이것은 아이에게 아이패드를 가지고 노는 것을 허락하기 전에 옷을 입게 함으로써 관리할 수 있다. 비슷한 문제를 피하기 위해 활동 순서를 바꾼 적이 있는가? [만약 그렇다면, 새로운 항목들을 학습활동 2.1b에 추가한다.] 이 영역에서 우리는 다음 회기를 다루기 위해 추가적인 시간이 필요하다.

5. **문제의 초기 신호에 반응한다**: 대부분의 부모는 아이의 행동에 대한 전문가이며, 아이의 행동이 언제 끝나는지 알 수 있다. 어떤 부모는 아이의 시선에서 마음을 읽거나, 아이가 더 짜증이 나 있음을 느낄 수 있다(예: 울거나 큰 소리로 말하기). 이러한 신호가 나타나면, 어떤 부모는 아이의 행동을 관리하기 위해 도울 방법을 찾는다. 예를 들어, 어떤 아이가 옷을 입으라고 요구되었을 때 초기의 불안 신호를 보이면, 부모는 아이가 옷 입는 과제를 더 쉽게 완료할 수 있도록 도움을 줄 수도 있다. 다른 부모는 행동이 악화되기 전에 아이를 진정시키기 위해 아이가 장소에서 벗어나게 할 수도 있다. 예를 들어, 어떤 아이가 생일 파티에서 흥분하기 시작하면, 그 부모는 아이를 진정시키고 자극에서 벗어나게 하기 위해 다른 방으로 데리고 갈 수 있다. 분노발작의 초기 징후를 느낄 수 있다는 것을 발견했는가? 신호는 무엇인가? 당신은 어떤 문제의 초기 신호에서 '싹 잘라 버리기'를 할 수 있었는가? [만약 그렇다면, 학습활동 2.1b에 이러한 정보를 추가한다.]

6. **요청하고 반응하는 방식을 바꾼다**: 어떤 아동은 특정 방식으로 요구되는 경우, 특히 전환과 관계되거나 아동이 무엇인가를 가질 수 없다고 들을 때 과민 반응을 보인다. 어떤 아동은 "안 돼."라는 말을 들을 때마다 불안

해한다. 부모가 아이에게 무언가를 하도록 요청하는 방법을 변경하면 폭발적인 반응을 막을 수 있다. 예를 들어, 요청할 때 선택권을 주거나 하고 있는 일을 5분 안에 멈출 필요가 있다고 알려 주는 것이 일반적으로 사용되는 전략들이다. 당신의 아이에게 유용한 이러한 종류의 아이디어를 발견한 적이 있는가? [만약 그렇다면, 이것을 학습활동 2.1b에 추가한다.]

7. **배경사건을 다룬다**: 배경사건은 특정 상황에서 아동이 반응하는 방식에 영향을 미칠 수 있는 특별한 유형의 선행사건이다. 일반적인 예로는 피곤하거나 배가 고프거나 아프다고 느끼는 경우가 포함된다. 모든 부모가 알고 있듯이 짜증을 내는 아동은 피곤, 배고픔 또는 아픔을 갖고 있다. 이러한 사항들은 모두 아동이 집, 학교 또는 어린이집에서 행동하는 방식에 영향을 줄 수 있다. 교사의 요청에 대개 잘 반응하는 아동도 피곤하거나 아플 때에는 평소와는 달리 불안해지거나 공격적으로 변할 수 있다. 일일 약물 복용을 놓치는 것은 그날 문제가 발생할 수 있는 토대를 마련하는 것일 수도 있다. 또 다른 기타 배경사건으로는 시끄럽고 혼란스러운 구내 식당, 급한 집안일로 인한 부모의 갑작스러운 여행, 조부모의 사망 등이 있다. 배경사건은 여러 가지 방법으로 해결할 수 있다. 간단한 예를 들자면, 아동은 배고픔으로 인해 어린이집에서 집까지 차를 타고 가는 중에 짜증을 내고 비협조적이다. 부모는 집에 갈 때를 대비해 건강한 간식을 가져가서 배고픔의 배경사건을 해결할 수 있다. 아동의 행동에 영향을 줄 수 있는 배경사건을 생각할 수 있는가? [만약 그렇다면, 이러한 정보를 학습활동 2.1b에 추가한다.]

8. **시각적 및 청각적 신호를 사용한다**: 시각적 및 청각적 신호에는 사진, 글로 쓴 목록, 일과에서 다가올 전환, 또는 특정 활동에 대해 미리 주의시킬 수 있는 타이머가 포함된다. 이러한 단서를 사용하면 문제행동을 예방하고 아동의 독립성과 일상생활 기술의 학습을 촉진할 수 있다. 예

를 들어, 시각적 및 청각적 신호는 사건의 순서에 관한 정보를 처리하는 아동의 능력을 향상시키는 데 도움이 될 수 있으며, 이는 예측 가능성을 제공하고, 아동의 유연성을 향상시킬 수 있다. 시각적 및 청각적 신호는 선택(예: 선택 보드), 시간의 경과 및 순서 설정(예: 타이머, 먼저-그다음 보드), 단계별 일과의 제시(예: 시각적 일과표, 사회적 이야기)를 설정하는 데 사용될 수 있다. 예를 들어, 아침 일과의 단계를 보여 주는 일련의 그림을 개발하면 학교에 가기 전에 해야 할 일을 아동에게 상기시키며, 그 결과 혼란을 피하고 지시 따르기를 촉진할 수 있다. 20분의 컴퓨터 시간이 끝났음을 알리는 타이머를 설정하는 것은 아동에게 갑자기 컴퓨터를 끄라고 말하는 것보다 더 효과적일 수 있다. 시각적 일과표를 사용하는 것은 신뢰할 만한 실질적인 접근법이며, 우리는 이를 다음 회기에서 보다 자세히 논의할 것이다. 당신은 아이를 돕기 위해 시각적 및 청각적 신호를 현재 사용하고 있는가? [만약 그렇다면, 이러한 정보를 학습활동 2.1b에 추가한다.] 다음은 시각 단서의 몇 가지 추가적인 예이다. ['먼저-그다음' 보드([그림 2-1])와 같은 시각적 전략의 예를 제시하고, 일상적인 적용의 가능성에 대해 토론한다. 아동마다 다르게 전략을 적용하는 방법을 찾는다.]

마지막 권장 사항은 힘든 날에는 어떻게 요구를 줄이거나 없앨 수 있는지에 관한 것이다. 앞에서 설명한 배경사건과 함께, 일부 아동은 환경에 중대한 변화가 있을 때(예: 평상시의 학교 일과에서 벗어나는 휴일 동안) 짜증을 더 내거나 도전적으로 변한다. 당신이 너무 지쳐서 텐트럼이 끝나기를 기다리기 어려운 경우도 있다. 장기적으로 볼 때 최선의 해결책은 아닐지 모르지만, 먼저 아이의 폭발을 막기 위해 요구 사항의 수를 최소화하는 것이 더 나을 때도 있다. 예를 들어, 당신의 아이가 평소와 달리 힘든 하루를 보내고 있거나, 당신은 피곤하거나, 기분이 좋지 않거나, 또는 집을 빨리 떠나야 하기 때문에 일상적인 요구 사항을 따라갈 수 없다고 생각한다. 요구를 하고 포기하는 것보다는 아예 요구를 하지 않는 것이 낫다!

목표 4 비디오 삽화를 통해 문제행동을 예방하기 위한 방법을 확인하는 부모의 능력을 평가한다

다음 몇 개의 비디오 삽화는 부모가 종종 직면하는 어려운 상황에 대한 것들이다. 부모의 임무는 미래에 문제를 예방하는 방법에 관하여 비디오 속의 부모에게 조언하는 것이다. [학습활동 2.2로 넘긴다. 몇 가지 제안이 제시되긴 하지만, 추가적인 아이디어를 생각해 내도록 부모를 격려한다. 부모가 비디오 삽화에서 문제행동을 확인하게 한 다음에 토론을 시작하고, 그 후에 가능성 있는 예방 전략으로 넘어간다.]

이 프로그램에 포함된 비디오는 www.oup.com/RUBI와 www.hakjisa.co.kr (자료실)에서 이용할 수 있다.

비디오 1: 옷 입히기 문제

부모가 아이에게 외투를 입히려고 애쓰고 있다.

- 요청하는 방법 변경: 5분 경고를 준다.
- 순서 변경: 먼저 외투를 입힌 후, 아이패드를 나중에 허락한다.

비디오 2: 청소할 시간

부모가 갑작스럽고 급하게 아이에게 장난감을 치우라고 말한다. 아이가 따르기를 거부한다. 부모는 쟁점을 밀어붙이고 아이의 행동이 확대된다.

- 요청하는 방법 변경: 다른 톤의 목소리를 사용하고, 유관을 사용한다("장난감을 치워야 우리가 밖에 나갈 수 있어.").
- 시각 단서: 장난감을 치우기 전에 5분 경고를 위한 타이머를 사용한다.

비디오 3: 나는 honey comb 시리얼을 원해!

- 요청하는 방법 변경: 선택권을 준다.

• 환경 통제: 몇몇 시리얼 상자를 시야에서 치움으로써 선택을 제한한다.

비디오 4: 컴퓨터 몰래하기
부모가 컴퓨터 방에서 아이를 내보내지만, 결국 아이가 다시 몰래 들어간다.
• 환경 통제: 컴퓨터 방의 문에 자물쇠를 설치한다.

비디오 5: 옷 입히기 문제
어머니가 아이에게 외투를 입히려고 애쓰고 있다. 아버지가 방에 들어오고 아이가 즉시 지시를 따른다.
• 사람 피하기: 아이에게 외투 입히는 일을 아버지가 책임지도록 한다.

많은 부모가 언제나 예방 전략을 사용해야 하는지 묻는다. 대답은 "아니요."이다. 우리의 목표는 주요 문제행동을 예방하고 아동에게 더 유용한 다른 행동을 가르칠 수 있는 기회를 만드는 것이다. 이러한 새로운 행동을 일단 학습한 후에는, 예방 기법에 의존할 필요가 없게 된다.

목표 5 과제를 위한 한두 가지 예방 전략을 확인한다

토론을 통해 우리는 당신이 이미 가정이나 지역사회에서 몇 가지 예방 전략을 사용하고 있다는 것을 알고 있다. [학습활동 2.1b의 목록을 확인한다.] 지금부터 다음 회기까지 사용할 수 있는 한두 가지 추가 전략을 찾아보자. [8개 범주와 ABC 데이터를 살펴보고 아이디어를 개발한다. 이것의 목표는 치료자가 아니라 부모가 아이디어를 생성하게 하는 것이다.] 지금부터 다음 회기까지 이러한 전략을 사용해 본다. 그러면 우리는 상황이 어떻게 진행되는지 토론할 수 있다. 상황을 잘 추적하기 위해서는 간단한 일지를 작성하는 것이 좋다. [학습활동 2.3a와 2.3b(선행사건 관리 데이터 시트)를 제공한다. 학습활동 2.3a에는 선행사건 관리 데이터 시트를 작성하는 방법에 대한 예시가 제공되어 있다.] 일지를 통해 당신은 날짜, 시간, 표적행동 및 사용된 예방 전략과 그 효과를 상기할 수 있다. [일주일 더 ABC 데이터를 계속해서 유지하도록 부모에게 요청하였다면, 이 과제도 부모에게 상기시킨다.]

목표 6 행동지원계획서를 갱신한다

[부모와 함께 이 회기에서의 토론을 기반으로 행동지원계획서를 갱신한다. 과제의 대상이 되는 전략뿐만 아니라 고려 중인 모든 전략을 포함시킨다. 2회기 정리로 넘어가 부모에게 이 자료를 이번 주 동안 복습하도록 한다. 다음 회기 일정을 계획하며 이 회기를 종결한다.]

핵심 주제를 기반으로 하여 다양한 중재 방식을 제공하는 '보충회기'를 참조.

과제 사례 예시

레아(Leah)는 보통 아침에 만화를 먼저 본다. 그러나 어머니인 페이지(Page) 여사가 학교에 가기 위해 옷을 입을 때가 되었다고 말하면, 종종 비명을 지르고 텐트럼을 한다. 페이지 여사는 레아가 만화를 보기 전에 옷을 입게 하겠다고 결정한다. 그렇게 하면 만화를 보는 행위가 레아가 옷을 입도록 동기부여를 하고, 만화를 끄는 것에 따른 싸움을 피할 수 있다. 선행사건 관리 데이터 시트에 페이지 여사가 날짜와 시간, 그녀가 목표로 삼는 행동(옷 입으라는 말을 들을 때의 텐트럼), 예방 전략(사건의 순서 변경) 그리고 그것이 얼마나 효과가 있었는지(레아가 만화를 보기 위해 옷을 입는 일에 협력하는지 여부) 기록한다.

예방 전략 - 치료 충실도 체크리스트

성명(아동): ______________________ 방문일: ____________ (년/월/일)

치료자: ______________________

회기 목표가 치료자에 의해 달성된 정도를 평가한다.

0 = 목표가 달성되지 않음

1 = 목표가 부분적으로 달성됨

2 = 목표가 완전히 달성됨

N/A = 목표가 회기에 포함되지 않음

치료자의 완성도 목표	평가			
1. 이전 회기의 과제를 복습한다.	0	1	2	N/A
2. 문제행동의 예방을 도입한다.	0	1	2	N/A
3. 8개 범주의 예방법을 검토하고, 이미 부모가 하고 있는 예방법을 확인한다.	0	1	2	N/A
4. 비디오 삽화를 통해 문제행동을 예방하기 위한 방법을 확인하는 부모의 능력을 평가한다.	0	1	2	N/A
5. 과제를 위한 한두 가지 예방 전략을 확인한다.	0	1	2	N/A
6. 행동지원계획서를 갱신한다.	0	1	2	N/A

계 ________ / 12

부모의 참여, 올바른 응답 및 활동 완료 정도를 평가한다.

0 = 부모가 기술이나 이해를 보여 주지 않았고 과제를 완료하지 못함

1 = 부모가 몇몇 질문을 올바르게 이해하고 응답했으며 부분적으로 과제를 완수함

2 = 부모가 거의 모든 질문을 올바르게 이해하고 응답함

N/A = 목표가 회기에 포함되지 않음

부모의 목표	**평가**			
1. 부모는 자신이 현재 문제행동을 예방하는 방법을 확인한다.	0	1	2	N/A
2. 부모는 비디오 삽화를 시청하고, 향후 문제행동을 예방할 방법에 대한 조언을 제공한다.	0	1	2	N/A
3. 부모는 문제행동을 예방하는 한두 가지 새로운 방법을 확인한다.	0	1	2	N/A

계 ________ / 6

충실도 노트:

3회기

일과표

개요

3회기는 아동을 위한 일과표를 획득하고, 문제행동이 발생하는 것을 막기 위해 부모가 일과표를 조정하는 방법을 확인하는 것을 돕는 일에 집중한다. 이 회기에는 시각적 일과표도 포함된다. 치료자는 일과 변경, 시각적 일과표 또는 둘 모두에 집중할 수 있다(둘 모두에 집중하는 것이 좋다).

목표

1. 이전 회기의 과제를 확인한다.
2. 행동지원계획서를 확인한다.
3. 아동을 위한 전형적인 일과표를 만든다.
4. 아동의 일과에 관한 문제를 해결하기 위한 예방 전략을 확인한다.
5. 비디오 삽화를 이용하여 일과표에서 예방 전략을 사용하는 방법을 설명한다.
6. (선택 1) 아동의 일과표를 수정한다.
   (선택 2a) 시각적 일과표의 개념을 소개한다.
   (선택 2b) 아동을 위한 시각적 일과표를 개발한다.
7. 과제를 할당하고 설명한다.
8. 행동지원계획서를 갱신한다.

부모의 목표

1. 부모는 문제가 발생하는 영역을 포함하여 아이의 일과표를 설명한다.
2. 부모는 각 비디오 삽화에 대하여 적절한 예방 전략을 제시한다.
3. (선택 1) 부모는 아이의 일과표를 위한 적절한 예방 전략을 제시한다.
   (선택 2) 부모는 시각적 일과표의 개발을 돕는다.

자료

1. 치료자 스크립트
2. 비디오 삽화
3. 부모용 워크북 3회기 학습활동
4. 시각적 일과표를 만들기 위한 자료
5. 치료 충실도 체크리스트
6. 행동지원계획서

치료자용 팁 시트

3회기에서 제시되는 자료의 양으로 인하여 추가 시간이 필요할 수 있으므로, 치료자는 하루 일과 검토와는 별도의 회기로 시각적 일과표의 정보를 제공할 수 있다.

예방 전략 과제의 검토

과제의 어려움 1: 부모는 부정적인 행동에 대응하여 예방 전략을 구현한다

사례: "존(John)은 장난감을 가지고 노는 중이었고, 내가 식탁으로 가라고 말했을 때 징징거리기 시작했다. 그래서 나는 5분 동안 타이머를 설정했다." "알렉스(Alex)는 내가 그를 위해 준비한 시리얼을 좋아하지 않는다고 소리를 지르기 시작했다. 그래서 나는 그에게 와플이나 팬케이크 중 하나를 선택하도록 제안했다." 아동이 행동을 나타내기 전에 전략(예: 타이머, 5분 경고, 먼저-그다음 시각 단서)을 구현해야 한다고 부모에게 강조해야 한다. 이를 위해서는 부모가 때때로 문제가 나타날 수 있는 시기를 예측한 다음, 그러한 시기에 구현할 전략을 잠재적인 문제행동이 발생하기 전에 설정해야 한다.

과제의 어려움 2: 부모가 예방 기법을 도입할 때 아동이 텐트럼을 시작하기 때문에 부모가 '포기하고 굴복한다'

부모는 아이가 목욕 시간으로 전환할 수 있도록 5분 경고를 제공하는 타이머를 사전에 설정한다. 타이머가 경고와 함께 켜지면, 아이가 목욕을 하고 싶지 않다며 소리를 지르기 시작한다. 타이머가 문제행동을 방지하기 위한 도구로 설정되었기 때문에 부모는 아이가 왜 텐트럼을 하거나 소리를 지르는지 혼란스러울 수 있다.

이를 위해서는 문제행동을 최소화하기 위해 '바퀴에 기름칠하기'에 있어 예방 전략이 어떠한 역할을 하는지에 대한 대화가 필요하다. 아이가 여전히 항의하는 시기가 있다. 사실, 아이가 이전에 없었던 제한을 (또는 일관성이 없는 제한을) 시험해 보려는 것은 매우 자연스러운 일이다. 이 시기 동안 부모는 텐트럼에도 불구하고 전략을 지켜 나가는 것이 중요하다. 부모가 지속적으로 전략(예: 아이를 전환시키는 전략)을 견지하면 , 결국 아이는 (1) 텐트럼이 더 이상 효과가 없으며, (2) 타이머가 그러한 전환이 일어나야 할 시기를 알려 주는 예측 가능한 방법이라는 것을 배우게 될 것이다. 때로는 아이가 새로운 규칙이나 제한을 배우는 데 시간이 걸리지만, 부모가 일관되고 매번 전략을 지켜 나가면 저항, 항의 및 텐트럼이 가라앉는다.

시각적 일과표의 수립

시각적 일과표를 위한 아이콘이나 그림을 만들 때 선택할 수 있는 몇 가지 옵션이 있다. 하나의 일반적인 옵션은 보드메이커(Boardmaker) 프로그램의 아이콘을 사용하는 것이다. 아동들은 종종 그림 교환 의사소통 체계(PECS)에서 사용되는 보드메이커 아이콘에 익숙하다. 그것들은 일반적으로 학교와 치료 환경에서도 사용된다. 보드메이커에 대한 접근 권한이 없는 경우에는 구글 이미지를 사용할 수 있다. 마지막으로 아동마다 부모가 찍은 사진(예: 아이 침대, 욕조, 좋아하는 장난감)을 사용할 수 있다. 일과표를 작성하는 일에는 일반적으로 사진을 인쇄하고, 사진을 배치할 보드와 사진을 코팅한 다음, 그림을 보드에 배치할 수 있도록 그림에 벨크로를 추가하는 일이 포함된다.

시각적 일과표를 구성하는 방법에 대해서는 유연성이 있어야 한다. 이것은 일과표를 중간에 배치하거나, 수평 및 수직으로 배치하는 것에서부터 아동이 (아침/저녁) 일과를 완료하는 동안 부모가 일과표를 가지고 다니는 것까지 다양하게 나타날 수 있다. 일부 아동은, 그림은 붙어 있는 채로 아동이 보고 참고할 수 있는 일과표를 갖고 있다. 다른 아동은 벨크로를 사용하여 아동이 그림 체크리스트처럼 그림을 떼어 내게 한다. 부모 중 일부는 떼어 낸 그림들을 봉투에 넣고, 다른 부모는 그것들을 완성된 과제 보드로 옮긴다. 이것의 목표는 가족과 아동 모두에게 효과적인 방식으로 시각적 일과표를 설정하는 것이다.

치료자 스크립트

목표 1 이전 회기의 과제를 확인한다

지난주 우리는 가정에서 문제행동을 예방할 수 있는 방법을 모색했다. 우리는 이러한 전략이 당신의 아이에게 어떻게 작용했는지를 추적하기 위해 일지를 사용하는 것에 관해 논의했다. 당신의 일지를 보고 상황이 어떻게 진행되었는지 살펴보자. [부모가 이러한 전략의 사용을 설명하는 기록지를 가지고 돌아오면, 과제를 완료하고 기록지를 가지고 온 것에 축하를 보낸다. 과제가 완료되지 않았거나 일지가 작성되지 않았으면, 시간을 내어 과제 완수의 어려움에 대해 논의한다. 부모가 ABC 데이터를 계속해서 수집하도록 요청된 경우에는, 그 데이터도 살펴보고 ABC 데이터 수집을 다음 일주일에 대해서도 지속할지 결정한다.]

목표 2 행동지원계획서를 확인한다

이제 행동지원계획서를 살펴보고, 당신이 아직 구현되지 않은 추가 전략을 시작할 준비가 되었는지 확인해 보자. [행동지원계획서에 기록된 아직 실행되

지 않은 특정 전략을 확인한다.]

목표 3 아동을 위한 전형적인 일과표를 만든다

오늘 우리는 당신의 아이의 일과표를 살펴보고, 하루를 보다 원활하게 진행하는 데 도움이 될 수 있는 변화를 우리가 만들 수 있는지 확인할 것이다. 당신의 가족이 대부분의 가족과 다르지 않다면, 아동이 어려움을 겪게 되는 특정 시간이나 활동들이 매일 존재한다. 당신이 아이의 '전형적인 하루'를 보여 주면 우리는 문제가 있는 부분을 파악할 수 있다. [보통의 평일을 사용하는 것이 가장 좋다. 부모와 함께 일과표를 살펴본다(부모용 워크북 3회기 학습활동 1). 아동이 깨어날 때 시작하여 잠들 때 마친다. 각각의 활동에 대해 문제들을 기록한다. 이러한 정보는 일과표 변경에 대한 제안을 설명할 수 있다. 또한 선호도가 낮은 작업의 완료를 위한 강화물로서 사용될 수 있는 활동들에 귀를 기울인다. 예를 들어, 당신은 옷 입기와 아침 식사에 유관하여 아침에 아이패드 사용 시간을 만드는 것을 원할 수 있다. 마지막으로 문제를 예방할 수 있는 방법을 찾아보자. 예를 들어, 아침에 아동에게 장난감을 치우도록 하는 것이 문제가 된다면, 저녁에 치우게 한다. 아동에게 위층으로 올라가 양치질을 하도록 요청하는 일이 힘들다면, 1층 욕실에 여분의 칫솔을 둔다.]

목표 4 아동의 일과에 관한 문제를 해결하기 위한 예방 전략을 확인한다

일과표는 예방 전략을 사용할 수 있는 훌륭한 기회를 제공한다. 아동의 하루가 보다 원활하게 진행될 수 있도록 그러한 전략들을 사용하는 방법을 검토해 보자.

1. **요구 시간을 변경한다**: 활동이 발생하는 시간을 변경하는 것이 유용한 전

략이 될 수 있다. 예를 들어, (아침과 비교하여) 학교에 갈 준비를 위한 압박이 덜한 저녁 시간대에 아동을 목욕시키는 것이 더 쉬울 수도 있다.

2. **즐거운 활동을 사용하여 덜 선호하는 활동의 완료를 보상한다**: 이 전략은 마지막 회기에서 소개되는 사건 순서의 변경과 유사하다. 아이들이 즐거운 활동을 멈추는 것은 종종 힘든 일이며, 특히 좋아하지 않는 일을 하도록 요청받는 경우에는 더욱 그러하다. 예를 들어, 안으로 들어가서 장난감을 정리하기 위해 밖에서 놀기를 멈추라고 요청하는 것은 힘든 일이 될 가능성이 크다. 밖에서 놀기와 같은 즐거운 활동이 장난감 정리를 성공적으로 완료한 후에 이어지도록 아이의 일정 순서를 바꾸는 것만으로도 지시에 따르는 것을 더 잘 촉진시킬 수 있다.

3. **일과를 수립한다**: 일부 가정에는 아동을 아침에 학교 갈 준비를 시키거나 밤에 잠자리에 들도록 하는 일과가 마련되어 있지 않다. 이러한 매일의 일상사를 위한 일과표는 아동이 기대되는 바를 알 수 있도록 도와줄 수 있으며, 그 자체로서 이러한 활동에 대한 지시 따르기를 향상시킬 수 있다. 일과를 설정할 때에는, 요구되는 활동 다음에 즐거운 활동을 배치해야 한다(예를 들어, 아동이 잠자리에 들 준비가 끝난 후에 옛이야기를 선택한다).

목표 5 비디오 삽화를 이용하여 일과표에서 예방 전략을 사용하는 방법을 설명한다

비디오 삽화 몇 개를 보고 나서, 문제행동을 방지하기 위해 아이의 일과표를 재배치하거나 방식을 달리하는 것과 관련하여 당신이 부모를 위한 제안을 생각해 낼 수 있는지 알아보자. 우리가 지금까지 논의해 온 모든 예방 전략은 학습활동 3.2에 포함되어 있다. [학습활동 3.2로 넘긴다. 부모가 일과표 변경을 확인하는 데 곤란을 겪는다면, 약간의 힌트를 주고 각 비디오 삽화에 대해 적어도 하나 이상의 제안을 생각해 내도록 노력한다.]

이 프로그램에 포함된 비디오는 www.oup.com/RUBI와 www.hakjisa.co.kr (자료실)에서 이용할 수 있다.

비디오 1: 옷 입기 방해

어머니가 아들에게 외투와 바지를 가져다준다. 아이는 요구를 무시하고 TV를 계속 시청한다.

- 환경 통제: 아이가 외투를 입을 때까지 TV를 켜지 않는다.
- 시간 변경: 아이가 아침에 (그리고 TV가 켜지기 전에) 더 일찍 외투를 입도록 한다.
- 즐거운 활동/보상: 외투를 입은 다음에 TV를 본다.

비디오 2: 나중에 청소하기

아이에게 학교 가기 전에 장난감을 치우도록 요청한다. 시간이 지나고 아이는 정리하지 않는다. 아이는 이제 학교에 가야 한다.

- 시간 변경: 아이가 하루가 끝날 시점에 청소를 한다.
- 환경 통제: 부모가 방에 머무르고 청소를 감독한다.

비디오 3: 닌텐도 텐트럼

어머니는 아이에게 비디오 게임을 끄고 양치질을 하라고 요청한다. 아이가 거부하기 때문에 어머니는 게임기를 치운다.

- 즐거운 활동/보상: 양치질 먼저, 비디오 게임은 그다음에 한다.
- 요청 방법의 변경: 선택권을 부여하고, 목소리의 톤을 바꾼다.
- 일과 수립: 게임이 양치질 다음에 온다.

비디오 4: 5분만 더

어머니가 세탁을 위해 아이와의 놀이에서 벗어나려고 시도한다. 아이가 징징거리기 때문에 어머니는 아이와 계속 논다.

- 요청 방법의 변경: 멈추기 전에 아이에게 5분간의 경고를 준다.
- 사건의 순서 변경: 세탁을 마치고 난 다음에 아이와 논다.

목표 6 [선택 1] 아동의 일과표를 수정한다.

하루 중에 아이의 행동이 특히 힘든 시간대가 있는 것처럼 보인다. 우리가 작성한 일과표로 돌아가서 이러한 문제의 시간대를 해결할 수 있는 일정 변화를 어떻게 실시할 수 있는지 알아보자. [학습활동 3.1로 되돌아가서, 부모에게 일과 내에서 문제 지점을 확인하도록 촉구한다. 예를 들어, "존이 목욕하기 위해 TV 시청을 멈춰야 하기 때문에 저녁에 목욕 시간을 잡는 것은 때때로 힘들 수 있다."라고 말하는 것처럼, 논의를 시작하기 위해 구체적인 염려를 지적해야 할 수 있다. 부모가 아이디어를 생각해 내기 위해 필요하다면 학습활동 3.2에 있는 범주들을 참조한다. 잠재적 예방 전략은 학습활동 3.1의 세 번째 행인 적절한 시간 옆에 적는다.]

목표 6 [선택 2a] 시각적 일과표의 개념을 소개한다

자폐 스펙트럼 장애 아동들이 일과의 전환과 예기치 않은 변화에 어려움을 겪는다. 그 결과, 부모는 분노발작을 피하기 위해 일과표를 최대한 일관되게 유지하려고 노력한다. 일과에 변화가 일어날 때, 어떤 부모는 아이의 반응에 대한 걱정으로 마지막 순간이 되어서야 아이에게 그것을 말한다. 자폐 스펙트럼 장애 아동이 일과표를 관리하거나 예상치 못한 일과 변화에 대처하는 것을 돕는 한 가지 방법은 시각적 일과표를 사용하는 것이다. 시각적 일과표는 보통의 일과를 수립하는 데 도움이 될 뿐만 아니라 다가올 일상의 변화를 아이에게 알려 줄 수도 있다. 당신은 시각적 일과표의 모습에 대한 예를 볼 수 있다. [하루의 활동에 대한 12개의 사진이 포함되어 있는 일과표의 일례(부모용 워크북의 [그림 3-1])를 보여 준다.]

이 일과표에서 당신은 아동이 오늘 해야 할 활동이 12가지라는 것을 알 수 있다. 아침 일과를 위해 아동은 옷을 입고, 양치질을 한 후, 아침을 먹는다. 오후에는 버스에서 내려서 책가방을 제자리에 두고 간식을 먹는다. 더 나중에 아동은 밖에서 놀고, 저녁을 먹은 후, 접시를 싱크대에 둔다. 저녁 일과의 경우, 아동은 장난감을 갖고 놀고, 목욕을 한 후, 잠자리로 든다. 그림 일과표는 아동에게 다음에 오는 것을 알려 줄 뿐만 아니라 아동을 주어진 활동으로 인도하는 데에도 도움이 된다. 이것은 안정감과 예측 가능성을 촉진시키며, 그 결과 편안함, 유연성 그리고 독립성을 증가시킨다. 이것은 다음과 같이 작동한다.

치료자 노트

이러한 단계들은 시각적 일과표를 어떻게 사용하는지 부모에게 가르쳐 주는 한 가지 방법일 뿐이다. 이러한 단계들은 부모 또는 아동의 필요에 맞게 수정될 수 있다.

1. 일과표를 잘 보이는 장소에 둔다.
2. 아이가 일정을 확인하도록 격려한다.
3. 아이와 함께 일과표를 살펴보고, 첫 번째 그림을 선택한다.
4. 아이가 활동을 소리 내어 말하도록 격려한다. 더 어리거나 말할 수 없는 아이의 경우에는 아이를 대신하여 큰 소리로 말한다.
5. 아이가 일과표에서 그림을 떼어 내게 시키고, 그것을 아이와 함께 지정된 장소로 옮긴다.
6. 그림에 대한 활동을 완료한다.
7. 시각적 일과표로 돌아간다.
8. 아이가 완료된 과제의 그림을 넣을 수 있는 작은 상자나 봉투를 일과표 근처에 준비한다.
9. 시각적 일과표상의 다음 그림으로 이동한다.

9개의 실행 단계로 구성된 비디오 삽화를 시청하자.

> 이 프로그램에 포함된 비디오는 www.oup.com/RUBI와 www.hakjisa.co.kr (자료실)에서 이용할 수 있다.
>
> 비디오 5: 시각적 일과표
> 그림 일과표의 사례

이것은 단지 하나의 일과표 형식에 불과하며, 아동을 위한 다양한 주제를 쉽게 개발할 수 있다. [학습활동 3.3을 참조하고, 시각적 일과표 형식의 다양한 옵션에 대해 토론해 보자(예: 실물, 아이콘, 사진 또는 단어의 사용, 그림 떼어 내기, 목록 표시, 일과표를 벽에 고정시키는 것과 지니고 다니는 것의 비교)]. 이 첫 번째 시각적 일과표가 성공적이라면, 아동의 활동이 학교와 지역사회를 포함하면서 확대됨에 따라 그러한 일과표도 확장될 수 있다.

목표 6 [선택 2b] 아동을 위한 시각적 일과표를 개발한다

시각적 일과표가 어떻게 작동하는지 알았으므로, 이제 아동을 위해 일과표를 설정하는 것에 대해 이야기해 보자. [학습활동 3.4로 넘긴다.] 당신의 아이에게 가장 적합한 형식을 결정하는 것부터 시작하자. 시각적 일과표는 단단한 판지 또는 아트 보드로 시작할 수 있다. 당신은 꾸미거나 색칠함으로써 시각적 일과표의 도입을 즐거운 활동으로 만들 수 있다. 보드는 그날의 작업을 나타내는 그림 또는 아이콘을 배치하는 데 사용된다. 벨크로를 사용하여 그림 또는 아이콘을 보드에 부착할 수 있다. [학습활동 3.3(즉, 가장 적절한 형식을 선택하기 위한 시각적 일과표의 양식 계획)을 참고한다.]

다음으로, 우리는 아침 일과처럼 아동에게 힘들 수 있는 하루 중 특정 시간을 목표로 삼을 것인지, 아니면 하루 전체에 대한 일과표를 만들 것인지 결정할 필요가 있다. 우리는 앞서 완료한 일과표를 이용하여 시각적 일과표의 표적을 결정할 수 있다. [학습활동 3.4에서 일과표의 유형에 동그라미 표시하

고, 부모가 일과(routine)를 선택할 경우 특정 시간 프레임을 작성한다.]

당신의 아이가 전에 시각적 일과표를 사용해 본 경험이 없다면, 한꺼번에 제시되는 긴 과제 목록을 갖는다는 것이 혼란스러울 수 있다. 이 경우 우리는 적은 수의 사진에서 시작하여 시간이 지남에 따라 점차 작업의 수를 늘려 나가는 것을 원할 수 있다. 예를 들어, 우리는 시각적 일과표상에 단지 세 가지 핵심 과제만 표시되어 있는 아침 일과에 초점을 맞출 수 있다. 아침 일과의 핵심 요소는 무엇인가? 아이의 시각적 일과표에는 몇 개의 과제가 있는 것이 적당하다고 생각하는가? [시작할 항목의 수를 결정하고, 그 수를 학습활동 3.4에 추가한다.]

우리는 일과표를 둘 장소도 결정해야 한다. 아이가 필요할 때마다 쉽게 접근할 수 있는 중앙 위치에 두는 것도 가능하다. 부피가 너무 크지 않다면, 아이가 자신의 일과 중에 과제별로 지니고 다닐 수도 있다. [일과표를 보관할 장소를 결정하고, 그 장소를 학습활동 3.4에 기록한다.]

[그림이 제거되는 일과표의 경우] 시각적 일과표상의 각 과제가 완료될 때마다, 아이가 해당 사진이나 아이콘을 봉투나 작은 용기에 넣게 한다. 시각적 일과표 근처의 중앙 위치에 봉투를 두는 것이 유용할 수 있다. 그렇지 않으면, 시각적 일과표의 뒷면에 봉투를 부착할 수도 있다. [학습활동 3.4에서 부모 선택에 동그라미 표시한다.]

어떤 아이는 이른바 '핸드 오버 핸드(hand-over-hand, 어른이 아이의 손을 잡고 도와주는 것)'라고 하는 도움이 필요하다. 비디오 삽화에서 보인 바와 같이, 여기에는 아동이 일과표에서 해당 그림을 떼어 내고 봉투에 넣는 것을 확실히 할 수 있도록 부모가 자세히 지도하는 것이 포함된다. 이 '핸드 오버 핸드'가 당신의 아이에게 필요하다고 생각하는가? [부모와 핸드 오버 핸드(hand-over-hand)의 필요성에 대해 논의한다.]

시각적 일과표의 구조를 이해했으므로, 이제 포함시키고 싶은 활동의 목록을 작성할 수 있다. [학습활동 3.4를 사용하여 시각적 일과표에 포함시킬 활동의 목록을 작성한다.]

목표 7 과제를 할당하고 설명한다

선택 1: 아동의 일과표를 수정하기

과제 할당의 목표는 (학습활동 3.2에서) 논의한 아이의 일과에 변화를 주는 것이다. 우리가 그러한 변화의 효과를 평가할 수 있도록 지난주에 작성했던 것과 유사한 짧은 일지를 쓰는 것이 좋다. [학습활동 3.5로 넘긴다.] 날짜, 시간, 표적행동 그리고 사용된 예방 전략과 그 효과를 기록한다.

선택 2: 시각적 일과표를 사용하기

과제 할당의 목표는 우리가 설계한 시각적 일과표를 매일 사용해 보는 것이다. 당신은 학습활동 3.4의 '비고' 란에 시각적 일과표가 얼마나 잘 작동하는지 기록하고, 우리는 다음 주에 당신의 기록을 검토하여 시각적 일과표를 개선하기 위한 변화를 줄 수 있다. [당신은 부모에게 이전 회기에서 동의한 예방 전략을 계속 사용하도록 상기시키기를 원할 수도 있다.]

목표 8 행동지원계획서를 갱신한다

[부모와 함께 이 회기에서 논의된 사항에 기초하여 행동지원계획서를 갱신한다. 과제의 대상이 되는 전략뿐만 아니라 고려 중인 모든 전략을 포함시킨다. 3회기 정리로 넘어가 부모에게 이 자료를 이번 주 동안 복습하도록 한다. 다음 회기 일정을 계획하며 이 회기를 종결한다.]

핵심 주제를 기반으로 하여 다양한 중재 방식을 제공하는 '보충회기'를 참조.

과제 사례 예시

일과 할당 변경의 예

앨리스(Alice)는 3시 45분에 학교에서 집으로 오면 간식을 먹고 밖에서 놀기를 원한다. 홀컴(Holcomb) 여사는 유치원 과제를 시작하는 5시까지 앨리스를 집 안으로 들어오게 하는 데 어려움을 겪고 있다. 일단 앨리스를 안으로 들어오게 하면, 그녀는 과제를 하는 내내 징징거리며 항의한다. 그녀를 들어오게 하는 어려움과 과제라는 도전 사이에서, 홀컴 여사는 자신이 원하는 시간보다 훨씬 늦은 7시까지는 식사를 준비할 수 없다. 늦은 오후 일과에서 이러한 여러 어려움을 해결하기 위해, 우리는 일정의 순서를 재배열하였다. 우리는 앨리스가 학교에서 집으로 오자마자 간식을 주고 밖으로 놀러 나가기 전에 먼저 과제를 하도록 결정했다. 우리는 또한 앨리스에게 놀러 나갈 기회를 가지려면 오후 5시까지 과제를 마무리해야 한다고 알려 주었다. 그래서 홀컴 여사는 앨리스가 외부에 있는 시간인 5~6시 사이에 저녁 식사를 준비할 수 있었고, 6시까지는 가족을 위한 식사 준비를 마칠 수 있었다.

시각적 일과표 과제 할당의 예

라일리(Riley)의 현재 아침 일과는 6시 45분에 일어나고 TV를 보면서 아침 식사를 하는 것으로 구성되어 있다. 어머니는 보통 라일리가 만화를 보는 동안 자신을 준비한다. 그런 다음 데이비스(Davis) 여사는 7시 30분에 라일리에게 옷을 입히고, 7시 45분까지 학교를 향해 문 밖을 나설 수 있도록 그녀의 치아를 닦는다. 데이비스 여사는, 옷을 입히기 위해 TV를 끄면 라일리가 소리를 지르고 달아나 숨기 때문에, 이러한 아침의 15분이 상당한 도전이라고 설명한다. 아침 일과의 어려움을 해결하기 위해, 우리는 보드마커 프로그램의 그림 아이콘을 사용하여 이러한 일과를 뒤따르는 시각적 일과표를 개발했다: 일어나기, 용변 보기, 옷 입기, 아침 식사하기, TV 시청하기, 양치하기, 차 타기, 아이폰 사용하기. 라일리는 오전 6시 45분에 일어나고, 화장실에 간 후에 옷을 입을 것이다. 그런 다음 라일리가 만화를 보는 동안 데이비스 여사가 아침 식사를 제공할 것이다. 그 후 데이비스 여사는 직장에 갈 준비를 할 수 있다. 데이비스 여사는 라일리가 학교로 출발하기 10분 전으로 타이머를 설정하고, 타이머가 울리면 그녀를 양치질한다. 데이비스 여사는 라일리에게 시각적 일과표를 보여 주며, 먼저 양치질을 해야만 차에 타서 (라일리에게 있어서는 매우 소중한 활동인) 엄마의 아이폰을 가지고 놀 수 있다고 알려 준다.

일과표
- 치료 충실도 체크리스트

성명(아동): ______________________ 방문일: ______________ (년/월/일)
치료자: ________________________

회기 목표가 치료자에 의해 달성된 정도를 평가한다.

0 = 목표가 달성되지 않음

1 = 목표가 부분적으로 달성됨

2 = 목표가 완전히 달성됨

N/A = 목표가 회기에 포함되지 않음

치료자의 완성도 목표	**평가**			
1. 이전 회기의 과제를 확인한다.	0	1	2	N/A
2. 행동지원계획서를 확인한다.	0	1	2	N/A
3. 아동을 위한 전형적인 일과표를 만든다.	0	1	2	N/A
4. 아동의 일과에 관한 문제를 해결하기 위한 예방 전략을 확인한다.	0	1	2	N/A
5. 비디오 삽화를 이용하여 일과표에서 예방 전략을 사용하는 방법을 설명한다.	0	1	2	N/A
6. (선택 1) 아동의 일과표를 수정한다.	0	1	2	N/A
(선택 2a) 시각적 일과표의 개념을 소개한다.	0	1	2	N/A
(선택 2b) 아동을 위한 시각적 일과표를 개발한다.	0	1	2	N/A

7. 과제를 할당하고 설명한다.	0	1	2	N/A
8. 행동지원계획서를 갱신한다.	0	1	2	N/A

계 _____ / _____

부모의 참여, 올바른 응답 및 활동 완료 정도를 평가한다.

0 = 부모가 기술이나 이해를 보여 주지 않았고 과제를 완료하지 못함

1 = 부모가 몇몇 질문을 올바르게 이해하고 응답했으며 부분적으로 과제를 완수함

2 = 부모가 거의 모든 질문을 올바르게 이해하고 응답함

N/A = 목표가 회기에 포함되지 않음

부모의 목표	평가			
1. 부모는 문제가 발생하는 영역을 포함하여 아이의 일과표를 설명한다.	0	1	2	N/A
2. 부모는 각 비디오 삽화에 대하여 적절한 예방 전략을 제시한다.	0	1	2	N/A
3. (선택 1) 부모는 아이의 일과표를 위해 적절한 예방 전략을 제시한다.	0	1	2	N/A
(선택 2) 부모는 시각적 일과표의 개발을 돕는다.	0	1	2	N/A

계 _____ / _____

충실도 노트:

4회기

강화 1

개요

4회기에서 부모는 줄이거나 제거하고 싶은 행동이 아니라 아이의 적절한 행동에 집중해야 한다. 아동의 능력 범위 내에 있지만 혼자서는 일관되게 수행하지 못하는 일상생활 기술에 중점을 둔다. 부모는 자신의 아이를 위한 강화물을 확인하고, 표적행동을 증가시키기 위해 그것을 사용하는 방법을 배우게 된다.

목표

1. 이전 회기의 과제를 확인한다.
2. 행동지원계획서를 확인한다.
3. 긍정적 강화의 개념을 소개한다.
4. 다양한 유형의 강화물을 확인한다.
5. 강화물을 확인하는 방법에 대해 논의한다.
6. 아동을 위한 강화물 선택법에 대해 논의한다.
7. 행동을 변화시키기 위한 강화물 사용법을 부모에게 가르친다.
8. 비디오 삽화를 통해 '강화 규칙'의 잘못된 사용을 식별하는 부모의 능력을 평가한다.
9. 뇌물과 강화 사이의 차이에 대해 논의한다.
10. 과제를 설계한다.
11. 행동지원계획서를 갱신한다.

부모의 목표

1. 부모가 아이를 위해 현재 사용되고 있는 강화물의 예 또는 강화물로 사용될 가능성이 있는 품목/활동을 제공한다.
2. 부모가 비디오 삽화에서 어긴 '강화 규칙'을 정확하게 식별하고, 적절한 제안을 한다.
3. 부모가 강화 전략을 사용하는 과제 계획의 개발을 돕는다.

자료

1. 치료자 스크립트
2. 비디오 삽화
3. 부모용 워크북 4회기 학습활동
4. 치료 충실도 체크리스트
5. 행동지원계획서

치료자용 팁 시트

시각적 일과표 과제의 검토

과제의 어려움: 부모는 아이가 시각적 일과표의 사용에 거의 관심을 보이지 않았다고 (또는 적극적으로 항의했다고) 말한다

아이는 일과표가 선호하지 않는 과제를 따라야 할 필요를 나타낸다고 이해하고 있기 때문에 항의할 수 있다. 필요할 경우 물리적 촉구를 사용하여 '꾸준히 밀고 나가도록' 부모를 격려한다. 또한 일과표를 조정하는 방법에 대한 문제를 해결한다(예: 아이가 비선호 과제를 완료한 후 어떤 것을 기대할 수 있도록 충분한 강화 활동을 일과표에 포함시켰는가?). 일과표의 형식도 다시 고려해 볼 가치가 있다. 예를 들어, 일과표가 고정된 위치(예: 부엌의 벽)에 있지만 부모가 아이를 부엌으로 데리고 가서 일정을 확인시키기 어렵다면, 일과표를 '아이와 함께 이동'하게 하여 일과표상의 다양한 과제를 완료하는 것이 더 합리적일 수 있다. 이것은 일과표를 점검하는 수고를 덜어 줄 것이다.

강화의 어려움

- 일부 부모는 아이에게 효과적인 강화물이 "없다."라고 말할 것이다. 다른 부모는 과거에 강화를 시도했지만 "효과가 없었다."라고 말할 수도 있다.
- 이것은 치료자에게 창의적인 문제 해결을 요구한다. 시작점은 아이가 강화물이 될 수 있는 특별한 관심사를 가지고 있는지 여부를 고려하는 것이다. 대부분의 부모가 불빛이 깜빡이는 장난감을 사용하는 반복적인 놀이나 아이의 면전에서 끈을 흔드는 것을 강화물로서 사용하는 것

을 고려하지 않겠지만, 그것이 아이가 매우 선호하는 활동이라면 강화물로서 가장 확실하게 사용될 수 있다. 때로는 강화물이 될 수 있는 것을 재구성하는 것(아이가 접근에 대한 동기부여를 받을 수 있는 것)만으로도 아이에게는 강화할 만한 것이 아무것도 없다고 말하는 부모에게 문제를 해결하는 데 도움이 된다.

- 또 다른 토론에서는 특정 활동/항목에 대한 접근이 제한되어 있는지 여부가 포함될 수 있다. 어떤 부모는 아이가 항상 가지고 노는 (그리고 자유롭게 접근할 수 있는) 자석 그림판이나 토마스와 친구들 세트를 강화물로 보지 않을 수 있다. 이러한 활동이나 대상은 단지 아이의 접근을 제한하고, 그러한 것에 대한 접근을 표적행동의 완료와 결부시키는 것만으로도 강화물이 될 수 있다.
- 부모가 강화하는 빈도와 일관성을 높이는 데 노력하면 아이의 행동을 수정하는 전략으로서 강화의 효과를 향상시킬 수 있다.

치료자 스크립트

목표 1 이전 회기의 과제를 확인한다

지난 회기의 과제를 검토하자. 아이의 일과표를 변경하고, 시각적 일과표를 실시할 수 있었는가? [경험한 문제점뿐만 아니라 중재 효과가 있었던 사례의 예도 물어본다. 예를 들어, 추가적인 선행사건 전략, 새롭거나 추가적인 그림 등 접근 방식의 변화를 제안한다. 이러한 전략을 지속적이고 일관되게 사용하는 것이 중요하다는 사실을 강조한다.]

목표 2 행동지원계획서를 확인한다

이제 행동지원계획서를 검토하고, 지금까지 우리가 구현한 다른 전략들을 당신이 어떻게 사용하고 있는지 살펴보자. 일관되게 사용하는 데 어려움이 있는 전략이 있는가? 표적행동을 다루는 데 있어서 효과적이라고 생각되는 전략은 무엇인가? 행동지원계획서에 열거되어 있는 추가 전략을 사용할 준비가 되어 있는가? [행동지원계획서에 기록된 아직 실행되지 않은 특정 전략을 확인한다.]

목표 3 긍정적 강화의 개념을 소개한다

오늘 우리는 아이가 얻으려고 노력하게 될 보상인 강화물에 대해 이야기할 것이다. 강화물은 아이의 행동에 뒤이어 나타나는 어떤 것으로서 그러한 행동을 증가시킨다. 강화물은 기대되는 행동을 강화하고 새로운 행동과 기술을 촉진하는 데 사용될 수 있다. 우리 모두는 강화물에 반응한다. 예를 들어, 당신이 요리한 음식을 가족이 칭찬한다면, 당신이 그 음식을 다시 요리할 가능성이 더 커진다. 부모는 종종 아이에 대하여 다음과 같이 강화물을 사용한다. "장난감을 정리한 후에 컴퓨터 게임을 할 수 있어." "네가 잠잘 준비를 끝낸 후에 우리는 옛날 이야기를 읽을 수 있어." 관심(이야기 읽기)이나 선호하는 활동과 같은 강화물은 어떠한 행동이 미래에도 계속될 가능성을 높인다. 아이에게 현재 강화물을 어떻게 사용하고 있는지 생각해 보자. [부모에게 2~3개의 예를 언급할 시간을 준다.]

우리가 자주 듣게 되는 한 가지 어려움은 전형적인 발달기 아동을 위한 강화물이 자폐 스펙트럼 장애 아동에 대해서는 효과가 없어 보인다는 것이다. 이는 칭찬이나 포옹과 같은 '사회적' 강화물의 경우에 특히 그럴 수 있다. 실제로 어떤 아동은 이러한 몸짓이 불쾌한 것처럼 행동할 수 있다! 우리는 당신의 아이에게 있어 무엇이 강화인지 신중히 생각해 보려고 한다. 이를 위해 당신은 무엇이 강화물이 될 수 있는지에 대해 창조적으로 생각해 볼 필요가 있다.

목표 4 다양한 유형의 강화물을 확인한다

우리는 다양한 유형의 강화물, 강화물을 식별하는 방법 그리고 이를 사용하여 특정 행동을 촉진하는 방법에 대해 논의할 것이다. 강화물이 선호되는 품목이라는 것을 기억하면서, 당신의 아이를 위한 강화물이 될 수 있는 여섯 가지를 생각해 보자. 여기에는 음식, 물건, 장난감 또는 활동이 포함될 수 있다. [부모용 워크북 4회기 학습활동 1에 이러한 여섯 가지 강화물을 기록한다.] 다섯 가지 유형의 강화물을 살펴보자.

1. **일차적 강화물**: 일반적으로 음식이나 음료에 관련된다. 예를 들어, 아동이 잠옷을 입은 후 취침하기 전에 간식을 주기, 쇼핑 중에 지시를 따르는 아동을 위한 쿠키를 구입하는 것이다. [앞서 생성된 강화물 목록을 검토하고, 일차적 강화물의 다른 예를 부모에게 질문한다. 학습활동 4.1의 '일차적 강화물'에 기록한다.]

2. **사회적 강화물**: 포옹, 하이 파이브, 칭찬 또는 모든 종류의 사회적 관심을 포함한다. 아동이 상점에서 보여 준 행동에 대하여 자랑스럽다고 말해 주는 것은 사회적 강화의 한 형태이다. [앞서 생성된 강화물 목록을 검토하고, 사회적 강화물의 다른 예를 부모에게 질문한다. 학습활동 4.1의 '사회적 강화물'에 기록한다.]

3. **물질/시각적 강화물**: 좋아하는 장난감과 같은 즐거운 물건이 포함된다. 부모는 공격 사건 없이 일주일이 지난 후에 아이에게 새로운 성냥갑 차를 사 줄 수 있다. [앞서 생성된 강화물 목록을 검토하고, 물질/시각적 강화물

의 다른 예를 부모에게 질문한다. 학습활동 4.1의 '물질/시각적 강화물'에 기록한다.]

4. **활동/특권**: 강화 활동/특권으로는 공원에 가기, 자전거 타기, 엄마와 단둘이 있기, TV 시청하기, 수영하기 등이 있다. 부모는 일주일 내내 장난감을 정리한 아이를 위해 강화물로서 아이가 좋아하는 식당에 갈 수 있다. [앞서 생성된 강화물 목록을 검토하고, 활동/특권 강화물의 다른 예를 부모에게 질문한다. 학습활동 4.1의 '활동/특권'에 기록한다.]

5. **토큰**: 실제적인 가치가 없다. 이것은 아동에게 일차적, 사회적, 물질/시각적 또는 활동 강화물을 '구입'할 수 있는 시스템을 제공함으로써 가치가 있다. 토큰은 포인트, 별 또는 심지어 돈일 수도 있다. 아동은 강화물과 교환할 수 있을 때까지 토큰을 저축한다. 심부름 목록을 완료한 대가로 주어지는 주간 용돈은 토큰의 일반적인 형태이다. 학교 프로그램에도 종종 포인트 시스템이 포함되어 있는데, 아동들은 특별한 혜택과 포인트를 교환할 생각으로 특정 규칙을 준수한다. 토큰은 행동과 토큰 그리고 토큰이 달성할 수 있는 것 사이의 관계를 이해하는 아동들에게 유용하다. [토큰 시스템이 자신의 아이에게 잘 맞는다고 부모가 말하면, 보충 회기인 '토큰 시스템'을 고려해 본다. 앞서 생성된 강화물 목록을 검토하고, 토큰 시스템의 다른 예를 부모에게 질문한다. 학습활동 4.1의 '토큰'에 기록한다.]

목표 5 강화물을 확인하는 방법에 대해 논의한다

아이를 위한 강화물을 식별하는 몇 가지 방법들을 생각해 보자.

- 아이에게 무엇을 좋아하는지 물어본다.

- 교사 등 아이를 잘 아는 다른 사람과 이야기한다.
- 강화 옵션을 제시하고 아이가 무엇을 선택하는지 지켜본다.
- 아이가 자유 시간 동안 무엇을 하는지 지켜본다. 아이가 〈토마스와 친구들〉을 보면서 자유 시간을 보낸다면, 이러한 활동이 좋은 강화물일 수 있다. 마찬가지로 성냥갑 차를 정렬하면서 자유 시간을 보내는 아이에게는 이러한 행동이 강력한 강화물일 수 있다.

다음 간단한 비디오 삽화를 보자. 이 아동을 위한 것으로 드러나는 강화물은 무엇인가?

> 이 프로그램에 포함된 비디오는 www.oup.com/RUBI와 www.hakjisa.co.kr(자료실)에서 이용할 수 있다.
>
> 비디오 1: 가장 좋아하는 장난감
> 아동이 여러 장난감을 가지고 놀고 있지만, 자석 그림판을 선호한다.

목표 6 아동을 위한 강화물 선택법에 대해 논의한다

아동을 위한 강화물을 찾기 위한 기타의 고려 사항으로는 다음과 같은 것들이 있다. [학습활동 4.2로 넘긴다.]

사람마다 제 각각이다

모든 아동은 좋아하는 것과 싫어하는 것이 다양하다. 어떤 아동은 초콜릿 아이스크림을 좋아하고, 다른 아동은 딸기를 좋아할 수 있다. 어떤 아동은 기차 스케줄을 읽거나 끈을 흔드는 것과 같은 비정상적인 강화물을 가지고 있다. 그러나 문제는 아동이 자연스럽게 이끌리는 것을 알아채는 것이다! 당신의 아이에게 강화물로 사용될 수 있는 비정상적인 활동이나 선호되는 것

이 있는가? [학습활동 4.2에 아이디어를 기록한다.]

가능하면 자연스러운 강화물을 사용한다

자연스러운 강화물은 아동의 집이나 학교에서 이미 발생했거나 존재하고 있는 활동이나 물질이다. 이러한 것들은 종종 아동의 행동에 상관없이 제공된다는 의미로서 '비유관적으로' 주어진다. 잠자리에서 들려주는 옛이야기는 제시간에 잠자리에 들기 위한 자연스러운 강화물이 될 수 있다. 숟가락을 사용하기 위한 자연스러운 강화물은 요구르트를 먹는 것이다. 강화물이 '내장된' 행동도 자연스러운 강화물이 될 수 있다. 예를 들어, 어떤 아동은 물놀이를 즐긴다. 물놀이에 관련된 손 씻기는 손 씻기를 위한 자연스러운 강화물로 사용될 수 있다. 자연스러운 강화물에는 많은 장점이 있다. 첫째, 그것은 쉽게 이용할 수 있기 때문에 '특별 강화물'보다 제공하기 쉽다. 둘째, 그것은 형제자매들에게 사용되는 것과 동일한 강화물일 수 있으며, 어떤 아동이 특별한 것을 받고 있다는 우려를 피할 수 있다. 셋째, 그것은 보다 공식적인 강화 프로그램이 끝난 후에도 계속 사용될 가능성이 높다. 당신의 아이를 위해 사용될 수 있는 자연스러운 강화물을 생각해 보자. [학습활동 4.2에 이러한 사항을 기록한다.]

적절한 행동에 따라 특권을 부여한다

많은 아동이 특별한 혜택(예: TV, 컴퓨터, 아이패드, 친구와의 시간, 좋아하는 장난감)에 자유롭게 접근할 수 있다. 특권은 기대되는 행동을 강화하는 데 사용될 수 있다. 예를 들어, 저녁 식사 중 식탁에 앉아 있도록 아이에게 잔소리하는 대신, 부모는 저녁 식사 중에 자리에 머물러야 하는 조건으로 디저트를 만들 수 있다. 즉, 아동에게 특권에 대한 접근할 수 있는 권한을 얻도록 요구하는 것이다. 유관성 보상으로 사용될 수 있는 일상적인 특권을 생각해 보자. [학습활동 4.2에 이러한 사항을 기록한다.]

연령에 따라 강화물이 달라질 수 있다

아동은 취학 전에는 동요를 즐기지만 청소년기에는 로큰롤을 선호할 수 있다. 아동의 발달 수준과 변화하는 관심사는 강화물 선택에 관련된다.

우리는 당신의 아이를 위한 잠재적인 강화물 몇 가지를 제시하였다. 상위 다섯 가지를 확인해 보자. [학습활동 4.2에 이러한 사항을 기록한다.]

목표 7 행동을 변화시키기 위한 강화물 사용법을 부모에게 가르친다

당신의 자료에 대한 강화물로서 가능한 항목과 활동을 확인했으므로, 아이의 행동을 바꾸기 위한 강화 프로그램을 설계하자. [학습활동 4.3으로 넘긴다.]

1단계: 표적 문제행동을 선택한다. 변화가 필요한 행동을 선택하도록 하자. 이것은 형제자매와 놀 때 '다른 사람이나 물건에 손대지 않기' '지시를 처음 듣고 따르기' '혼자서 아침에 옷 입기'에 이르기까지 다양할 수 있다. [아동의 부적응 행동에 반대되는 표적행동을 선택한다. 예를 들어, 음식을 손으로 잡는 아동을 위한 숟가락을 사용하는 것이다.]

2단계: 행동 요구 사항을 합리적으로 유지한다. 강화물에 필요한 행동은 아동의 능력 내에 있어야 한다. 과제가 어렵거나 복잡하면 작은 부분으로 나누고, 즉시 작은 보상을 제공한다. 예를 들어, 아이가 바지를 입은 직후에 칭찬과 스티커를 제공하는 것은 아이가 좋아하는 활동을 하기 전에 일주일 내내 스스로 옷을 입기를 기대하는 것보다 더 성공적일 것이다.

<사례>

지미(Jimmy)는 한번에 3분 동안 앉아 있을 수 있다. 부모는 지미가 15분 동안 식탁에 앉아 있기를 원한다. 처음에 지미가 3분 동안 앉아 있으면 디저트를 제공한다. 지미가 일단 3분 동안 계속 앉아 있으면, 부모는 지미가 15분에 도달할 때까지 디저트를 획득하기 위해 앉아야 할 시간을 차츰 늘릴 수 있다. 이러한 단계별 접근법은 지미의 능력과 기대치를 일치시키는 것이며, 지미가 성공하는 데 도움이 된다

3단계: 얼마나 자주 행동을 강화할지 결정한다. 새로운 행동에 대해서는 아동이 성공할 때마다 강화하는 것이 가장 좋다. 일단 행동이 학습되면 강화물을 점차 줄이거나 제거할 수 있다.

<사례>

두 달 동안, 지미는 15분 동안 앉아 식사를 해 왔다. 부모는 지미에게 디저트를 먹으려면 두 번의 식사를 해야 한다고 말하여 강화물을 점차 줄인다. 이 강화물 줄이기는 계속되며, 결국에는 지미가 모든 가족 식사에서 15분 동안 앉아 있고, 주말에 가장 좋아하는 아이스크림 가게로 가는 것으로 강화된다.

새로운 행동이나 기술을 유지하는 또 다른 방법은 '간헐적인 강화', 즉 가끔씩 강화하는 것이다.

<사례>

수전(Susan)은 바지를 입는데 매일 어머니의 도움을 필요로 했다. 어머니는 수전의 손 위에 자신의 손을 올려놓고 바지를 끌어 올린 후 그녀를 힘껏 안아 주고 칭찬을 하곤 했다. 수전이 바지를 입는 것에 더 익숙해짐에 따라 어머니는 칭찬

하는 것을 멈추기 시작했다. 시간이 지남에 따라 어머니는 수전이 혼자서 이 과제를 완수하는 것에 대하여 때때로 칭찬했다.

4단계: 행동 직후에 강화물을 적용한다. 행동과 강화물 사이의 시간이 너무 길면(예: 심지어 몇 초라도), 일부 아동은 강화물과 행동 사이의 연결을 이해하지 못할 수 있다. 이 연결이 끊어지면 강화가 덜 효과적이게 된다.

5단계: 강화물을 유관적으로 사용한다. 즉, 강화물은 기대되는 행동을 따라야 한다. 이것은 '행동 유관성'이라고 부르며 하나의 작은 계약과 같다. 아동이 기대되는 행동을 하면 강화물을 얻게 된다. 현재 아이에게 사용하는 유관의 몇 가지 예를 들어 보자.

6단계: 강화물의 가치를 유지한다. 일부 강화물은 다른 상황에서 너무 자유롭게 (비유관적으로) 주어지기 때문에 가치를 상실한다.

<사례>

소피아(Sophia)는 자석 그림판을 가지고 노는 것을 아주 좋아한다. 부모는 저녁 시간에 소피아를 앉게 하는 목표를 강화하기 위해 그것을 사용하는 것을 고려한다. 그러나 이러한 유관성을 사용해도 거의 진전이 이루어지지 않았다. 부모는 학교에서 자유 시간에 소피아가 자석 그림판에 접근할 수 있다는 것을 알았다. 선생님들이 학교에서 자석 그림판에 대한 접근을 제한하고 나자, 소피아는 저녁 식사에 앉아 있기를 위해 그것을 강화물로 사용하는 것에 대하여 반응하기 시작했다.

7단계: 사회적 및 활동/물질적 강화를 연계한다. 일차적 활동 및 물질적 강화물을 제공할 때 칭찬과 기타 유형의 사회적 강화를 사용한다. 강화물을 연계하면 전반적인 강화 효과가 강화된다. 구체적으로 설명하는 것이 중요하다. 따라서 당신이 칭찬하는 바를 아이에게 정확하게 알려 준다. 예를 들어, 아이가 자신의 방을 정리하면, "잘했어!"라고 말하는 대신 "와, 더러운 옷을 바구니에 넣는 멋진 일을 했구나!"라고 말할 수 있다.

8단계: 기대되는 행동과 강화물에 대한 시각적인 알림을 사용하는 것을 고려해 본다. 자폐 스펙트럼 장애 아동은 종종 기대되는 행동 및/또는 강화물에 대한 기대의 시각 단서로부터 이익을 얻는다. 시각 단서는 예상 행동, 강화물 및 강화물 획득에 필요한 단계를 강조한다. 시각 단서는 간단한 그림(예: 식탁에 앉아 있는 아이의 그림) 또는 강화물의 사진일 수 있다.

목표 8 비디오 삽화를 통해 '강화 규칙'의 잘못된 사용을 식별하는 부모의 능력을 평가한다

비디오 삽화를 보고, 강화물의 효과적인 사용 방법에 대한 우리의 논의를 토대로, 부모가 무엇을 잘못하고 있는지 파악할 수 있는지 확인한다. 부모가 무엇을 다르게 할 수 있는지에 대해 제안할 준비를 한다.

이 프로그램에 포함된 비디오는 www.oup.com/RUBI와 www.hakjisa.co.kr (자료실)에서 이용할 수 있다.

비디오 2: 도형 분류

아동이 명령(분류 작업)을 따르지만 부모가 칭찬하지 않는다.

비디오 3: 장난감 싸움

두 형제가 촉구 없이 장난감을 정리한다. 부모가 보상할 것을 구하러 나간 동안 그들이 싸우기 시작한다. 어머니는 돌아오고 두 아이 모두에게 선물을 제공한다. 지체로 인해 결국 어머니는 싸움에 대하여 강화하게 된다.

비디오 4: 도형 게임 보상

아이가 요청에 응하고, 부모는 아이에게 강화물로 '가장 좋아하는' 장난감(포켓몬 카드)을 준다. 그러나 아이는 장난감을 거부한다. 이 장난감은 더 이상 강화물의 가치가 없다.

비디오 5: 블록 분류

아이가 지시를 따를 때마다 부모가 칭찬과 금붕어 모양의 크래커로 아이를 올바르게 강화한다.

목표 9 뇌물과 강화 사이의 차이에 대해 논의한다

일부 부모는 지시 따르는 행동을 위해 강화물을 사용하는 것이 뇌물이라고 우려를 표명한다. 강화와 뇌물은 서로 다른 개념이다! 그 차이는 강화물이 아이에게 주어지는 시점과 관련이 있다.

<사례>

빌리(Billy)의 어머니는 아들이 장난감을 정리하는 데에 관심이 있다. 한 가지 예에서, 어머니는 "블록을 정리하면 게임기를 10분간 사용할 수 있어!"라고 미리 말한다. 다른 예에서, 어머니는 장난감을 정리하라고 요구한다. 빌리는 투덜대며 항의하기 시작한다. 이에 대해 어머니는 "장난감을 정리하면 게임기를 사용할 10분을 획득할 수 있어!"라고 말하고, 빌리는 정리를 시작한다.

두 가지 예에서 모두 빌리의 어머니는 블록 정리를 위한 강화물을 제공한다. 그들은 어떻게 다른가? [첫 번째 예에서 어머니는 빌리가 장난감을 정리하는 것에 유관하여 강화를 적절하게 제공하고 있다. 두 번째 예에서 어머니는 빌리가 문제행동을 시작한 후에 강화를 제공하여 빌리의 저항을 강화하고 있다.] 강화물은 사건 후에 협상된 것이 아니라 사전에 제공될 때 더 효과적이다.

목표 10 과제를 설계한다

오늘의 회기에서 확인된 강화물을 사용하여 '긍정적 대체행동'을 강화하거나 긍정적인 행동의 빈도를 증가시킴으로써 문제행동을 목표로 삼는 방법에 대해 생각해 보자. 당신이 가정에서 아이에 대해 사용할 수 있도록 우리가 설정할 수 있는 한두 가지의 행동-강화 유관을 계획하자. [학습활동 4.4를 사용하여 과제를 계획한다.]

목표 11 행동지원계획서를 갱신한다

[부모와 함께 이 회기에서 논의된 사항에 기초하여 행동지원계획서를 갱신한다. 과제의 대상이 되는 전략뿐만 아니라 고려 중인 모든 전략을 포함시킨다. 4회기 정리로 넘어가 부모에게 이 자료를 이번 주 동안 복습하도록 한다. 다음 회기 일정을 계획하며 이 회기를 종결한다.]

핵심 주제를 기반으로 하여 다양한 중재 방식을 제공하는 '보충회기'를 참조.

과제 사례 예시

사례 1

드루(Drew)는, 특히 어린 여동생과 노는 동안 때리는 문제를 지속적으로 갖고 있다. 앤더슨(Anderson) 여사는 놀이 시간 동안 '다른 사람에게 손대지 않기'라는 '긍정적 대체행동'을 목표로 삼기로 했다. 처음에 그녀는 5분 타이머를 설정하는 계획을 세웠다. 드루는 5분 내내 손을 잘 간직했으며, 어머니가 염가 판매점에서 구입했으며 자신이 수집하고 있는 물건이기도 한 장난감을 포상 박스에서 꺼낼 수 있었다. 또한 앤더슨 여사는 놀이 시간 중 1분마다 칭찬을 하곤 했다(예: "너는 동생을 정말 잘 데리고 노는구나!"). 드루가 남에게 손대지 않고 30분간 여동생과 성공적으로 놀 수 있을 때까지 간격을 천천히 증가시키는 것이 계획이었다.

사례 2

카터(Carter)는 아침에 양치질하는 것을 종종 힘들어했다. 그는 어머니가 화장실로 가라고 말하면 달아나 숨곤 했다. 카터는 매일 아침 학교에 가기 전에 〈디즈니 주니어〉를 시청하는 것을 좋아했으며, 보통은 그의 행동에 관계없이 그렇게 하도록 허용되었다. 제이콥스(Jacobs) 여사는 카터에게 〈디즈니 주니어〉를 보기 위해서는 처음에 양치질을 하라고 요청하였을 때 이를 따르도록 요구하는 행동 유관을 만들기로 결정하였다. 그녀는 카터가 유관성을 따르도록 촉구하기 위해 '먼저-그다음' 시각 단서를 사용하고 TV 옆에 두었다. 카터가 즉시 말을 듣지 않았을 경우에는 〈디즈니 주니어〉 시청이 허용되지 않았다.

강화 1
- 치료 충실도 체크리스트

성명(아동): ______________________ 방문일: ______________ (년/월/일)

치료자: ________________________

회기 목표가 치료자에 의해 달성된 정도를 평가한다.

0 = 목표가 달성되지 않음

1 = 목표가 부분적으로 달성됨

2 = 목표가 완전히 달성됨

N/A = 목표가 회기에 포함되지 않음

치료자의 완성도 목표	**평가**			
1. 이전 회기의 과제를 확인한다.	0	1	2	N/A
2. 행동지원계획서를 확인한다.	0	1	2	N/A
3. 긍정적 강화의 개념을 소개한다.	0	1	2	N/A
4. 다양한 유형의 강화물을 확인한다.	0	1	2	N/A
5. 강화물을 확인하는 방법에 대해 논의한다.	0	1	2	N/A
6. 아동을 위한 강화물 선택법에 대해 논의한다.	0	1	2	N/A
7. 행동을 변화시키기 위한 강화물 사용법을 부모에게 가르친다.	0	1	2	N/A
8. 비디오 삽화를 통해 '강화 규칙'의 잘못된 사용을 식별하는 부모의 능력을 평가한다.	0	1	2	N/A
9. 뇌물과 강화 사이의 차이에 대해 논의한다.	0	1	2	N/A

10. 과제를 설계한다.	0	1	2	N/A
11. 행동지원계획서를 갱신한다.	0	1	2	N/A

계 ________ / 22

부모의 참여, 올바른 응답 및 활동 완료 정도를 평가한다.

0 = 부모가 기술이나 이해를 보여 주지 않았고 과제를 완료하지 못함

1 = 부모가 몇몇 질문을 올바르게 이해하고 응답했으며 부분적으로 과제를 완수함

2 = 부모가 거의 모든 질문을 올바르게 이해하고 응답함

N/A = 목표가 회기에 포함되지 않음

부모의 목표	**평가**			
1. 부모가 아이를 위해 현재 사용되고 있는 강화물의 예 또는 강화물로 사용될 가능성이 있는 품목/활동을 제공한다.	0	1	2	N/A
2. 부모가 비디오 삽화에서 어긴 '강화 규칙'을 정확하게 식별하고, 적절한 제안을 한다.	0	1	2	N/A
3. 부모가 강화 전략을 사용하는 과제 계획의 개발을 돕는다.	0	1	2	N/A

계 ________ / 6

충실도 노트:

5회기

강화 2

개요

5회기에서 부모는 아이와의 상호작용 동안 적절한 행동을 위해 사회적 강화 사용을 증가시키는 것을 배우게 된다. 여기에는 하루 종일 또는 보다 공식적인 놀이 시간 동안에 '아이가 올바른 행동을 할 때 관심주기'가 포함된다.

목표

1. 이전 회기의 과제를 확인한다.
2. 행동지원계획서를 확인한다.
3. 부모에게 '아이가 올바른 행동을 할 때 관심주기'를 가르친다.
4. 부모와 아이가 놀이 형식으로 상호작용하는 현재의 방법을 확인한다.
5. 구조화된 놀이 시간을 사용하여 촉진할 수 있는 다양한 기술에 대해 논의한다.
6. 상호적인 놀이를 장려하는 전략에 대해 논의한다.
7. 놀이 도중에 아이가 잘못된 행동을 할 경우 무엇을 할지 논의한다.
8. 놀이 시간을 설정하는 방법에 대해 논의한다.
9. 적절한 장난감 선택에 대해 논의한다.
10. 부모의 우려 사항을 다루고 논의한다.
11. 부모와 함께 놀이 기술을 모델링 한다.
12. '아이가 올바른 행동을 할 때 관심주기' 과제를 할당하고, 공식적인 놀이 시간을 설정한다.
13. 행동지원계획서를 갱신한다.

부모의 목표

1. 부모는 아이의 놀이에 개입하는 현재의 경험에 대해 논의한다.
2. 부모는 치료자와의 역할극에 참여한다.
3. 부모는 '아이가 올바른 행동을 할 때 관심주기' 위한 구체적인 계획 및/또는 아이와의 구조화된 놀이 시간을 개발한다.

자료

1. 치료자 스크립트
2. 비디오 삽화
3. 부모용 워크북 5회기 학습활동
4. 치료 충실도 체크리스트
5. 행동지원계획서

치료자용 팁 시트

강화 과제의 검토

과제의 어려움 1: 부모는 아이가 강화물을 선택했지만 과제가 완료될 무렵 마음을 바꾸었거나 아이가 강화물 목록을 너무 빨리 바꾼다고 말한다

자신의 강화물에 대해 더 '변덕스러운' 아이는 선택 보드가 있을 때 더 잘 통한다. 구체적으로 말하면, 하나의 특정 강화물에 하나의 과제를 묶는 단순한 먼저-그다음 유관성을 갖는 대신, 부모는 선택 보드에서 보상을 선택하는 것과 관련하여 요구를 설정할 수 있다. 선택 보드는 몇 가지 유형의 강화물(예: 추가적인 TV 시청 시간, 좋아하는 디저트, 좋아하는 장난감 등)이 있는 단순한 보드(예: 코팅된 종이)이다. 그런 다음 부모는, 예를 들어 "장난감을 정리하면 선택 보드에서 선물을 선택할 수 있어!"라고 말할 수 있다. 과제를 완료하면 아이는 '그 순간에' 선호하는 강화물을 선택할 수 있다.

과제의 어려움 2: 부모는 강화물이 효과가 없다고 말한다

어떤 강화물이 행동을 바꾸는 데 효과가 없다면, 그것은 의미상 강화물이 아니다! 강화물인 품목/활동의 효과에 영향을 미치는 요인이 있는지 부모와 논의한다. 예를 들어, 아이가 표적행동을 할 때 선택된 강화물에 대한 접근이 실제로 제한되어 있는가? 부모가 생각하기에는 좋은 선택된 강화물이 실제로 아이가 얻고 싶어 하는 것인가? 때때로 강화물을 식별하는 가장 좋은 방법은 아이에게 무엇을 얻고 싶은지 물어보는 것이다.

치료자 스크립트

목표 1 이전 회기의 과제를 확인한다

표적행동을 수정하기 위해 특정 강화물을 행동 유관으로 사용할 때 일이 어떻게 진행되었는지 확인한다. [중재가 효과적이었던 부분과 문제가 발생한 부분을 질문한다. 필요한 변화를 프로그램에서 제안한다. 이러한 중재를 계속해서 일관되게 사용하는 것의 중요성을 강조한다.]

목표 2 행동지원계획서를 확인한다

행동지원계획서를 살펴보고, 지금까지 실시해 온 기타 전략을 당신이 어떻게 사용하고 있는지 살펴보자. 일관되게 사용하는 데 어려움이 있는 전략이 있는가? 표적행동을 다루는 데 있어서 어떤 전략이 효과적이라고 보이는가? 행동지원계획서에 나와 있는 추가 전략을 사용할 준비가 되어 있는가? [행동지원계획서에 기록된 아직 실행되지 않은 특정 전략을 확인한다.]

목표 3 부모에게 '아이가 올바른 행동을 할 때 관심주기'를 가르친다

오늘 우리는 아동의 행동을 변화시키고 새로운 기술을 가르치는 데 있어 강화물의 역할에 관해 이야기를 계속할 것이다. 우리는 아동과의 공식적인 상호작용뿐만 아니라 비공식적인 상호작용을 할 때, 필요 시 유형 또는 물질적인 강화와 연계되는, 사회적 강화의 사용에 초점을 맞출 것이다. 아동과 함께 하루를 보내는 동안 자연스럽게 발생하는 긍정적인 행동을 목표로 삼는 사회적 강화물을 사용하는 방법에 대한 논의를 시작하자.

당신이 대부분의 다른 부모와 다르지 않다면, 문제행동이 발생할 때 당신은 중재할 것이다. 그러나 아이가 조용히 놀고 있거나 적절하게 행동하면, 주목하지 않고 지나칠 것이다. 우리가 논의하겠지만, 이것은 놓쳐 버린 기회이다! 어떤 부모는 이 시간 동안 아이에게 무언가를 말하면서, 아이가 다시 말을 안 듣기 시작할 수도 있다고 걱정한다. 이에 대한 예를 살펴보자. [부모용 워크북 5회기의 학습활동 1을 펼치고, 부모와 함께 읽는다.] 지니(Ginny)의 어머니가 옳은 일을 했다고 생각하는가? [이것이 지니에게 동생과 조용히 놀라고 가르치는 올바른 방법이 아닌 이유를 논의한다.] 이런 시간은 '아이가 올바른 행동을 할 때 관심주기' 위한 좋은 기회이다. 목표는 반복적으로 보고 싶은 행동을 격려하기 위해 칭찬, 포옹 또는 하이 파이브이든 관계없이 당신의 관심을 이용하는 것이다. 당신이 '관심'주려는 행동에는 예의범절, 형제자매와 친절하게 놀기, 혼자서 자립 기술을 학습하기, 요청받기 전에 장난감 정리하기 등이 있다. '아이가 올바른 행동을 할 때 관심주기'에 적합한 다른 행동들을 생각해 보자. [부모와 논의하고 학습활동 5.2에 모든 생각을 적는다.]

다음의 비디오 삽화는 아이들이 잘 놀고 있을 때 어머니가 그들을 칭찬하는 요령을 설명한다.

> 이 프로그램에 포함된 비디오는 www.oup.com/RUBI와 www.hakjisa.co.kr(자료실)에서 이용할 수 있다.
>
> **비디오 1: 잘 놀고 있는 상황**
> 어머니가 아이들이 잘 놀고 있는 상황을 포착하고 자주 칭찬한다.

사회적 강화는 '아이가 올바른 행동을 할 때 관심주기'를 위한 일차적 전략이다. 그러나 다른 유형의 강화물(예: 스티커, 선호 활동 시간)도 포함시킬 수 있다. 아이가 단지 사회적 강화에만 잘 반응할 것이라고 생각하는가? 그렇지 않다면, 접근하기 쉽고 행동을 강화하기 위해 빨리 적용할 수 있는 어떤 유형의 강화물을 갖고 있는가? [부모와 논의하고 의견을 학습활동 5.2에 기록한다.]

목표 4 부모와 아이가 놀이 형식으로 상호작용하는 현재의 방법을 확인한다

적절한 행동에 대하여 사회적 강화를 제공하는 보다 공식적인 방법은 당신이 긍정적인 강화 기술을 연습할 때 아이와 함께 구조화된 놀이 시간을 갖는 것이다. 이것은 많은 부모에게 도전이 될 수 있다. 일정이 바쁜 일부 부모는 아이와 함께 놀기 위해 일정한 시간을 따로 정하는 것이 어렵다고 생각한다. 다른 부모는, 특히 아이의 놀이가 반복적이거나 흔치 않거나 따라 하기 어려울 경우, 아이들과 어떻게 놀아야 할지 확신하지 못한다. 많은 자폐 스펙트럼 장애 아동은 모방할 수 있거나 상호성을 촉진할 수 있는 놀이 기술을 아직 개발한 적이 없다. 구조화된 놀이 시간에 사회적 강화를 사용하는 방법에 대해 더 자세히 이야기하기 전에, 당신과 아이의 놀이가 지금 어떻게 보이는지 살펴보자. [학습활동 5.3을 살펴본다.]

목표 5 구조화된 놀이 시간을 사용하여 촉진할 수 있는 다양한 기술에 대해 논의한다

아이에게 나타나는 긍정적인 행동을 강화하는 기회를 제공하는 것 외에도, 아이와 함께 구조화된 공동 놀이 시간을 촉진하는 데에는 여러 가지 이유가 있다. 놀이 시간은 창의적이거나 상상력을 사용하는 놀이를 포함하여 모방과 놀이 기술을 개발하도록 격려하는 데 사용될 수 있다. 놀이 시간은, 당신의 아이가 다른 아이들과 있을 때 당신의 아이에게서 보기를 원하는 공유, 차례 지키기, 협력 놀이 등 사회적 기술을 촉진하는 아주 좋은 방법이기도 하다. 마지막으로 놀이의 내용에 대한 언어적 반사를 통해 언어 발달을 촉진할 수 있다. '아이가 올바른 행동을 할 때 관심주기'와 더불어, 이러한 기술을 향상시키기 위해 구조화된 놀이 시간 동안 사회적인 강화를 사용하는 것이 좋다.

항상 그런 것은 아니지만, 부모의 관심이 주는 강화 가치는 자폐 스펙트럼 장애 아동의 경우 전형적으로 발달하고 있는 아동보다 낮을 수 있다. 그러나 당신의 아이를 위해 사회적 관심의 가치를 높일 수 있는 구체적인 전략이 있다. 적어도 놀이 시간은 당신과 당신의 아이 사이의 긍정적인 상호작용을 위한 정기적인 기회이다. 장기적인 목표는 당신과 당신의 아이가 특별한 놀이 시간을 함께 즐기기 시작하는 것이다.

목표 6 상호적인 놀이를 장려하는 전략에 대해 논의한다

[학습활동 5.4로 넘긴다.] 여기서 논의하는 기술은 당신과 아이 사이의 모든 놀이 시간에 적용될 수 있다. 이 기술 중 일부는 훌륭한 양육 관행이다. 그러나 놀이 시간은 당신이 이러한 권장 기술을 사용하는 데 중점을 두는 특별한 시간이다. 실제로 이러한 기술 중 일부는 당신이 일상적인 일을 관리하고, 아이의 활동을 지시해야 하는 하루 종일 적용하기가 어려울 수 있다.

당신의 아이가 놀이를 이끌게 하라! 이것이 놀이 시간의 핵심이다. 당신은 아이의 행동에 대한 지시와 통제를 최소한으로 유지하면서 아이와 함께 시간을 보낸다. 놀이를 지시하기보다는 아이에게 주파수를 맞추고 정기적인 사회적 관심과 강화를 제공한다. 이렇게 하는 방법에 대해 이야기해 보자.

1. **관찰**: 먼저 아동의 놀이를 보면서 몇 순간을 보낸다.

2. **모방**: 그런 다음 아동의 놀이를 따라 하고 흉내 낸다. 이것은 아동이 하는 것과 똑같은 일을 한다는 것을 의미한다. 아동이 자석 그림판에 낙서를 한다면, 당신도 그렇게 한다. 아동이 블록을 쌓아 올리면, 당신도

블록을 쌓는다. 당신의 즉각적인 목표는 아동이 하는 행동에 초점을 맞추고, 아동이 놀이를 이끌도록 하는 것이다. 이 접근법은 당신이 아동의 놀이에 관심이 있다는 것을 아동에게 보여 준다.

3. **묘사**: 놀이에 참여할 때에는 아동이 하는 일을 정확히 소리 내어 말한다. 예를 들어, 아동이 차를 밀고 있다면 "너, 차를 밀고 있구나!"라고 말할 수 있다. 아동이 토마스와 친구들을 가지고 철로를 만들고 있다면, "네가 모든 철로를 하나로 모으고 있구나!"라고 말할 수 있다. 보이는 것을 말하기만 하면 된다!

이것은 또한 기술 학습이 놀이가 되는 방법이기도 하다. 아동이 하고 있는 일을 명명함으로써 당신은 행동에 말을 덧붙인다. 기술 학습을 촉진하기 위해 묘사를 확장할 수도 있다. 예를 들어, "너, 차를 밀고 있구나!"라고만 말하는 대신, "너, 빨간 차를 밀고 있구나!"라고 말할 수도 있다.

아동의 놀이를 묘사할 때에는 서술을 그의 언어 기술과 일치시켜야 한다. 이제 막 이야기하는 법을 배우는 아동의 경우, 묘사를 간단하게 한다("빨간 차"). 더 나은 언어적인 기술을 가진 아동에 대해서는, 서술이 더 복잡할 수 있다("너는 빨간 경주 차를 밀고 있구나!").

4. **반사**: 이것은 아동이 하는 말을 되풀이하거나 유사한 말로 다시 표현해 주는 것이다. 반사는 구두 표현에 즉각적인 관심을 제공하고, 당신이 아동의 말을 경청하고 있다는 것을 아동에게 보여 준다. 이것은 언어 발전을 촉진하는 방법으로 사용될 수 있다. 예를 들어, 아동이 "이것은 빨간 차입니다."라고 말하면, 당신은 "빨간 차."라고 응답할 수 있다. 이것은 또한 비지시적인 방법으로 말을 교정하는 방법이 될 수 있다. 예를 들어, 아동이 "파 차(파란 차란 의미)."라고 말하면, 당신은 "그래, 그것은 파란 차입니다."라고 올바른 발음에 중점을 두고 말할 수 있다.

말이 서투른 아동의 경우: 아동이 이해할 수 있는 적절한 발성을 반복할 수 있다. 예를 들어, '볼(ball)'에 대해 '부(bu)'와 같은 단어 근접성을 반사할 수 있다. 당신은 새된 소리나 우는 소리 같은 부적절한 발성을 반사하지 않아도 된다. [부모와 함께 아이의 언어능력 및 아이에게 반사를 적용할 수 있는 구체적인 방안에 대해 논의한다.]

5. **기술 촉구**: 아동과의 놀이에서 사회적 또는 놀이 기술이 발현하는 사례를 주의 깊게 관찰한다. 발현하는 사회적 기술에는 요청, 공유 또는 교대하기가 포함될 수 있다. 아동이 이러한 기술에 자발적으로 참여하는 것을 알게 되면, "크레용을 나와 함께 사용하는 너의 모습이 정말 마음에 들어!"와 같은 말로 강조한다. 또는 기술을 모델링 하고 현재 당신이 하고 있는 일을 명명할 수 있다. 예를 들어, 아동이 색칠을 하고 있다면, 아동에게 당신이 사용하고 있는 크레용을 주고, "여기, 내 크레용을 너와 함께 사용하고 싶어!"라고 말하고 아동 옆에 크레용을 놓을 수 있다. 당신은 놀이를 지시하거나 주도권을 빼앗지 않으면서 아동에게 기술을 가르치고 있음을 알 수 있다.

   발현하는 놀이 기술에는 인형을 사용하거나 TV 프로그램 또는 비디오의 각본을 넘어서는 이야기 요소를 보여 주는 상상 놀이가 포함될 수 있다. 아동이 자발적으로 상상 놀이에 참여한다면, "인형에게 스파게티를 먹이는 건 멋진 생각이야!"와 같은 칭찬으로 강조한다. 그렇지 않으면, 당신은 기술을 모델링 하고 자신이 하고 있는 일을 명명할 수 있다. 예를 들어, 아동이 자동차를 이리저리 밀고 있으면, "너의 차가 상점으로 가려고 이리저리 운전하고 있구나. 나는 세차하기 위해 내 차를 차고로 가져갈 거야."라고 말할 수 있다.

6. **칭찬**: 간단한 설명적인 말을 사용하여 아동의 긍정적인 행동을 칭찬할 수 있는 기회를 활용한다. 아동의 현재 활동에 대하여 "나는 네가 그리는 그림이 마음에 들어."라고 칭찬하거나 "조용히 앉아 있는 것을 정말

잘하는구나."라고 말하며 긍정적인 행동에 주목할 수 있다. 또한 부정적인 행동 대신에 기회가 있을 때마다 칭찬할 수 있는 긍정적인 행동을 포착하는 것이 바람직하다. 예를 들어, 비명을 지르는 것이 일반적인 문제인 경우, 당신은 아동이 '조용한 목소리'를 사용하는 것에 대해 칭찬하고 싶어진다.

마지막으로 놀이 시간 동안 당신이 하는 지시의 수를 최대한 줄이려고 시도한다. 잘 의도된 것이라 할지라도, 지시는 아동이 놀이를 주도하는 것을 방해할 수 있다. 어떤 경우에는, 지시를 내리면 아동이 반항하고 즐거운 시간으로 여겨져야 할 것이 투쟁으로 바뀔 수 있다! 이런 맥락에서, 이러한 시간은 학교 과제물을 연습하거나 그림 그리기와 같은 새로운 기술을 가르치기에 적합한 때가 아니다. 하루 중 다른 시간에는 기술을 가르치는 것이 아주 중요하지만, 놀이 시간 동안에는 그것이 놀이의 주도권을 빼앗을 수 있다. 특히 아동이 현재 어려움을 겪고 있는 기술인 경우, 이것은 아동에게 부정적인 반응을 일으킬 수 있다.

목표 7 놀이 도중에 아이가 잘못된 행동을 할 경우 무엇을 할지 논의한다

아동은 종종 놀이 시간을 즐기며, 특히 당신이 놀이에서 요구(예: 지시 및 과제 가르치기)를 최소화했기 때문에 놀이가 일반적으로 부드럽게 진행된다. 그러나 놀이 도중 아동이 흥분하면, 부정적인 행동에 주목하지 않고 잠시 조용히 놀아도 된다. 아동이 진정하지 않으면, 조용히 놀이를 떠난다. 놀이 시간은 모두 끝났음을 아동에게 알리지만, 그날 나중에 다시 놀 수도 있다. 아동이 차분해지고 함께 시간을 보내는 것이 더 편안해 보이면, 나중에 다시 시도할 수도 있다. 당신이 피해야 할 것은 아동이 짜증낼 때 사회적 관심을 제공하는 것이다.

목표 8 놀이 시간을 설정하는 방법에 대해 논의한다

이제 놀이 시간을 설정하는 방법을 살펴보자. 목표는 일상생활의 일부로서 아동과 놀이 시간에 참여하는 것이다. 어떤 부모는 아이가 이미 장난감을 가지고 놀고 있는 시간을 활용하거나 아이가 좋아하는 활동에 참여한다. 이 시간 동안 당신은 논의된 놀이 기술을 사용하여 10분의 놀이 시간을 시작할 수 있다.

또한 놀이 시간을 예정된 '놀이 시간'으로 공식화할 수도 있다(예: 방과 후, 저녁 식사 전). 당신이 매일 아동과 놀기 위해 이 시간을 남겨 둔다는 것을 아동에게 알려 준다. 그 특별한 시간 동안 무슨 활동을 하고 싶은지 아동에게 물어볼 수 있다. 아동이 활동을 선택하도록 허용하면 아동의 관심을 유지할 가능성이 높아진다. 아동이 문제가 될 수 있는 장난감을 선택한다고 생각한다면(예: 반복적인 놀이를 촉진), 아동이 함께 놀기를 즐길 것으로 생각되는 몇 가지 활동을 당신이 선택할 수 있다. 당신이 편안해질 수 있는 시간을 정한다(예: 저녁을 준비하는 동안 또는 아동을 학교에 데려가기 10분 전을 피한다). 이상적인 놀이 시간은 아동에게 집중하기 위해 아동과 단둘이 있을 수 있는 시간이다.

아주 반복적인 놀이를 다루는 방법

일부 부모는 아이가 매우 반복적이거나 정형화된 놀이를 하기 때문에 상호적인 놀이 상황을 만드는 것에 관심이 있다. 다음은 이러한 상황을 다루는 방법에 관한 것이다.

- 아동의 관심을 유지할 수 있는 장난감을 선택한다. 아동이 갖고 놀기를 즐기는 어떤 것이 정형화되거나 반복적인 놀이를 조장하지 않는다면, 놀이 시간 동안 그러한 장난감을 시험해 본다. 반복적인/정형화된 놀이를 조장하는 장난감을 눈에 띄지 않게 치운다.

- 아동이 정형화된 반응이나 반복적인 놀이를 조장하는 장난감을 사용하는 놀이에만 관심을 가질 가능성이 높다면, 해당 장난감을 아동이 관심을 가질 수 있는 한두 개의 다른 장난감과 함께 꺼내 놓는다. 계속해서 권장되는 놀이 기술을 따른다. 즉, 아동의 놀이를 모방하고, 당신이 보고 있는 것을 묘사한다. 놀이 주제를 확장하거나 새로운 요소를 포함시킬 수 있는 기회에 주목한다. 아동이 이러한 시도를 무시하면, 한쪽으로 잠시 치우고 놀이에 다시 참여하며 몇 분 후에 다시 시도한다.
- 당신의 아이가 특정 유형의 장난감(예: 음악 장난감)을 즐긴다면, 당신은 다른 유사한 장난감을 놀이에 도입하고 싶을 수 있다. 당신은 특정 장난감으로 하는 반복적인 놀이를 중지하고, 다른 장난감으로 놀이를 확장할 수 있다. 예를 들어, 아이가 음악을 연주하는 특정 장난감을 즐기는 경우, 당신은 음악적 요소가 내장된 피셔 프라이스 농장 세트와 함께 해당 장난감을 사용하게 할 수 있다.
- 처음에는 놀이 시간이 짧아야 하고, 아이가 새로운 상호작용에 익숙해지면서 놀이 시간을 늘릴 수 있다.
- 당신의 아이는 동일한 놀이 시간 내에서 장난감을 바꾸거나 방의 다른 부분으로 이동시킬 수 있다. 우리가 논의한 것처럼 융통성을 갖고 아동에게 주도권을 주며, 관찰, 묘사, 모방, 반사, 기술 촉구 그리고 아동의 행동 칭찬과 같은 기법을 사용한다.

목표 9 적절한 장난감 선택에 대해 논의한다

놀이 시간을 위한 장난감이나 활동을 선택할 때는 보드 게임이나 카드 게임과 같은 높은 수준의 구조나 규칙이 있는 것은 피한다. 당신은 뒤로 물러나서 아동이 놀이를 이끌게 하기를 원한다. 어려운 소꿉놀이나 지저분하게 만드는 놀이(예: 페인트)도 피한다. 이러한 것들은 제한을 설정할 필요성을 증가시키며, 당신은 가능한 한 문제가 없는 놀이 시간을 원할 수 있다. 마지막으로 상대방보다는 화면에 더 집중하게 하는 컴퓨터나 비디오 게임을 피한다.

기능이 뛰어난 아동의 경우

놀이의 기회를 확대하는 장난감의 예로 건설 장난감[블록, 팅커 장난감(tinker toys)], 놀이 세트(농장, 인형 집, 마을) 및 창조적인 장난감(색칠 공부 책, 크레용과 종이)이 있다.

기능이 저조한 아동 또는 창의적 놀이에 어려움이 있는 아동의 경우

아동의 관심 분야에 해당하는 장난감이나 활동을 선택한다. 여기에는 트램펄린에서 뛰는 것과 같은 활동적인 게임이 포함될 수 있다. 아동이 갖고 놀기로 선택한 장난감이나 활동이 연령에 항상 맞지는 않을 수도 있음을 명심한다. 이것은 단기간에는 괜찮을 수 있다. 그러나 장기적으로 우리는 장난감 목록을 아동의 현재 발달 수준과 관심사에 적합한 것으로 확장하고자 한다.

목표 10 부모의 우려 사항을 다루고 논의한다

형제자매가 있는 경우, 당신은 그들 각자가 특별한 시간을 갖게 하고, 당신의 특별한 시간을 방해하지 않도록 그들 자신의 활동을 하게 하며(예: 영화, 게임), 배우자나 가족 또는 친구에게 그들을 맡길 수 있다.

목표 11 부모와 함께 놀이 기술을 모델링 한다

아동이 놀이 연습의 기회가 있다면, 치료자는 장난감 세트(예: 농장 세트, 메가블록)를 가져와서 지시를 피하면서 아동과 놀이 기술을 따라 해야 한다. 치료자는 놀이 기술을 강조하는 방법으로 때때로 부모에게 의견을 말할 수 있다. 그런 다음, 부모가 아동과 놀이를 연습한다. 치료자는 부모가 아동과 놀이를 할 때 표적 놀이 기술에 집중하도록 지도한다. 다른 부모가 참석할 경우 역할놀이를 반복한다.

아동이 놀이 연습을 받아들이지 않거나 참석할 수 없다면, 치료자는 장난감 세트(예: 농장 세트, 메가 블록)를 가져오고 부모가 아동 역할을 하는 동안 기술을 모델링 한다. 그런 다음, 치료자가 아동 역할을 하는 동안 부모가 놀이 기술을 실습한다. 지시하는 방법과 가르치는 방법에 대해 세심하게 교정해 준다. 다른 부모가 참석할 경우 역할놀이를 반복한다.

기술의 사용법에 대해 느낀 바를 부모와 논의한다. 많은 부모가 처음에는 어색하게 느끼지만 연습을 거듭하면서 기술이 자연스러워진다는 확신을 준다.

목표 12 '아이가 올바른 행동을 할 때 관심주기' 과제를 할당하고, 공식적인 놀이 시간을 설정한다

지금까지 '아이가 올바른 행동을 할 때 관심주기'와 아동과의 놀이 시간을 설정하는 방법에 대해 논의해 온 바, 구체적인 계획을 수립하자. 당신의 아이에게 가장 잘 맞는 강화 접근법은 무엇이라고 생각하는가?

- **구조화된 놀이**: [부모와 함께 학습활동 5.5와 5.6을 검토하여 놀이를 설정한다.]
- **아이가 올바른 행동을 할 때 관심주기**: 아동이 올바른 행동을 할 때 관심을 줄 수 있는 상황을 매일 2~4가지 열거한다. [학습활동 5.7에 기록한다. 부모와 사용하고 싶은 강화물에 대하여 논의한다.] 각 상황에 대한 지점과 각 요일에 대한 구간이 존재한다. 당신은 '아동이 올바른 행동을 할

때 관심'을 주는 날에는 언제나 체크하기로 기대된다.

목표 13 행동지원계획서를 갱신한다

[부모와 함께 이 회기에서 논의된 사항에 기초하여 행동지원계획서를 갱신한다. 과제의 대상이 되는 전략뿐만 아니라 고려 중인 모든 전략을 포함시킨다. 5회기 정리로 넘어가 부모에게 이 자료를 이번 주 동안 복습하도록 한다. 다음 회기 일정을 계획하며 이 회기를 종결한다.]

핵심 주제를 기반으로 하여 다양한 중재 방식을 제공하는 '보충회기'를 참조.

과제 사례 예시

힐(Hill) 여사는 아들 찰스(Charles)와의 상상 놀이를 목표로 삼고 싶었다. 찰스는 자신의 자동차 세트를 가지고 즐기는 동안, 보통 대부분의 자유 놀이 시간을 장난감 차고의 엘리베이터 위아래로 자동차를 반복적으로 밀고 내리는 데 사용한다. 찰스를 잠시 관찰한 후, 힐 여사는 찰스의 놀이를 묘사하면서 다른 장난감 자동차를 사용하여 그의 놀이를 모방할 계획이다(예: "차를 밀고 있습니다. 차고 엘리베이터에 차를 넣으세요."). 그런 다음, 힐 여사는 차고 엘리베이터를 가지고 노는 새로운 방법을 찰스에게 보여 주는 것으로서, 엘리베이터를 세차장으로 돌리고, 자동차를 청소한 다음, 차고에서 자동차를 몰고 나오는 것을 모델링 할 것이다.

강화 2
- 치료 충실도 체크리스트

성명(아동): ______________________ 방문일: ______________ (년/월/일)

치료자: ______________________

회기 목표가 치료자에 의해 달성된 정도를 평가한다.

0 = 목표가 달성되지 않음

1 = 목표가 부분적으로 달성됨

2 = 목표가 완전히 달성됨

N/A = 목표가 회기에 포함되지 않음

치료자의 완성도 목표	평가			
1. 이전 회기의 과제를 확인한다.	0	1	2	N/A
2. 행동지원계획서를 확인한다.	0	1	2	N/A
3. 부모에게 '아이가 올바른 행동을 할 때 관심주기'를 가르친다.	0	1	2	N/A
4. 부모와 아이가 놀이 형식으로 상호작용하는 현재의 방법을 확인한다.	0	1	2	N/A
5. 구조화된 놀이 시간을 사용하여 촉진할 수 있는 다양한 기술에 대해 논의한다.	0	1	2	N/A
6. 상호적인 놀이를 장려하는 전략에 대해 논의한다.	0	1	2	N/A
7. 놀이 도중에 아이가 잘못된 행동을 할 경우 무엇을 할지 논의한다.	0	1	2	N/A

8. 놀이 시간을 설정하는 방법에 대해 논의한다.	0	1	2	N/A
9. 적절한 장난감 선택에 대해 논의한다.	0	1	2	N/A
10. 부모의 우려 사항을 다루고 논의한다.	0	1	2	N/A
11. 부모와 함께 놀이 기술을 모델링 한다.	0	1	2	N/A
12. '아이가 올바른 행동을 할 때 관심주기' 과제를 할당하고, 공식적인 놀이 시간을 설정한다.	0	1	2	N/A
13. 행동지원계획서를 갱신한다.	0	1	2	N/A

계 ________ / 26

부모의 참여, 올바른 응답 및 활동 완료 정도를 평가한다.

0 = 부모가 기술이나 이해를 보여 주지 않았고 과제를 완료하지 못함

1 = 부모가 몇몇 질문을 올바르게 이해하고 응답했으며 부분적으로 과제를 완수함

2 = 부모가 거의 모든 질문을 올바르게 이해하고 응답함

N/A = 목표가 회기에 포함되지 않음

부모의 목표	**평가**			
1. 부모는 아이의 놀이에 개입하는 현재의 경험에 대해 논의한다.	0	1	2	N/A
2. 부모는 치료자와의 역할극에 참여한다.	0	1	2	N/A
3. 부모는 '아이가 올바른 행동을 할 때 관심주기' 위한 구체적인 계획 및/또는 아이와의 구조화된 놀이 시간을 개발한다.	0	1	2	N/A

계 ________ / 6

충실도 노트:

6회기

계획된 무시

개요

6회기는 특별한 형태의 결과 - 계획된 무시에 관한 것으로서, 계획된 무시의 올바른 사용, 사용 시 있을 수 있는 어려운 점 그리고 가정에서 계획된 무시 프로그램 개발하기 등이 포함된다.

목표

1. 이전 회기의 과제를 확인한다.
2. 행동지원계획서를 확인한다.
3. 계획된 무시의 개념을 부모에게 소개한다.
4. 비디오 삽화를 보고, 부적절한 행동을 강화하는 결과를 식별한다.
5. 계획된 무시의 기본 규칙을 소개한다.
6. 비디오 삽화를 통해 계획된 무시의 부적절한 사용을 식별하는 부모의 능력을 평가한다.
7. 계획된 무시의 잠재적인 문제점을 확인한다.
8. 계획된 무시를 사용하는 세 가지 방법을 확인한다.
9. 비디오 삽화를 통해 무시에 대한 부모의 지식을 평가한다.
10. 가정에서 계획된 무시를 사용하기 위한 계획을 수립한다.
11. 역할놀이를 통해 계획된 무시를 사용하는 부모의 능력을 평가한다.
12. 행동지원계획서를 갱신한다.

부모의 목표

1. 부모가 비디오 삽화에서 부적절한 행동을 강화하는 결과를 식별한다.
2. 부모가 비디오 삽화를 통해 계획된 무시를 사용하기 위한 규칙을 확인한다.
3. 부모가 비디오 삽화를 통해 세 가지 유형의 계획된 무시를 사용하는 시점을 확인한다.
4. 부모가 가정에서 사용할 계획된 무시를 설계하는 것을 돕는다.
5. 부모가 역할놀이를 통해 계획된 무시를 사용하는 능력을 보여 준다.

자료

1. 치료자 스크립트
2. 비디오 삽화
3. 부모용 워크북 6회기 학습활동
4. 치료 충실도 체크리스트
5. 행동지원계획서

치료자용 팁 시트

강화 과제의 검토

과제의 어려움: 부모는 아이가 부모의 기술 사용에 거의 관심이 없었으며 반복적인/정형화된 놀이를 계속 수행했다고 말한다

지금까지 실행된 대부분의 전략은 일주일 이내에 효과를 발휘한다. 따라서 부모는 그들의 중재 효과에 대한 빠른 피드백에 익숙해져 있다. 그러나 놀이에서 중요한 장애를 가진 아동들에게 놀이 기술 전략을 사용하는 경우에는 그렇지 않다. 치료자는 부모가 놀이 시간을 계속하도록 격려해야 한다. 많은 자폐 스펙트럼 장애 아동을 위한 놀이 기술을 개발하기 위해서는 연습이 필요하며, 변화나 진전이 부모가 지금까지 경험했던 것보다 더 천천히 일어날 것으로 기대해야 한다고 지적한다. 아동의 놀이 기술이 발전하는 동안 놀이 기간도 단축될 수 있는지에 대해 토론한다(예: 10분에서 5분으로 줄이기).

치료자 스크립트

목표 1 이전 회기의 과제를 확인한다

['아이가 올바른 행동을 할 때 관심주기']와 ['아동과 특별한 놀이 시간을 갖기']를

위한 과제를 확인한다. [아동이 어떻게 반응했는가? 하루 종일 아동을 계속해서 칭찬하도록 부모를 다시 상기시킨다.]

목표 2 행동지원계획서를 확인한다

이제 행동지원계획서를 살펴보고, 지금까지 실시한 전략들이 어떻게 진행되고 있는지 살펴보자. 일관되게 사용하기 어려운 전략이 있는가? 표적행동을 다루는 데 있어서 어떤 전략이 효과적이라고 생각되는가? 행동지원계획서에 나열된 추가 전략을 사용할 준비가 되어 있는가? [행동지원계획서에 기록된 아직 실행되지 않은 특정 전략을 확인한다.]

목표 3 계획된 무시의 개념을 부모에게 소개한다

오늘 우리는 행동에 뒤이어 나타나는 사건의 결과에 대해 이야기할 것이다. 칭찬이나 선호하는 활동(예: 컴퓨터 시간)에 대한 접근권의 확보와 같은 즐겁고 강화적인 결과는 표적행동을 증가시킨다. 아동을 방으로 보내거나 컴퓨터를 하는 시간을 잃게 하는 등의 불쾌한 결과는 행동을 감소시킨다. 무시되는 행동(예: 부모가 아동의 징징거림을 무시)은 아동이 반응을 이끌어 내는 데 실패하기 때문에 행동을 감소시킨다.

목표 4 비디오 삽화를 보고, 부적절한 행동을 강화하는 결과를 식별한다

때로는 부모는 순간적으로는 아이의 문제행동을 중지시키지만, 장기적으로는 더 악화시키는 결과를 선택한다. 그것은 그 결과로 인하여 아이의 부적절한 행동이 의도치 않게 강화되기 때문이다. 예를 들어, 어머니가 목욕할 시간이라고 말하면 아이가 소리를 지르기 시작할 수도 있다. 어머니는 아이가 이 계획에 따르도록 시도할 수 있지만, 아이가 계속해서 항의하고 결국 어머니는 한발 물러나서 내일 목욕할 수 있다고 아이에게 말한다. 아이는 이제 조용하고(고함 소리는 멈췄다!), 어머니는 더 이상 아이와 싸우지 않는다. 이것은 순간적으로는 의미가 있지만, 아이는 충분히 강하고 오랫동안 싸우면 목욕을 하지 않아도 된다는 것을(즉, 요구를 피할 수 있다는 것을) 배웠다. 몇몇 비디오 삽화를 보고 당신이 각 결과를 식별할 수 있는지, 그러한 결과가 어떻게 의도치 않게 아동의 행동을 강화할 수 있는지 알아보자. 즉, 이 비디오 삽화에서 실제로 아이들이 배우는 것은 무엇인가? [각각의 비디오 삽화를 실행하고, 부모에게 문제행동과 결과 및 다음에 아동이 동일한 상황에 있을 때 일어날 것 같은 일을 식별하도록 요청한다.]

이 프로그램에 포함된 비디오는 www.oup.com/RUBI와 www.hakjisa.co.kr (자료실)에서 이용할 수 있다.

비디오 1: 치킨 너깃 요구하기
아이가 치킨 너깃을 달라고 어머니를 조른다.
행동: 징징거림
결과: 어머니가 포기한다.
다음 상황: 아이는 치킨 너깃을 요구할 것이다.

비디오 2: 욕설하기
아이가 욕설을 한다.
행동: 욕설하기
결과: 어머니가 멈추라고 반복해서 말한다.
다음 상황: 어머니로부터 반응을 얻기 위해 아이가 욕설을 한다.

비디오 3: 공원에 가기
아이가 공원에 가게 해 달라고 간청한다.

행동: 반복적인 요구
결과: 어머니가 공원에 가면 안 된다고 말하면서 브라우니를 준다.
다음 상황: 아이가 간식을 얻기 위해 반복해서 요구한다.

이 모든 경우에서 결과가 행동을 멈추었지만 의도치 않게도 아동의 부적절한 행동을 강화했다. 정상 발달 아동과 마찬가지로 자폐 스펙트럼 장애 아동은 자신을 위한 방식으로 행동한다. 거짓말로 인해 처벌받지 않으면 거짓말하는 법을 배울 수 있다. 텐트럼을 해서 교실에서의 과제 요구에서 벗어나면 텐트럼이 효과가 있다고 배울 수 있다. 우리는 당신의 아이를 위한 구체적이고 적절하며 효과적인 결과를 개발한다. 오늘 우리는 계획된 무시에 집중할 것이다. 필요한 경우, 나중의 회기에서 우리는 타임아웃에 대해 토론할 수 있다.

목표 5 계획된 무시의 기본 규칙을 소개한다

계획된 무시는 종종 관심을 끌려는 행동을 다루기 위해 사용된다. 그것은 강력하지만 적용하기 어려운 결과이다. 무시할 행동을 확인하면 다음과 같이 행동한다.

- 눈을 마주치지 말고, 아이를 보지 않는다.
- 아이를 만지지 말고, 필요 시 자리를 피한다.
- '중립적인' 표정을 사용하고, 반응하지 않는다.
- 아이에게 이야기하거나 어떤 식으로든 아이의 요구/요청에 응답하지 않는다.
- 무시를 명백하고 갑작스럽고 과장되게 한다.

목표 6 비디오 삽화를 통해 계획된 무시의 부적절한 사용을 식별하는 부모의 능력을 평가한다

몇 개의 비디오 삽화를 보고 계획된 무시를 아동에게 더 잘 사용하는 방법에 대하여 당신이 부모에게 조언할 수 있는지 알아보자. 학습활동에는 계획된 무시의 '다섯 가지 규칙'이 나열되어 있다. 목록을 사용하여 부모가 어떤 규칙을 올바르게 준수하고, 어떤 규칙을 준수하지 않는지 표시한다. [학습활동 6.1로 넘기고, 부모가 다섯 가지 규칙을 사용하여 각 삽화에 대해 점수를 주도록 한다. 필요 시 교정 피드백을 제공한다.]

> 이 프로그램에 포함된 비디오는 www.oup.com/RUBI와 www.hakjisa.co.kr(자료실)에서 이용할 수 있다.
>
> **비디오 4: 전화벨**
> 어머니가 전화하는 것을 아이가 방해하려고 한다. 어머니는 아이를 밀쳐 내고, 아이는 이를 게임으로 받아들여 웃기 시작한다. 부모는 계획된 무시의 어떠한 규칙도 따르지 않는다.
>
> **비디오 5: 냉장고 대화**
> 부모가 계획된 무시의 모든 규칙을 따른다.

목표 7 계획된 무시의 잠재적인 문제점을 확인한다

이제 실제 상황에서 계획된 무시가 맞게 되는 몇 가지 어려움에 대해 논의해 보자.

어려움 1: 무시된 행동이 가끔 악화된다

무시되는 행동은 더 나아지기 전에 종종 악화된다. 예를 들어, 텐트럼을 이용해 자기 뜻대로 하려는 아이는 처음으로 어머니가 행동을 무시할 때에는 놀랄 것이다. 아이는 어머니가 자신의 말을 듣고 포기하도록 텐트럼의 양과 지속 시간을 늘릴 수 있다. 이러한 행동의 확대는 텐트럼이 주의를 끌기 위함이라는 증거를 제공한다. 이것 또한 부모 입장에서 무시를 고수한 채로 해결해야 한다!

어려움 2: 모든 행동을 항상 무시할 수 있는 것은 아니다

어떤 행동들은 무시하기에는 너무 파괴적이다. 어머니와 함께 자겠다고 한밤중에 소리치는 아이를 무시하는 것은 합리적일 수 있다. 그러나 우리는 행동이 나아지기 전에 악화될 수 있다는 것을 어려움 1에서 알게 되었다. 아이가 오랜 시간 동안 큰 소리로 우는 것을 허용하면, 결국 가족 내의 다른 아이들을 깨울 수도 있다. 머리를 세게 흔드는 것과 같은 다른 행동들은 (아이가 보호 장비를 착용할 수 없거나 아이가 스스로를 해치지 못하도록 효과적으로 차단할 수 없다면) 완전히 무시하기에는 너무 위험할 수 있다. 이러한 상황에서는 곧 이야기하겠지만 수정된 형태의 무시가 필요할 수 있다.

어려움 3: 아이들은 고집부리는 것을 배울 수 있다

계획된 무시를 사용할 수 없는 상황에 있다고 생각될 때에는 가능한 한 빨리 '포기'한다. 계획된 무시를 사용하려고 한동안 시도한 다음 멈추고 아이에게 관심을 주거나 자기 뜻대로 하도록 하는 것이 바람직하다. 계획된 무시를 사용하고 나서 포기하면 어른이 지칠 때까지 계속 버티라고 아이를 가르치는 것과 같다. 불행히도 이러한 과정은 나중에 이런 행동을 제거하는 것을 더 어렵게 할 수도 있다. 삶을 항상 예측할 수는 없으며 행동을 무시하는 것이 불가능한 상황이 발생할 수 있다(예: 교회나 혼잡한 버스 안). 버티면 결국 효과가 있다는 것을 아이에게 가르치기보다는 무엇이 필요하든 간에 행동을 바로 관리하는 것이 더 낫다.

어려움 4: 계획된 무시가 효과를 내기 위해서는 시간이 필요할 수 있다

부모는 아이들의 관심 끄는 행동을 얼마나 오랫동안 무시해야 할지 종종 물어본다. 필요할 때까지가 간단한 대답이다! 아동의 행동은 처음으로 무시될 때 악화된다. 결과적으로, 텐트럼이 무시되는 아동은 비명을 지르고, 그러한 비명이 (그리고 주의를 끄는 다른 행동들이) 효과가 없다는 것이 분명해질 때까지 계속해서 큰 소리로 비명을 지를 수 있다. 특정 상황에서 계획된 무시를 사용할 수 없다고 생각한다면, 버티면 결국 이기게 된다는 것을 아동에게 가르치기보다는 가능한 한 신속히 그 행동을 잘 관리해야 한다.

목표 8 계획된 무시를 사용하는 세 가지 방법을 확인한다

지금까지 우리가 논의해 왔던 무시의 유형은 소위 '아동과 행동을 무시하기'를 포함한다. 이것은 우리가 아동이나 아동의 행동을 주목하지 않는다는 것을 의미한다. 텐트럼을 하는 아동은 이러한 형태의 계획된 무시가 가장 효과적으로 통한다.

때때로 우리는 계획된 무시의 모든 규칙을 따를 수는 없는데, 그것은 어떤 행동이 너무 위험하거나 또는 너무 자주 발생하여 하루의 대부분 동안 아동을 무시해야 하기 때문이다. 이 경우 우리는 계획된 무시를 적용하는 방법을 조정할 수 있다.

행동이 아니라 아동을 무시한다

우리는 종종 위험한 행동과 관련된 상황에서 계획된 무시의 일부 기본 규칙을 깨뜨릴 필요가 있다. 예를 들어, 일부 아동은 어른의 관심을 끌기 위해 도망친다. 아동이 도로로 진입하거나 교실을 빠져나간다면 분명히 무시할 수 없다. 이러한 상황에서는 교사나 부모가 중재해야 한다. 이 중재는 단어나 감정이 없는 '중립적인' 방식으로 이루어져야 한다. 육체적인 접촉이 필요하더라도 눈을 마주치지 않고 아동에게 이야기하지 않는 원칙을 유지할 수 있다. 또 다른 예는 학교 복도 중간에서 텐트럼을 선택한 아동이다. 계획된 무시를 사용하기 위해서는 그를 복도 옆쪽으로 옮겨야 할 수도 있다. 우리는 이것을 '아동을 무시'(아동에게 말하지 않고 눈을 마주치지도 않음)하지만 '행동에 주목하기'(중립적인 방식으로 행동을 해결)라고 부른다.

아동이 아니라 행동을 무시한다

어떤 행동이 하루 중 멈추지 않거나 자주 발생할 때 우리는 때때로 계획된 무시의 규칙을 어길 수도 있다. 예를 들어, 어떤 아동이 (대답을 얻은 경우에도) 같은 질문을 반복해서 자주 묻는 경우를 가정해 보자. 계획된 무시의 규칙을 따르면 하루의 상당한 부분 동안 그 아동을 무시할 수 있다. 대신에 당신은 '조용히 말하기' 또는 다른 요구를 통하여(예: "좋아, 지미, 저녁 식사를 위해 식탁을 차리자.") 아동과 계속 상호작용할 수 있다. 그러는 동안 당신은 '반복적인 질문'에 대답하지 않는다. 즉, (마치 반복적인 질문이 일어나지 않은 것처럼) '행동을 무시' 하지만 (아이와 달리 상호작용하고 관심을 줌으로써) '아동에게 관심을 준다'.

목표 9 비디오 삽화를 통해 무시에 대한 부모의 지식을 평가한다

다음 세 가지의 무시 사용법을 확인한다.

1. 아동과 행동 모두를 무시한다(예: 텐트럼이 있는 아동).
2. 아동은 무시하지만 행동은 무시하지 않는다(예: 위험한 행동).
3. 행동은 무시하지만 아동은 무시하지 않는다(예: 반복적인 질문).

비디오 삽화를 보고, 어머니가 어떤 종류의 무시를 사용할 수 있는지 확인해 보자.

이 프로그램에 포함된 비디오는 www.oup.com/RUBI와 www.hakjisa.co.kr(자료실)에서 이용할 수 있다.

비디오 6: 식사 중 돌아다니기

어머니는 아이가 식사 시간 중 돌아다닐 때 식탁에 앉아 있도록 달랜다.

해결책: 행동이 아니라 아이를 무시한다.

이제 어머니가 무시 기술을 올바르게 사용하면 어떻게 되는지 살펴보자.

비디오 7: 저녁 식사 시간

어머니가 아이를 테이블로 다시 인도하기 위해 무시 기술을 올바르게 사용한다.

이제 당신이 문제행동을 가장 적합한 유형의 무시에 얼마나 잘 연결하는지 살펴보자.

1. 데이비드(David)는 종종 자신의 손과 손가락을 눈앞에서 흔든다. 가족은 이러한 행동을 줄이기를 원하며, 데이비드에게 멈추라고 종종 말한다. 가족은 이러한 행동의 기능이 데이비드에게 있어서 감각적인 기쁨이라고 믿는다. 데이비드는 침실이나 혼자 남겨지거나 가족과 함께 있을 때 하루 종일 손과 손가락을 흔들 것이다. 그러나 가족은 흔드는 것을 멈추라고 말할 때마다 데이비드가 가족 구성원으로부터 관심받는 것을 즐기기 시작할 것이라고, 우려하고 있다. 가족은 이 행동에 어떻게 대처할 수 있는가? [아동이 아닌 행동을 무시한다. 데이비드가 가족의 관심을 끌기 위해 손과 손가락을 흔드는 것을 배울 수 있기 때문에, 가족은 데이비드에게 손과 손가락 흔들기를 멈추라고 말하는 것을 멈추어야 한다. 대신에 가족 구성원은 데이비드의 손 흔들기에 관심을 주지 않고 더 적절한 행동으로 그를 유도할 수 있다. 부모는 그가 손으로 하는 더 적절한 다른 행동에 대하여

데이비드를 칭찬할 수 있다('아이가 올바른 행동을 할 때 관심주기').]

2. 수전(Susan)은 어머니에게 상스러운 말을 사용했기 때문에 침실로 가게 되었다. 수전은 침실에서 형제자매의 반응을 얻기 위해 뛰어다니고 크게 소리치기 시작한다. 어머니는 어떻게 해야 할까? [행동과 아동을 모두 무시한다. 모든 가족 구성원은 평소처럼 자신들의 활동을 계속하고, 수전이 방에 있는 동안 어떠한 관심도 주지 않아야 한다. 수전은 다른 사람들의 반응을 얻고자 하지만 아주 위험한 것은 아무것도 없다. 어머니는 다른 아이들도 수전을 무시하도록 도와야 한다. 이것은 계획된 무시를 사용할 때 가족 구성원의 협조를 얻는 것에 대한 좋은 토론 기회이다.]

3. 사라(Sarah)가 단지 자신이 원하는 장난감을 남동생이 가지고 놀고 있다는 이유로 동생을 때렸다. 어머니는 사라를 자기 방으로 보낸다. 약 1분 후 사라의 방에서 큰 소란이 들린다. 침실에 들어섰을 때 어머니는 사라가 모든 책을 바닥에 내던졌으며, 옷장에서 옷을 꺼내 창밖으로 던지기 시작했다는 것을 발견한다. 어머니는 무엇을 해야 할까? [행동이 아닌 아동을 무시한다. 행동의 위험하고/파괴적인 성격으로 인하여 부모가 중재해야 한다. 어머니는 사라를 보거나 사라에게 말을 하지 않고, 창문 앞에 서서 사라가 창문을 통해 옷을 집어 던지는 것을 막거나, 사라를 다른 방으로 옮길 수 있다. 이때는 사라에게 방을 정리하도록 시킬 때가 아니다. 사라는 자신의 타임아웃을 완료한 후에 모든 피해를 바로잡을 수 있다.]

목표 10 가정에서 계획된 무시를 사용하기 위한 계획을 수립한다

이번 주 가정에서 계획된 무시를 사용할 계획을 세우자. [부모에게 학습활동 6.2를 주고, 함께 살펴본다.] 여기에 당신이 다음 주에 사용하게 될 데이터가 있다. [학습활동 6.3을 제공하거나 자기 자신의 기록지를 설계한다. 부모와 함께 기록지를 완성하는 방법에 대해 확인한다.]

목표 11 역할놀이를 통해 계획된 무시를 사용하는 부모의 능력을 평가한다

마지막으로 계획된 무시를 수행하는 것이 도움될 수 있다. 내가 당신이라고 생각하고 시작해 보자. [당신의 아이]가 [표적행동]을 하기 시작할 때 어떤 모습인지 보여 주도록 하자.

[선택한 유형의 계획된 무시에 대한 역할놀이를 한다. 역할놀이를 통해 이전에 고안된 계획이 일부 변경될 수 있다. 치료자가 아동 역할을 하고, 부모가 자신의 역할을 한다.]

목표 12 행동지원계획서를 갱신한다

[부모와 함께 이 회기에서 논의된 사항에 기초하여 행동지원계획서를 갱신한다. 과제의 대상이 되는 전략뿐만 아니라 고려 중인 모든 전략을 포함시킨다. 6회기 정리로 넘어가 부모에게 이 자료를 이번 주 동안 복습하도록 한다. 다음 회기 일정을 계획하며 이 회기를 종결한다.]

핵심 주제를 기반으로 하여 다양한 중재 방식을 제공하는 '보충회기'를 참조.

과제 사례 예시

로비(Robbie)는 그의 집을 지나가는 모든 차를 보기 위해 창문을 내다보는 것을 좋아한다. 로비는 차를 식별하는 것을 좋아하며, 리베라(Rivera) 씨가 "무슨 색이지요?"라는 그의 질문에 대답하기를 기대한다. 이것이 하루에도 여러 번 발생하기 때문에 리베라 씨는 '아동이 아닌 행동 무시하기'를 선택했다. 우리는 이 전략을 세 개의 상자가 있는 시각 단서와 함께 사용하기로 계획했다. 로비는 매일 세 번이나 아버지에게 "무슨 색이지요?"라고 물어볼 기회가 있다. 로비가 질문한 후에 리베라 씨는 X를 하나의 상자에 붙인다. 세 개의 상자가 모두 표시되면, 리베라 씨는 로비에게 모든 기회가 끝났으며 자신은 더 이상 "무슨 색이지요?"라는 질문에 대답하지 않을 것이라고 말한다. 그런 다음 리베라 씨는 하루 중 남은 시간 동안 '아동이 아닌 행동 무시하기'를 사용한다. 즉, 리베라 씨는 로비와 계속해서 대화를 나누지만 지나가는 자동차에 대한 질문에는 대답하지 않는다. 리베라 씨는 로비의 행동이 고조될 가능성이 있다고 생각한다(예: 질문을 더 크게 하고 더 높은 빈도로 질문을 반복하기). 리베라 씨는 로비가 공격적으로 행동하지 않으면 이러한 모든 행동을 무시할 계획이다. 만약 로비가 리베라 씨를 때린다면, '행동이 아닌 아이 무시하기'로 이동하고 타임아웃을 위해 로비를 침착하게 방으로 안내할 것이다.

계획된 무시
- 치료 충실도 체크리스트

성명(아동): ____________________ 방문일: ____________ (년/월/일)

치료자: ____________________

회기 목표가 치료자에 의해 달성된 정도를 평가한다.

0 = 목표가 달성되지 않음

1 = 목표가 부분적으로 달성됨

2 = 목표가 완전히 달성됨

N/A = 목표가 회기에 포함되지 않음

치료자의 완성도 목표	**평가**			
1. 이전 회기의 과제를 확인한다.	0	1	2	N/A
2. 행동지원계획서를 확인한다.	0	1	2	N/A
3. 계획된 무시의 개념을 부모에게 소개한다.	0	1	2	N/A
4. 비디오 삽화를 보고, 부적절한 행동을 강화하는 결과를 식별한다.	0	1	2	N/A
5. 계획된 무시의 기본 규칙을 소개한다.	0	1	2	N/A
6. 비디오 삽화를 통해 계획된 무시의 부적절한 사용을 식별하는 부모의 능력을 평가한다.	0	1	2	N/A
7. 계획된 무시의 잠재적인 문제점을 확인한다.	0	1	2	N/A
8. 계획된 무시를 사용하는 세 가지 방법을 확인한다.	0	1	2	N/A

9. 비디오 삽화를 통해 무시에 대한 부모의 지식을 평가한다.	0	1	2	N/A
10. 가정에서 계획된 무시를 사용하기 위한 계획을 수립한다.	0	1	2	N/A
11. 역할놀이를 통해 계획된 무시를 사용하는 부모의 능력을 평가한다.	0	1	2	N/A
12. 행동지원계획서를 갱신한다.	0	1	2	N/A
	계 ________ / 24			

부모의 참여, 올바른 응답 및 활동 완료 정도를 평가한다.

0 = 부모가 기술이나 이해를 보여 주지 않았고 과제를 완료하지 못함

1 = 부모가 몇몇 질문을 올바르게 이해하고 응답했으며 부분적으로 과제를 완수함

2 = 부모가 거의 모든 질문을 올바르게 이해하고 응답함

N/A = 목표가 회기에 포함되지 않음

부모의 목표	평가			
1. 부모가 비디오 삽화에서 부적절한 행동을 강화하는 결과를 식별한다.	0	1	2	N/A
2. 부모가 비디오 삽화를 통해 계획된 무시를 사용하기 위한 규칙을 확인한다.	0	1	2	N/A
3. 부모가 비디오 삽화를 통해 세 가지 유형의 계획된 무시를 사용하는 시점을 확인한다.	0	1	2	N/A
4. 부모가 가정에서 사용할 계획된 무시를 설계하는 것을 돕는다.	0	1	2	N/A
5. 부모가 역할놀이를 통해 계획된 무시를 사용하는 능력을 보여 준다.	0	1	2	N/A
	계 ________ / 10			

충실도 노트:

7회기

지시 따르기 훈련

개요

7회기는 4단계 지시 따르기 절차에 대한 내용과 함께, 지시 따르기를 강화하고 지시 따르지 않는 사건을 관리하는 방법이 제공된다.

목표

1. 이전 회기의 과제를 확인한다.
2. 행동지원계획서를 확인한다.
3. 지시 따르기 개념을 부모에게 소개한다.
4. 잘 따르는 지시 목록을 만든다.
5. 잘 따르지 않는 지시 목록을 만든다.
6. 지시 따르기를 가르치기 위한 단계를 확인한다.
7. 비디오 삽화를 통해 지시 따르기 훈련의 올바른/잘못된 사용을 식별한다.
8. 지시 따르기 훈련의 올바른 사용에 관해 역할놀이를 한다.
9. 아동에게 '멈추는 것'을 가르치기 위해 지시 따르기 훈련을 어떻게 사용할지 확인한다.
10. 일이 잘못 진행되는 경우 문제를 해결한다.
11. 가정에서의 지시 따르기 훈련 계획을 설계한다.
12. 모든 것을 종합한다(1~7회기에서 학습한 교훈을 모두 이끌어 낸다).
13. 행동지원계획서를 갱신한다.

부모의 목표

1. 부모는 아이가 잘 따르는 지시 목록을 만든다.
2. 부모는 아이가 잘 따르지 않는 지시 목록을 만든다.
3. 부모가 비디오 삽화에서 지시 따르기 훈련의 올바른/잘못된 사용을 식별한다.
4. 부모가 역할놀이를 통해 지시 따르기 단계를 바르게 사용한다.
5. 부모가 가정에서 지시 따르기 훈련을 사용하기 위한 계획의 수립을 돕는다.
6. 부모가 '모든 것을 종합하기' 비디오 삽화에서 다양한 개입 전략을 식별한다.

자료

1. 치료자 스크립트
2. 비디오 삽화
3. 부모용 워크북 7회기 학습활동
4. 치료 충실도 체크리스트
5. 행동지원계획서

치료자용 팁 시트

계획된 무시 과제의 검토

과제의 어려움: 부모가 계획된 무시를 사용하려고 시도하지만, 실행하기가 매우 어렵거나 무시된 행동이 나아지지 않는다고 말한다

놀이 기술 회기와 마찬가지로 계획된 무시는 효과를 내는 데 종종 시간이 걸리는 전략이다. 또한 행동이 때때로 더 나아지기 전에 훨씬 악화되기 때문에 계획된 무시가 어려울 수 있다! 이것은 '소거 폭발'이라고 알려져 있으며, 부모의 관심에 의해 더 이상 강화되지 않으므로 무시되는 행동이 일시적으로 증가한다. 부모가 적용에 어려움을 겪고 있다면, 계획된 무시를 효과적으로 실행하는 데 있어 많은 장애물에 대해 논의하는 6회기에 열거된 '계획된 무시의 어려움'을 확인한다. 행동이 실제로 일주일 이상으로 확대되면 계획된 무시가 작동하고 있으며, 부모가 전략을 올바르게 구현하고 있다는 신호라고 위안을 삼을 수 있다(행동이 나아지기 전에 행동이 악화된다). 또한 부모가 이 전략이 구현하기에 너무 어렵다고 생각한다면, 결국 포기하게 될 계획된 무시만을 시도하는 것보다 그 전략을 함께 사용하는 것을 피하는 것이 낫다는 것을 부모에게 상기시켜야 한다. 부모가 정말로 구현에 어려움을 겪는다면, 치료자는 이 전략을 '삭제하고' 부모의 도구 상자에 하나의 참고 전략으로 둘 수 있다.

치료자 스크립트

목표 1 이전 회기의 과제를 확인한다

먼저 [표적행동]에 대하여 계획된 무시가 어떻게 진행되었는지 검토하자. 이 전략을 사용하는 데 있어 어려운 점은 무엇이었는가? [아동명]에 대해 이 접근법이 얼마나 효과적이라고 생각하는가? 계획된 무시의 사용에 관한 질문이 있는가?

목표 2 행동지원계획서를 확인한다

이제 행동지원계획서를 검토하고, 우리가 지금까지 구현해 온 다른 전략이 어떻게 사용되고 있는지 살펴보자. 일관되게 사용하는 데 어려움이 있는 전략이 있는가? 어떤 전략이 표적행동을 다루는 데 있어서 효과적이라고 생각하는가? 행동지원계획서에 열거되어 있는 추가 전략을 사용할 준비가 되어 있는가? [행동지원계획서에 기록된 아직 실행되지 않은 특정 전략을 확인한다.]

목표 3 지시 따르기 개념을 부모에게 소개한다

오늘 우리는 당신의 아이가 당신의 지시를 따르도록 가르치는 방법에 대해 이야기할 것이다. 아이들은 여러 가지 이유로 말을 따르지 않는다. 어떤 아이들은 주의를 기울이는 데 어려움을 겪고, 심지어 부모가 무언가를 하라고 말할 때에도 부모의 말을 듣지 않는다. 예를 들어, 아이에게 장난감을 정리하라고 지시하고 몇 분 후에 방으로 돌아오면, 아이가 정리를 시작하지도 않은 경우가 있다. 아이에게 이유를 물어보면, 장난감 정리하라는 말을 못 들었다고 솔직하게 말한다. 다른 아이는 호의적인 마음을 갖지만, 일단 요청 받은 일을 시작하고 나면 산만해진다. 이 경우, 아이는 장난감을 정리하기 시작하지만 장난감 중 하나에 정신이 팔려서는 그것을 가지고 놀기 시작한다. 방으로 돌아왔을 때 일부 장난감이 정리되어 있는 것을 보겠지만, 아이는 나머지 장난감으로 놀고 있다. 여전히 다른 아이는 더 반항적이다. 반항은 비교적 수동적일 수 있다. 즉, 아이가 요청을 듣지만 그 요청을 무시하는 것이다. 다른 아이는 "아니, 아니, 아니……."라고 외치며 더 언어적인 항의를 한다. 아이는 일상적인 요청에 반응하여 텐트럼으로 확대될 수 있다. 자폐 스펙트럼 장애 아동의 경우, 부모는 아동의 반응 강도에 종종 놀란다.

이유에 상관없이, 지시를 잘 따르지 않는 것은 아동이 지시를 받았으나 그러한 지시에 따르지 않아도 될 때 학습하는 습관이다. 아동의 지시를 높이는 길은 아동이 부모의 지시를 한번 듣고 그 지시에 따르도록 새로운 습관을 가르치는 것이다. 부모는 아이가 이미 따르고 있는 지시의 수를 늘려서 지시를 듣고 즉시 따르는 많은 연습을 시킬 수 있다. 또한 아이가 따르고 싶지 않은 지시를 내릴 때, 아이가 지시를 내리는 즉시 따르기 시작하는지 확인할 수 있다.

목표 4 잘 따르는 지시 목록을 만든다

먼저, 아이가 멀리 떨어져 있을 때에도 준수하는 8개의 지시를 열거하여 보자. 이 목록에는 아이가 거부하지 않고 수행하는 일만 포함되어야 한다. 당신은 처음에 아이가 당신이 요청하는 일을 절대로 하지 않는다고 생각할 수도 있다! 그러나 아이에게 "이리 와서 사탕을 먹어."라고 말할 때에는 지시 따르기에 거의 문제가 없을 것이다. 아이에게 DVD 플레이어에 좋아하는 DVD를 넣으라거나, 쿠키를 가지고 오라거나, 손뼉을 치라거나, 머리를 만지라고 말하는 경우에는 거의 문제가 없을 것이다. 이러한 상황에 대해 생각할 때, 아이가 먼 거리에서 이러한 지시를 따를 수 있는지 생각해 보자. 다음의 학습활동은 지시를 나열해 보기 위한 것이다. [학습활동 7.1로 넘기게 하고, 8개의 '잘 따르는 지시'를 나열하도록 돕는다. 참고로 부모가 일상생활 기술과 관련된 지시를 선택하는 것을 돕는다. 이것은 이러한 영역에서 지시 따르기를 향상시키는 기회로 작용한다.]

목표 5 잘 따르지 않는 지시 목록을 만든다

이제 당신의 아이가 일반적으로 따르지 않을 8개의 지시 목록을 작성해 보자. 이것들은 당신의 아이가 수행할 수는 있지만, 당신이 요청할 때 종종 거절할 것으로 생각되는 지시이어야 한다. 예를 들어, "장난감을 치워!" "들어와!" 또는 "아이패드를 꺼!"와 같은 것들이다. [부모가 적어도 8개의 '잘 따르지 않는 지시' 목록을 생각해 내도록 돕는다. 그것들을 학습활동 7.1에 추가한다. 침실 전체를 정리하라기보다는 접시를 싱크대에 넣으라는 말처럼 아동에게 최소한의 노력을 요구하는 지시에 집중하는 것이 가장 쉬울 것이다.]

목표 6 지시 따르기를 가르치기 위한 단계를 확인한다

이제 목록을 작성했으므로 아동이 지시를 따르는 법을 배우는 데에 필요한 4단계를 검토해 보자. [부모에게 학습활동 7.2를 보여 준다.]

1단계: 아이에게 걸어가서 옆에 선다. 아이의 이름을 부르거나 어깨를 두드리거나 당신을 보게 함으로써 아이의 주목을 끈다.

2단계: 아이에게 무엇을 해야 하는지 알려 준다. 당신이 선택권을 주는 것이 아니라 지시를 내리기 때문에 아이에게 질문하지 않도록 주의한다. 지시를 명확하게 말하여 아이가 정확히 무엇을 해야 하는지 알도록 한다

(예: "그것을 저기에 놓도록 해."라거나 "크레용을 테이블에 올려놓아 주겠니?" 라는 말 대신에 "빨간 크레용을 테이블에 놓도록 해."라고 말한다). 지시를 한 번만 언급하는 것도 중요하다. 우리는 종종 아이가 따를 것이라는 기대 속에서 그 부모가 같은 지시를 반복하는 것을 발견한다. 많은 부모는 자신들이 이렇게 하고 있다는 것을 깨닫지도 못한다!

3단계: 아이가 무엇을 해야 할지 말하는 동시에 아이가 그 지시를 완료하도록 신체적으로 지도한다. 아이의 손에 부모의 손을 얹거나 아이의 팔을 만져서 지시를 따르도록 도와줄 수 있다. 항상 지시를 완료하는 데 필요한 최소한의 물리적 접촉만을 사용한다. 아이가 지시를 따르기 시작하면 신체적인 지도를 점차 줄일 수 있다.

4단계: 아이가 지시를 따를 때에는 즉각적인 칭찬을 한다. 아이가 한 일을 당신이 좋아한다는 것을 정확하게 묘사한다(예: "내가 너에게 부탁했을 때 네가 크레용을 정리해서 나는 좋아!"). 당신이 제공하는 신체적인 지도 덕분에 아이가 지시 따르기에 성공했을 경우에도 이렇게 해야 한다. 당신의 목표는 즉각적인 지시 따르기가 즉각적인 강화로 이어진다는 것을 아이에게 가르치는 것이다.

지시를 내릴 때마다 아이에게 제공하는 신체적인 지도의 양을 줄인다. 또한 아이가 신체적인 지도가 필요하지 않으면, 점점 더 멀리 떨어져서 지시를 한다. 결국 당신은 아이와 멀리 떨어져 있을 때에도, 다시 말해 방 건너편에서도 효과적으로 지시를 내릴 수 있게 된다.

<사례>

지미(Jimmy)는 "장난감 차를 치워."라는 어머니의 말을 결코 듣지 않는다. 그래서 먼저 어머니는 지시를 내리기에 충분할 만큼 가까이 있는지 확인한다. 어머니는 지미의 어깨를 두드려 주의를 끌고는, "지미야, 장난감 차를 치워."라고 말한다. 지시를 말하자마자, 어머니는 지미가 장난감 상자에 장난감 차를 넣도록 신체적으로 지도한다. 어머니가 충분한 신체적인 지도를 제공하므로 지미는 저항하지 않고 신속하게 장난감을 치운다. 비록 어머니의 도움을 받긴 했지만 지미가 장난감 차를 치우는 일을 막 끝내려고 할 때, 어머니는 "잘했어! 정리해 줘서 고마워!" 라고 말한다. 다음에 "장난감 차를 치워."라고 지시를 할 때, 어머니는 덜하긴 하지만 그래도 지미가 따르기에 충분한 신체적인 지도를 제공한다는 것을 기억한다. 결국 어머니는 지미의 침실 입구나 다른 방과 같이 더 먼 거리에서 이 지시를 시도하려고 한다.

목표 7 비디오 삽화를 통해 지시 따르기 훈련의 올바른/잘못된 사용을 식별한다

부모가 아이와 함께 지시 따르기 훈련을 하는 모습이 담긴 비디오 삽화를 보자. 당신의 임무는 무엇이 올바르게 또는 잘못 진행되고 있는지 파악하고, 보다 효과적인 방법에 대하여 부모에게 '조언'을 제공하는 것이다. 지시 따르기 단계가 나열된 자료를 보고 각 비디오 삽화를 평가해 보자. [학습활동 7.3으로 넘긴다.]

이 프로그램에 포함된 비디오는 www.oup.com/RUBI와 www.hakjisa.co.kr (자료실)에서 이용할 수 있다.

비디오 1: 위층으로 와

아이들이 아래층에 있을 때 부모가 위층에서 "이리 와!"라고 소리를 지른다. 부모는 4단계 중 어느 하나도 따르지 않는다.

비디오 2: 난장판 1

부모가 아이의 주의를 끌려고 시도하지만 실패하고, 아이가 응답하지 않을 때 지시를 반복한다. 부모는 4단계 중 어느 하나도 따르지 않는다.

비디오 3: 난장판 2

부모가 아이의 주목을 분명히 끌지 못한다. 그런 다음 부모는 좋은 지시를 내리고 신체적 자극을 시도하지만, 아이가 텐트럼을 했을 때 포기한다. 부모는 3단계와 4단계를 따르지 않는다.

비디오 4: 저녁 식사 정리

부모가 1~3단계를 성공적으로 완료하지만 아이를 칭찬하는 것을 잊는다.

비디오 5: 페페로니 던지기

부모가 4단계 모두를 올바르게 완료한다.

목표 8 지시 따르기 훈련의 올바른 사용에 관해 역할놀이를 한다

이제 지시 따르기 훈련을 함께 연습하자. 먼저 내가 당신의 아이 역할을 하고, 당신은 잘 따르는 지시 목록에 있는 몇 가지 지시를 나에게 내린다. [부모가 두 개의 다른 지시를 내리게 한다. 두 지시에 모두 따른다. 부모는 1~4단계를 모두 정확히 수행해야 한다. 그런 다음 부모가 세 번째 지시를 내리게 한다. 당신은 처음에는 지시에 따르지 않아야 하며, 그다음 부모가 당신이 과제를 수행하도록 신체적으로 지도하면 지시에 따른다. 부모가 1~4단계를 일관되게 수행하는 능력을 보일 때까지 역할놀이를 계속한다.]

목표 9 아동에게 '멈추는 것'을 가르치기 위해 지시 따르기 훈련을 어떻게 사용할지 확인한다

지금까지 우리는 아이에게 무언가를 하도록 지시하는 방법에 대하여 검토했다. 부모는 성가시거나 파괴적이거나 위험한 행동을 멈추라는 식으로, 아이들에게 무엇을 하지 말아야 하는지에 대해 자주 말한다. 예를 들어, 부모는 아이들에게 서로 싸우지 말라거나 소파에서 뛰지 말라거나 너무 시끄럽게 놀지 말라고 말한다. 자폐 스펙트럼 장애 아동들은 부모가 무엇을 원하는지 항상 알지는 못하기 때문에 이러한 요청을 포착하지 못할 수 있다. 따라서 집에서 뛰지 말라는 지시는 앉아서 장난감을 갖고 놀도록 유도하는 것보다 덜 효과적일 수 있다.

다음에 아이에게 행동을 멈추라고 말하는 자신을 발견하게 되면, 이것을 지시 따르기 훈련을 실습하는 기회로 삼아야 한다. 아이에게 걸어가서, 아이의 주목을 끌고, 아이가 해야 할 일을 알려 주는 지시를 한다. 더 적절한 활동을 시작하고, 필요한 양의 지시를 제공하며, 아이가 지시에 따르는 것을 칭찬한다.

목표 10 일이 잘못 진행되는 경우 문제를 해결한다

이번 주의 과제를 계획하기 전에, 지시 따르기 훈련 절차를 실행할 때 발생할 수 있는 어려움에 대해 생각해 보자.

- [부모는 아이가 잘 따르지 않는 지시가 너무 어려울 것이라고 생각한다면, 쉽

고 빠르게 달성될 수 있는 지시부터 시작할 수 있다. 예를 들어, 아이에게 자신의 방을 정리하라는 요청은 더 많은 시간을 필요로 할 수 있고, 실제로 많은 지시와 관련된다. 그 대신, 부모가 "컵을 싱크대에 넣어." 또는 "외투를 옷장에 걸어."와 같은 짧은 지시를 대상으로 삼게 한다. 이런 지시들은 빨리 달성될 수 있기 때문에 아이가 저항할 가능성이 낮다.]

- [칭찬이 지시 따르기의 동기부여에 충분하지 않다고 부모가 생각한다면, 유형 강화물 사용을 논의할 수 있다. 예를 들어, 외투를 치운 후 좋아하는 책을 볼 수 있다는 것을 아이가 알게 하자. 행동지원계획서에 있는 강화물의 목록을 가능한 옵션으로 참조한다.]
- ['잘 따르지 않는 지시' 목록으로 넘어가기 전에 당신은 한동안 '잘 따르는 지시' 목록에 집중해야 할 수도 있다.]

목표 11 가정에서의 지시 따르기 훈련 계획을 설계한다

선택 1: 위 개념에 대해 더 많은 연습이 필요한 부모의 경우

이번 주에는 '잘 따르는 지시' 목록의 지시를 아이에게 매일 내리는 것에 중점을 둔다. 이 목록에서 2~4개의 지시를 대상으로 지시 따르기 훈련 단계를 적용한다. ['잘 따르는 지시' 목록을 검토하고, 부모가 다음 주에 집중하게 될 2~4개의 구체적인 지시를 선택한다. 그러한 지시를 학습활동 7.4의 '잘 따르는 지시' 목록에 기록한다.] 아이가 지시에 따를 때에는 반드시 칭찬과 '하이 파이브' 등을 실시한다. 아이로부터 떨어진 거리에서 당신이 선택한 잘 따르는 지시를 내리는 실험을 할 수 있다. 잘 따르는 지시에 익숙해지면, '잘 따르지 않는 지시' 목록으로 이동한다. 당신의 활동지에 '예' 또는 '아니요'를 표시하고(아이가 당신의 지시에 바로 따랐는가?) 문제가 있으면 의견을 말한다. [부모가 칭찬 외에 유형의 강화물을 사용하기로 결정하면, 활동지에 선택된 강화물을 기록한다.]

선택 2: 위 개념을 잘 이해하고 있다고 보이는 부모의 경우

이번 주에는 지시 따르기 훈련 단계를 사용하여 '잘 따르는 지시' 목록에서 매일 1~2개의 지시를 아이에게 내린다. ['잘 따르는 지시' 목록을 검토하고, 부모가 다음 주에 집중하게 될 1~2개의 구체적인 지시를 선택한다. 그러한 지시를 학습활동 7.4의 '잘 따르는 지시' 목록에 기록한다.] 당신의 아이로부터 떨어진 거리에서 당신이 선택한 잘 따르는 지시를 내리는 실험을 할 수 있다.

'잘 따르지 않는 지시' 목록에 있는 1~2개의 지시를 매일 아이에게 해 보자. 목록에서 그러한 지시들을 선택하고 지시 따르기 훈련 단계를 적용한다. ['잘 따르지 않는 지시' 목록을 검토하고, 부모가 다음 주에 집중하게 될 1~2개의 구체적인 지시를 선택한다. '잘 따르지 않는 지시' 목록에 그러한 지시들을 기록한다.] 아이가 지시에 따를 때에는 반드시 칭찬과 '하이 파이브' 등을 실시한다. [부모가 칭찬 외에 유형의 강화물을 사용하기로 결정하면, 활동지에 선택된 강화물을 기록한다.] 활동지에 '예' 또는 '아니요'에 표시하고 (아이가 바로 지시에 따랐는가?), 문제가 있으면 의견을 말한다.

목표 12 모든 것을 종합한다(1~7회기에서 학습한 교훈을 모두 이끌어 낸다)

다음 회기에서는 기술 가르치기 전략에 집중할 것이므로 지난 7개의 회기에서 다루어진 기술을 검토한 후 마무리한다. 우리는 예방 전략, 일과표, 강화, 계획된 무시 및 지시 따르기 훈련에 관해 이야기했다. 다음 비디오 삽화는 부모가 아이가 아침에 준비하는 것을 돕는 가운데 이러한 기법들의 많은 부분을 적절하게 사용하는 것을 보여 준다. [다양하게 사용된 기법을 부모에게 찾아보도록 한다.]

이 프로그램에 포함된 비디오는 www.oup.com/RUBI와 www.hakjisa.co.kr (자료실)에서 이용할 수 있다.

비디오 6: 행동 원리 통합하기

부모는 시각적 일과표, 신체 촉구, 계획된 무시, 안내된 지시 따르기 및 칭찬의 사용 방법을 종합적으로 확인한다.

목표 13 행동지원계획서를 갱신한다

[부모와 함께 이 회기에서 논의된 사항에 기초하여 행동지원계획서를 갱신한다. 과제의 대상이 되는 전략뿐만 아니라 고려 중인 모든 전략을 포함시킨다. 7회기 정리로 넘어가 부모에게 이 자료를 이번 주 동안 복습하도록 한다. 다음 회기 일정을 계획하며 이 회기를 종결한다.]

핵심 주제를 기반으로 하여 다양한 중재 방식을 제공하는 '보충회기'를 참조.

과제 사례 예시

사례 1

이(Lee) 씨는 매슈(Matthew)에 대한 "장난감을 정리해."라는 지시를 표적으로 삼고 싶어 했다. 매슈가 장난감을 모두 정리하는 데 필요할 수 있는 신체 촉구의 정도에 대한 우려 때문에, 이 씨는 "빨간색 트럭을 상자에 넣어."라는 구체적인 과제를 목표로 삼았다. 지시 따르기를 돕기 위해 이 씨는, 핸드 오버 핸드(hand-over-hand)라는 신체 촉구를 사용할 때 매슈를 아주 멀리 안내할 필요가 없도록, 정리 박스를 빨간 트럭 옆에 놓도록 지도받았다. 칭찬과 함께 이 씨는 나머지 장난감들을 정리하는 것을 도우면서 그것을 지시 따르기를 위한 강화물로 사용하기를 원했다. 결과적으로, 마지막 지시는 "빨간색 트럭을 상자에 넣어. 그러면 나머지 트럭은 아빠가 대신 정리할게."라는 것이었다.

사례 2

에드워즈(Edwards) 여사는 앤드루(Andrew)에 대한 "손을 씻어."라는 지시를 표적으로 삼고 싶어 했다. 우리는 먼저 이 과제를 위해 어떤 지시를 사용할지 논의했다. 구체적으로 우리는 앤드루가 "욕실에 가서 손을 씻어."라는 더 일반적인 지시를 이해하고 따를지, 아니면 보다 작은 단계들(예: "욕실에 가거라." "물을 틀어라." "손에 비누를 올려놓아라.")로 지시를 나누어야 할지(그리고 4개의 단계를 사용할지)에 대해 토론했다. 에드워즈 여사는 앤드루를 화장실에 들어가게 하는 것이 가장 어려운 부분이라고 결정했다. 일단 그곳에 가면, 앤드루는 대개 손을 씻었다. 에드워즈 여사는 앤드루의 등에 손을 대고 욕실로 들여보내는 신체 촉구와 함께 "욕실로 가서 손을 씻어."라는 지시를 사용하도록 코치를 받았다. 에드워즈 여사는 앤드루가 칭찬에 반응하고 있으며, 지시 따르기를 도와주는 유형의 강화물이 필요하지 않다고 생각했다.

지시 따르기 훈련 - 치료 충실도 체크리스트

성명(아동): ____________________ 방문일: ______________ (년/월/일)

치료자: ____________________

회기 목표가 치료자에 의해 달성된 정도를 평가한다.

0 = 목표가 달성되지 않음

1 = 목표가 부분적으로 달성됨

2 = 목표가 완전히 달성됨

N/A = 목표가 회기에 포함되지 않음

치료자의 완성도 목표	평가			
1. 이전 회기의 과제를 확인한다.	0	1	2	N/A
2. 행동지원계획서를 확인한다.	0	1	2	N/A
3. 지시 따르기 개념을 부모에게 소개한다.	0	1	2	N/A
4. 잘 따르는 지시 목록을 만든다.	0	1	2	N/A
5. 잘 따르지 않는 지시 목록을 만든다.	0	1	2	N/A
6. 지시 따르기를 가르치기 위한 단계를 확인한다.	0	1	2	N/A
7. 비디오 삽화를 통해 지시 따르기 훈련의 올바른/잘못된 사용을 식별한다.	0	1	2	N/A
8. 지시 따르기 훈련의 올바른 사용에 관해 역할놀이를 한다.	0	1	2	N/A

9. 아동에게 '멈추는 것'을 가르치기 위해 지시 따르기 훈련을 어떻게 사용할지 확인한다.	0	1	2	N/A
10. 일이 잘못 진행되는 경우 문제를 해결한다.	0	1	2	N/A
11. 가정에서의 지시 따르기 훈련 계획을 설계한다.	0	1	2	N/A
12. 모든 것을 종합한다(1~7회기에서 학습한 교훈을 모두 이끌어 낸다).	0	1	2	N/A
13. 행동지원계획서를 갱신한다.	0	1	2	N/A

계 ________ / 26

부모의 참여, 올바른 응답 및 활동 완료 정도를 평가한다.

0 = 부모가 기술이나 이해를 보여 주지 않았고 과제를 완료하지 못함

1 = 부모가 몇몇 질문을 올바르게 이해하고 응답했으며 부분적으로 과제를 완수함

2 = 부모가 거의 모든 질문을 올바르게 이해하고 응답함

N/A = 목표가 회기에 포함되지 않음

부모의 목표	**평가**			
1. 부모는 아이가 잘 따르는 지시 목록을 만든다.	0	1	2	N/A
2. 부모는 아이가 잘 따르지 않는 지시 목록을 만든다.	0	1	2	N/A
3. 부모가 비디오 삽화에서 지시 따르기 훈련의 올바른/잘못된 사용을 식별한다.	0	1	2	N/A
4. 부모가 역할놀이를 통해 지시 따르기 단계를 바르게 사용한다.	0	1	2	N/A
5. 부모가 가정에서 지시 따르기 훈련을 사용하기 위한 계획의 수립을 돕는다.	0	1	2	N/A
6. 부모가 '모든 것을 종합하기' 비디오 삽화에서 다양한 개입 전략을 식별한다.	0	1	2	N/A

계 ________ / 12

충실도 노트:

8회기

기능적 의사소통 훈련

개요

문제행동이 일반적으로 아동에게 기능을 제공하므로 8회기에서는 부적절하거나 바람직하지 않은 행동을 대체하는 대안적이고 더 적절한 기능적 의사소통 행동을 가르치는 아이디어를 소개한다.

목표

1. 이전 회기의 과제를 확인한다.
2. 행동지원계획서를 확인한다.
3. 기능적 의사소통 훈련의 개념을 소개한다.
4. 기능적 의사소통 훈련의 절차적 단계를 소개한다.
5. 기능적 의사소통 훈련의 사용을 설명하는 비디오 삽화를 확인한다.
6. 기능적 의사소통 훈련에 대하여 작성된 삽화 예시에 대해 논의한다.
7. 기능적 의사소통 훈련 과제를 설정한다.
8. 행동지원계획서를 갱신한다.

부모의 목표

1. 부모가 비디오 삽화에서 표적행동과 그 기능 및 실행된 기능적 의사소통 전략을 식별한다.
2. 부모가 작성된 삽화상의 행동에 대하여 기능적 의사소통 훈련을 실행하는 방법을 제공한다.
3. 부모가 아이의 문제행동을 대상으로 가정에서 기능적 의사소통 훈련을 실행하는 계획을 수립한다.

자료

1. 치료자 스크립트
2. 비디오 삽화
3. 부모용 워크북 8회기 학습활동
4. 치료 충실도 체크리스트
5. 행동지원계획서

치료자용 팁 시트

말을 할 줄 아는 아동의 치료를 위한 주의 사항

말을 못하며 때때로 자신의 행동에 의존하여 욕구와 필요를 표현해야 하는 아동의 경우, 기능적 의사소통 훈련이 얼마나 도움이 될 수 있는지를 상상하는 것은 어렵지 않다. 이 회기를 실행하는 것은 언어로 스스로를 표현하는 아동들에게는 더욱 어려울 수 있는데, 그것은 이러한 아동들은 문제행동 대신에 이미 '자신의 말을 사용하는' 것으로 여기기 때문이다. 그러나 말을 하는 아동조차도 화가 나 있거나 좌절할 때면 종종 의사소통을 위해 징징거리거나 소리 지르거나 때리는 등 비기능적 형태의 의사소통에 의존한다. 말을 하는 아동에 관련하여 이 회기를 가르칠 때에는, 부모가 아이에게 '말을 사용'하도록 가르칠 수 있는 추가적인 기회에 초점을 둔다. 중재를 위한 대상으로는 요청할 때 소리 지르지 말고 '멋진 목소리로 요청하기', 속삭이며 하는 요청을 '다 큰 소년 목소리로 바꾸기', 또는 과제하는 동안 테이블에 앉아 있을 때 징징거리지 않고 "잠시 쉬어도 될까요?"라고 말하기 등이 있다. 이 회기에서는 또한 사회적으로 덜 적절한 요구나 교환을 보다 적절한 기술로 대체할 수 있는 기회를 제공한다. 예를 들어, 방해하는 아이는 "실례합니다."라고 대신 말하는 것을 배울 수 있다. 자신을 소개하는 데 어려움을 겪는 아이는 "안녕, 내 이름은 ~라고 해."라고 말하는 것을 배울 수 있다. 형제에게서 장난감을 가져오는 아이는 "이번엔 내가 가져도 돼?"라고 말하는 것을 배울 수 있다.

치료자 스크립트

목표 1 이전 회기의 과제를 확인한다

먼저 지난주에 진행된 사항을 검토해 본다. 지시 따르기 훈련을 이용할 때 상황이 어떻게 진행되었는가? 당신이 수집한 데이터를 살펴보자. 이 전략을 사용하는 데 있어 발견된 어려움은 무엇인가? 이 시점에서 안내된 지시 따르기를 사용하는 과정에 대한 질문이 있는가? [이전 회기의 학습활동을 확인한다. 지시 따르기 훈련의 사용에 있어 수정 및 변경이 필요한 사항을 제안한다.]

목표 2 행동지원계획서를 확인한다

이제 행동지원계획서를 검토하고, 지금까지 우리가 구현한 기타 전략들을 당신이 어떻게 사용하는지 살펴보자. 일관되게 사용하기에 어려움이 있는 전략이 있는가? 표적행동을 다루는 데 있어서 어떤 전략이 효과적이라고 생각되는가? 행동지원계획서에 열거되어 있는 추가 전략들을 사용할 준비가 되었는가? [행동지원계획서에 기록된 아직 실행되지 않은 특정 전략을 확인한다.]

목표 3 기능적 의사소통 훈련의 개념을 소개한다

오늘 우리는 문제행동을 대체하는 것으로서 새로운 의사소통 행동을 아동에게 가르치는 방법을 논의한다. 이 새로운 행동은 문제행동과 동일한 목적을 수행하지만 더 적절하고 '기능적'일 것이다. 이것은 소위 기능적 의사소통 훈련이라고 하는 것이다.

우리는 이미 아동의 행동이 무엇인가에서 벗어나거나 주의를 끌거나 선호하는 물건을 획득하거나 유지하려고 하는 등의 기능이나 목적을 어떻게 수행하는지에 대해 논의했다. 예를 들어, 아동은 저녁 식탁이나 치료 회기에서 벗어나는 것처럼 어떤 상황에서 벗어나기를 원하기 때문에 다른 사람을 때리는 경우가 있다. 이 행동은 매우 의사소통적이지만(아동이 때릴 때 무엇을 말하려고 하는지 알 수 있다. 즉, "이건 너무해! 나는 쉬고 싶어!"), 동시에 부적절하다. 대신, 우리는 아동에게 휴식을 요청할 수 있는 보다 기능적이거나 적절한 방법을 가르치는 것을 고려할 수 있다. 아직 말하지 못하는 아동의 경우에는, 식탁이나 치료 회기를 벗어나려면 손으로 '모두 먹었다.'는 신호를 보내거나 '휴식'의 그림 아이콘을 가리키도록 교육할 수 있다. 말을 잘하는 아동의 경우에는, '자신의 말을 사용'하여 휴식이 필요한 때를 어른에게 이야기하도록 교육할 수 있다(그림을 통한 의사소통이 말할 줄 아는 아동에게 유용할 때도 있다). 사용될 수 있는 의사소통 전략에는 몸짓, 신호 또는 단어 외에도 그림 교환과 같은 낮은 기술 전략 또는 의사소통 보조기기와 같은 하이테크 전략도 포함된다. 아동에게 부정적인 행동의 대안으로 보다 기능적인 의사소통 수단을 가르치는 것이 중요하다.

그러나 문제행동을 대체하는 새롭고 대안적인 행동을 아동에게 가르치기 전에, 왜 아동이 부적절한 행동을 하는지, 즉 그 목적이나 기능이 무엇인지 알아내는 것이 중요하다. 사실, 이러한 접근법의 성공은 이것을 아는가에 달려 있다!

<사례>

안나(Anna)는 감자 튀김을 먹은 후 패스트푸드 음식점에서 어머니에게 비명을 지른다. 아이에게 비명 지르기를 대처하는 더 적절한 행동을 가르치기 위해, 우리는 먼저 이 행동이 말하려는 바가 무엇인지 먼저 알아내야 한다. 안나는 어머니가 자신의 식사를 끝내려고 할 때 더 많은 감자 튀김을 원하는가, 식당을 떠나고 싶은가, 어머니의 관심을 끌고 싶은가, 아니면 비명 소리에서 감각적인 피드백을 얻으려는 것인가? 안나가 대체하도록 가르쳐야 하는 대상이 무엇인지 알기 위해서는 비명을 지르는 특정 기능이나 목적을 알아야 한다. 안나의 비명 소리가 더 많은 음식에 대한 그녀의 소원을 말한다는 것을 알게 된다면, 어머니에게 감자 튀김 사진을 건네주도록 그녀를 가르칠 수 있다. 안나가 이것을 할 수 있다면, 그녀는 더 이상이 필요를 충족시키기 위해 소리를 지르지 않아도 된다. 식당을 떠나고 싶어서 비명을 질렀다면, "차에 가자."라고 말하도록 가르칠 수 있다. 안나가 어머니의 관심을 끌고 싶은 것이라면, 대체행동은 "잠깐만요."라고 말하는 것일 수 있다. 목적이 감각에 관한 것이라면, 대체행동은 안나에게 청각적인 피드백을 제공할 헤드폰을 요청하도록 가르치는 것일 수 있다.

따라서 아동에게 가르쳐야 하는 구체적인 대체행동이 무엇인지 파악하려면, 먼저 문제가 되는 행동의 기능을 알아야 한다. 기능이 불분명하다면, 우리가 첫 번째 회기에서 완료한 ABC 모형을 사용하는 것이 가장 좋은 방법 중 하나이다. 기억해야 하는 점은, 이 방법이 선행사건과 특정 행동에 대한 결과에 대해 생각하도록 돕고, 결국에는 행동의 기능을 파악하는 데 도움이 될 수 있다는 것이다.

우리가 ABC 평가를 마쳤고, 매우 바쁜 어머니의 주의를 끌기 위해 아이가 징징거리며 어머니의 팔을 잡아당기고 있다고 가정해 보자. 이 아이에게는 주의를 끌고 싶은 마음을 나타내기 위해 사진을 들고 있는 것과 같은 의사소통 기술을 가르치는 것을 고려해 볼 수 있다. 다른 선택으로는 아이에게 어머니의 시선을 끌기 위해 손을 들거나, 자기를 주목하라는 신호를 보내기 위해 어머니의 팔을 가볍게 두드리라고 가르칠 수 있다.

문제행동을 다룰 때 이 접근 방법을 사용하면 몇 가지 장점이 있다. 일반적으로 새로운 기술을 가르치는 것과 마찬가지로, 이것은 독립성을 고취하는 적극적인 접근법이다. 이 접근법은 또한 변화된 행동이 지속되고 아동이 다양한 상황에서 사용할 가능성이 더 높다.

목표 4 기능적 의사소통 훈련의 절차적 단계를 소개한다

다음은 다루기 어려운 문제행동을 보다 기능적인 행동으로 바꿀 때의 유의해야 할 사항들이다.

1. **대체행동은 아동에게 신속하게 효과가 있어야 한다.** 때때로 아동은 징징거리는 것과 같은 문제행동을 부모가 반응할 때까지 계속해서 해야 한다. 대신에 아동이 어깨를 잡아당기는 것과 같이 주의를 요구하는 더 기능적인 방법을 사용하는 것을 배운다면, 어깨를 잡아당기는 것이 어머니의 관심을 끌 수 있는 훨씬 빠른 방법임을 알게 될 것이다. 이를 통해 장래에 아동은 징징거리기보다 그 전략을 다시 사용할 가능성이 높아진다.

2. **대체행동은 아동에게 매번 효과가 있어야 한다.** 특히 처음에는 아동이 새로운 대체행동을 사용할 때마다 모든 상황에서 그리고 그 아동과 함께 하는 모든 어른에 대해서 반응이 있어야 한다.

3. **선택된 행동은 어려운 행동보다 적은 노력을 필요로 한다.** 아동의 측면에서 보면 텐트럼은 많은 시간과 힘을 필요로 한다! 아동이 단지 부모에게 그림을 건네거나 의사를 전달하는 특정 문구를 사용하여 동일한 필요를 충족할 수 있다면, 그것은 훨씬 적은 노력이 필요하며 자신의 요구를 충족시키는 훨씬 쉬운 방법이다.

어떠한 대체행동을 학습하고 적절한 상황에서 사용하기 위해서는 많은 노력이 필요하지만, 우리는 당신의 아이가 성공하도록 도울 것이다. 이를 위해서는 아이가 현재 보유하고 있는 기술 세트를 염두에 두고 새로운 대체행동이 그 안에서 조화될 수 있는 방법을 생각해야 한다. 아이의 언어 능력이 제한적이라면, 때리는 행위를 대체하기 위해 "휴식이 필요해요."라고 말하는 기술을 가르치지는 않을 것이다. 이 아이에게 이것은 단지 때리는 것보다 더 노력이 필요한 일일 수 있다. 대체행동이 이미 학습한 기술을 포함한다면 가장 유용하다. 몇몇 상황에서 이미 여러 가지의 수신호를 사용하고 있는 아동의 경우에는, 과제나 요청을 회피하는 데 있어 때리기가 효과가 있다고 판단되었을 때 다른 사람을 때리는 행위에 대한 대체 행위로서 "모두 끝마쳤어요."라는 신호를 보내도록 가르칠 수 있다. 그림 교환 의사소통 체계(PECS)에 능숙한 아동의 경우에는, 의사소통을 위해 그림 형식을 사용하는 것이 타당하다. 말을 하는 아동은 '자신의 말'을 사용하도록 가르칠 수 있다.

목표 5 기능적 의사소통 훈련의 사용을 설명하는 비디오 삽화를 확인한다

실행되고 있는 기능적 의사소통 훈련의 몇 가지 예를 보자.

이 프로그램에 포함된 비디오는 www.oup.com/RUBI와 www.hakjisa.co.kr(자료실)에서 이용할 수 있다.

비디오 1: 도움카드

부모가 그림을 사용하여 "도와주세요."라고 말하도록 아동을 가르친다.

아동이 일상생활에서 사용될 수 있을 때까지 여러 번의 일대일 회기에서 의사소통 기술을 가르칠 필요가 있음을 강조한다. 이것은 신호 보내기, 그림 교환 또는 단어 사용에 해당된다.

비디오 2: 음료 사인

아동이 음식을 밀어 내고 나서는 "목이 마르다."는 신호를 한다.

아동이 음료수를 얻기 위한 신호를 배우지 않았다면 어떤 일이 일어날 수 있었는지 물어본다. 아동은 더 불안해지며 식탁의 음식을 집어 던질 수도 있다.

비디오 3: 도와주세요

외투의 지퍼를 올리기 어려울 때 아동이 처음에는 촉구를 통해, 나중에는 촉구 없이도 "도와주세요."라는 말을 사용한다.

가르침이 중요하다는 사실과 아동이 결국에는 독립적으로 의사소통을 전달하는 기술을 배울 수 있음을 강조한다.

목표 6 기능적 의사소통 훈련에 대하여 작성된 삽화 예시에 대해 논의한다

비디오 삽화에서 보았듯이, 일대일의 환경에서 아동을 가르치는 것이 먼저 필요할 수도 있다. 다음의 몇 가지 사례는 기능적 의사소통 훈련이 아동의 다루기 힘든 행동에 어떻게 적용될 수 있는지 생각하는 데 도움이 된다. [부모용 워크북 8회기의 학습활동 1을 살펴보자.]

<사례 1>

토미(Tommy)는 약 10개의 어휘를 사용하는 다섯 살 소년이다. 여동생이 장난감 중 하나를 가지고 가면, 토미는 금방 불안해지며 장난감을 되돌려줄 때까지 여동생을 때린다. 토미는 "되돌려줘." "그건 내 것이야." 등과 같이 말하고 있을 수 있다. 토미가 무발화이기 때문에 어머니는 언어에 의존하지 않는 전략(예: 신호, 그림)을 가르치는 데 집중해야 한다. 토미는 어머니에게 도움을 청하고 '내 것'이라는 신호나 그림을 사용하는 법을 배울 수 있다. 부모는 토미가 선호하는 장난감을 치운 다음, 되돌려 달라고 요구하기 위해 신호나 그림을 사용하도록 촉구함으로써 토미와 연습하고, 여동생과의 놀이를 감독하며, 신호나 그림을 사용하도록 촉구할 수 있다. 아버지는 토미에게 어머니를 찾으라고 촉구할 수 있다.

학습활동 8.1에 있는 다음 예를 살펴보자.

<사례 2>

테레사(Theresa)는 말이 매우 많은 네 살 소녀이다. 테레사는 자신의 관심사에 대해 이야기하고, 일반적으로 자신이 원하는 것을 부모에게 알린다. 그러나 학교에서 교사가 놀이터에서 나가라고 요청하면, 테레사는 매우 화를 낸다. 테레사는 떼쓰기를 하고 그 놀이터에서 나가는 것을 거부한다. 테레사는 "나는 더 놀고 싶어요."라고 말하고 있을 수 있다. 말을 할 수 있기 때문에 테레사는 자신의 말을 사용하여 놀이터에서 더 놀 수 있는지 교사에게 물어보도록 교육받을 수 있다. 교육은 테레사에게 덜 원하는 활동을 멈추도록 요청하는 일부터 시작할 수 있다(그녀가 덜 불만스러운 상황에서 말을 사용하게 하는 것이 더 쉽다). 테레사가 성공하면 교사는 칭찬으로 반응하고 5분 더 활동을 계속할 수 있도록 허락한다. 테레사는 떼쓰기를 하는 대신에 자신의 말을 사용하는 것에 대하여 보상받을 수 있다. 자신의 말을 사용하도록 시각적인 단서를 사용하는 것이 테레사에게 도움이 될 수 있다.

많은 부모는 아이가 요구를 받을 때마다 반복적으로 휴식을 요청할 것이라고 걱정한다. 처음에는 더 적절하고 새로운 의사소통 전략이 효과가 있다는 것을 가르치기 위해 아이가 요청할 때마다 휴식을 줄 필요가 있다! 아이가 전략을 일관성 있게 사용하게 되면, 부모는 아이가 휴식을 요청할 수 있는 횟수를 점차 제한하기 시작할 수 있다(예: "우리가 학습지를 작성하는 동안 너는 휴식 시간을 3번 요청할 수 있어."). 부모는 아이가 점차 자신의 휴식 시간을 늦추도록 가르칠 수도 있다("너는 학습지에서 2문제를 더 풀어야 해. 그런 다음에 휴식을 취할 수 있어."). 이것은 도움, 음식 또는 관심을 요구하는 것과 같은 다른 많은 기능적 의사소통 반응에도 적용된다.

목표 7 기능적 의사소통 훈련 과제를 설정한다

이제 당신의 아이가 현재 가지고 있으며 문제가 있는 행동을 찾아보자. 우리는 보다 기능적인 새로운 대체행동으로 그것을 해결할 수 있다. [학습활동 8.2로 넘겨 함께 살펴본다.] 이 전략을 사용하여 표적을 정할 수 있는 행동을 생각해 보자. [부모가 바로 예를 생각해 내지 못하면 제안 사항을 제시한다.]

그 행동의 기능은 무엇이라고 생각하는가? 이러한 문제행동을 대체하도록 어떤 대안적인 행동을 가르쳐 주어야 하는가? 대체행동을 위한 가장 적합한 유형의 의사소통 전략은 무엇인가? [치료자는 아동의 기술과 문제행동의 기능에 관한 몇 가지 사례를 줄 수 있으며, 수신호, 한 단어 말하기, 박수와 같은 몸짓의 사용, 그림 또는 기타 보완적인 의사소통 행동의 사용을 가르친다.]

좀 더 구조화된 상황에서 기능적 의사소통 행동을 가르치는 것이 도움이 될 수 있지만, 부모는 새로운 대체행동을 연습하거나 시험해 볼 기회가 아이에게 부여되는 것을 원할 수 있다. 예를 들어, 아이에게 '도움'을 요청하는 신호를 가르친다면, 아이가 선호하는 물건을 의도적으로 손이 닿지 않는 곳에 두고 도움을 요청하게 할 수 있다. 새로운 대체행동의 사용을 촉진하기 위해서는 작동하지 않는(배터리가 없는) 장난감이나 활동을 아이에게 제공할 수도 있다.

이 새로운 대체 기술을 가르치는 상황을 모니터링할 수 있도록 현재 회기부터 다음 회기까지 이 데이터 시트를 작성해야 한다. 새로운 기술을 연습할 기회를 의도적으로 설정하는 시간과 자연적인 상황에서 새로운 기술을 관찰하고 배울 수 있는 시간을 기록하는 별도의 영역이 있다. [학습활동 8.3으로 넘긴다.]

목표 8 행동지원계획서를 갱신한다

[부모와 함께 이 회기에서 논의된 사항에 기초하여 행동지원계획서를 갱신한다. 과

제의 대상이 되는 전략뿐만 아니라 고려 중인 모든 전략을 포함시킨다. 8회기 정리로 넘어가 부모에게 이 자료를 이번 주 동안 복습하도록 한다. 다음 회기 일정을 계획하며 이 회기를 종결한다.]

핵심 주제를 기반으로 하여 다양한 중재 방식을 제공하는 '보충회기'를 참조.

과제 사례 예시

코너스(Connors) 여사는 제임스(James)가 집에서 글쓰기 연습을 하기를 원한다. 그러나 연습을 시작한 지 2분이 지나지 않아서 제임스는 징징대는 소리를 내며 글쓰기가 너무 어렵다고 불평하기 시작한다. 코너스 여사는 이러한 행동을 다루기 위해 기능적 의사소통 훈련의 기법을 적용하기로 결정한다. 그녀는 징징대는 행동의 기능이 글쓰기 연습에서 벗어나는 것이라고 가정한다. 그녀는 제임스가 '자신의 말을 사용'하고 징징대는 대신에 휴식을 요청하도록 가르치기를 원한다. 다음 번에 그녀가 제임스에게 글쓰기 연습을 시킬 때, 그가 징징대기 시작하자마자 코너스 여사는 그에게 말을 사용하여 휴식을 요청하라고 촉구한다. 제임스는 징징대는 것을 멈추고 "휴식을 주세요."라고 말한다. 코너스 여사는 즉시 5분 타이머를 설정하고 글쓰기 연습으로부터 휴식을 허용한다. 일단 제임스가 징징대는 소리 대신 그의 말을 일관되게 사용하고 나면, 코너스 여사는 제임스가 "휴식을 주세요."라는 말을 사용하여 벗어나도록 허락을 받기 전에 한 단어를 더 쓰도록 (그다음에는 두 단어, 또 다음에는 세 단어 등) 요구함으로써 글쓰기에 대한 요구를 증가시킨다(그리고 벗어나는 시간을 늦춘다).

기능적 의사소통 훈련 - 치료 충실도 체크리스트

성명(아동): ______________________ 방문일: _____________ (년/월/일)
치료자: ______________________

회기 목표가 치료자에 의해 달성된 정도를 평가한다.

0 = 목표가 달성되지 않음

1 = 목표가 부분적으로 달성됨

2 = 목표가 완전히 달성됨

N/A = 목표가 회기에 포함되지 않음

치료자의 완성도 목표	평가			
1. 이전 회기의 과제를 확인한다.	0	1	2	N/A
2. 행동지원계획서를 확인한다.	0	1	2	N/A
3. 기능적 의사소통 훈련의 개념을 소개한다.	0	1	2	N/A
4. 기능적 의사소통 훈련의 절차적 단계를 소개한다.	0	1	2	N/A
5. 기능적 의사소통 훈련의 사용을 설명하는 비디오 삽화를 확인한다.	0	1	2	N/A
6. 기능적 의사소통 훈련에 대하여 작성된 삽화 예시에 대해 논의한다.	0	1	2	N/A
7. 기능적 의사소통 훈련 과제를 설정한다.	0	1	2	N/A

8. 행동지원계획서를 갱신한다.	0	1	2	N/A

계 ________ / 16

부모의 참여, 올바른 응답 및 활동 완료 정도를 평가한다.

0 = 부모가 기술이나 이해를 보여 주지 않았고 과제를 완료하지 못함

1 = 부모가 몇몇 질문을 올바르게 이해하고 응답했으며 부분적으로 과제를 완수함

2 = 부모가 거의 모든 질문을 올바르게 이해하고 응답함

N/A = 목표가 회기에 포함되지 않음

부모의 목표	**평가**			
1. 부모가 비디오 삽화에서 표적행동과 그 기능 및 실행된 기능적 의사소통 전략을 식별한다.	0	1	2	N/A
2. 부모가 작성된 삽화상의 행동에 대하여 기능적 의사소통 훈련을 실행하는 방법을 제공한다.	0	1	2	N/A
3. 부모가 아이의 문제행동을 대상으로 가정에서 기능적 의사소통 훈련을 실행하는 계획을 수립한다.	0	1	2	N/A

계 ________ / 6

충실도 노트:

9회기

기술 가르치기 1

개요

9회기에서는 아동의 독립성을 높이고 긍정적인 행동 변화를 촉진하는 기술을 가르치기 위한 단계별 절차가 부모에게 제공된다.

목표

1. 이전 회기의 과제를 확인한다.
2. 행동지원계획서를 확인한다.
3. 적응 기술을 명료하게 가르치는 일의 중요성을 소개한다.
4. 가르칠 기술의 선택 방법에 대해 논의한다.
5. 양치질 사례를 통해 과제 분석을 가르치고 실습한다.
6. 기술 가르치기 기법으로서 행동 연쇄를 부모에게 소개한다.
7. 행동 연쇄에 대한 비디오 삽화를 확인한다.
8. 과제를 제공한다.
9. 행동지원계획서를 갱신한다.

부모의 목표

1. 부모가 아이에게 가르치고 싶은 새로운 기술 목록을 만든다.
2. 부모가 양치질 사례에 대하여 과제 분석을 실시한다.
3. 부모가 가르칠 행동을 선택하고 그러한 행동에 대한 과제 분석을 완료한다.
4. 부모가 과제의 생산을 돕는다.

자료

1. 치료자 스크립트
2. 비디오 삽화
3. 부모용 워크북 9회기 학습활동
4. 치료 충실도 체크리스트
5. 행동지원계획서

치료자용 팁 시트

기능적 의사소통 훈련 과제의 검토

과제의 어려움: 아이가 선택된 기능적 의사소통 훈련(FCT) 전략을 사용하는 데 있어 거의 진전이 없었다고 부모가 말한다

이 기술은 효과가 나타나기까지 일반적으로 일주일 이상 소요된다(부모 입장에서는 더 큰 끈기가 필요하다). 아동이 새로운 기술과 문제 해결 방식을 배우기 위해서는 여러 번의 연습 기회가 필요하다는 원칙에 따라, 부모는 실제 상황과 조율된 연습 상황 모두에서 아동이 보다 기능적인 새로운 의사소통 전략을 연습할 수 있는 추가적인 기회를 마련할 수 있다. 이 기술 뒤에 있는 이야기는 '자꾸 연습하다 보면 잘하게 된다.'이다. 하루에 한 번 연습하는 것으로는 단기간에 변화를 만들 수 없다.

치료자 스크립트

목표 1 이전 회기의 과제를 확인한다

기능적 의사소통 훈련의 사용에 대한 데이터를 검토해 보자. 이 접근법이 당신의 아이에게 얼마나 효과적이었다고 생각하는가? 이 접근법의 어려운 점은 무엇인가?

목표 2 행동지원계획서를 확인한다

이제 행동지원계획서를 검토하고, 지금까지 우리가 구현한 다른 전략들이 어떻게 사용되고 있는지 살펴보자. 일관되게 사용하는 데 어려움이 있는 전략이 있는가? 표적행동을 다루는 데 있어서 어떤 전략이 효과적이라고 생각되는가? 행동지원계획서에 열거되어 있는 추가 전략을 사용할 준비가 되어 있는가? [행동지원계획서에 기록된 아직 실행되지 않은 특정 전략을 확인한다.]

목표 3 적응 기술을 명료하게 가르치는 일의 중요성을 소개한다

지금까지 우리는 환경 변화와 일정 수립과 같은 선행사건을 설정하는 법에 대하여 배웠다. 우리는 또한 적절한 행동을 격려하고 문제행동을 줄이기 위해 강화물을 사용하는 것에 관해 논의했다. 우리는 아동이 가지고 있지 않은 기술을 가르침으로써 아동의 행동에 큰 영향을 미칠 수도 있다. 따라서 우리는 새로운 기술을 가르침으로써 긍정적이고 친사회적인 행동을 조장하는 것으로 초점을 옮길 것이다. 기술 가르치기는 자폐 스펙트럼 장애 아동의 문제행동을 겨냥하는 포괄적인 치료 패키지의 중요한 일부이다. 아동의 문제행동을 줄이면, 과거에는 아동과 마주칠 수 있는 엄청난 저항 때문에 너무 어려웠던 새로운 기술을 가르칠 수 있는 문이 열린다.

아동에게 가르칠 수 있는 새로운 유형의 기술과 행동에는 놀이 또는 여가 활동 기술, 사회적 기술, 자조 기술, 조직 기술, 학업 기술 및 대처 기술이 포함된다. 기능적 의사소통 훈련에 대한 회기에서 논의된 바와 같이, 문제행동의 대안으로 아동에게 새로운 의사소통 전략을 가르치는 것이 매우 도움이 될 수 있다. 예를 들어, 어떤 아이가 정교한 소근육 사용 작업이 어려울 때 보통 공격적으로 변한다면, 신호, 구두 요청 또는 그림을 사용하여 휴식의 필요성을 알리도록 가르치는 것이 유용할 것이다. “휴식이 필요해요.”라는 말을 보다 적절하게 하는 방법을 가르침으로써 의사를 전달하기 위해 공격적이어야 할 필요성을 제거한다.

아동에게 문제행동을 대체할 구체적인 새로운 기술을 가르치는 것도 도움이 될 수 있다. 예를 들어, 아이에게 DVD 플레이어를 사용하는 법을 가르치면, 당신이 DVD 플레이어를 켜 줄 수 없는 상황일 때 아이가 화내는 것을 막을 수 있다. 아이가 할 수는 있지만 어렵거나 좌절하는 기술이 있을 수도 있다. 예를 들어, 한 아이가 양치질하는 기술을 갖고 있는 것 같지만 그 일을 싫어할 수 있다. 우리가 앞으로 토론할 전략은 이러한 기술을 가르치는 데 도움이 될 것이다.

부모가 아이의 첫 번째 선생님이기 때문에, 당신은 이미 가정과 지역사회에서 일상에 필요한 많은 기술을 가르쳐 주었다. 그러나 일부 자폐 스펙트럼 장애 아동은 새로운 기술을 배우는 데 추가적인 도움이 필요하다. 따라서 우리는 특정 기술을 가르칠 계획을 신중하게 설계해야 한다. 우리는 자폐 스펙트럼 장애 아동에게 효과적이라고 증명된 행동 기법을 사용하여 새로운 기술을 체계적으로 가르치는 방법을 검토할 것이다. 또한 우리는 강화, 지시 따르기 및 계획된 무시와 같이 이미 논의한 많은 전략을 사용할 것이다.

목표 4 가르칠 기술의 선택 방법에 대해 논의한다

먼저 어떤 기술을 가르치는 것이 가장 유용한지 생각해 보자. [부모가 학습활동 9.1을 참고할 수 있게 한다. 참고: 부모가 아동의 적응 행동에 대한 평가를 완료했다면(예: 바인랜드 적응 행동 척도), 당신은 이 데이터를 사용하여 아동이 아직 학습하지 못한 특정의 표적 적응 기술에 대하여 부모가 아이디어를 생산하도록 도울 수 있다.]

1. **어떤 기술을 가르쳐야 아동의 문제행동에 도움이 될 수 있는가?** TV 작동이나 컴퓨터 켜기 학습과 같이 문제행동을 없앨 수 있는 기술이 있는가?

2. **어떤 기술이 아동이 나에게 의존하지 않고 더 독립적이게 할 수 있는가?** 아동이 현재 하지는 못하지만 해야 하는 일상생활 기술에 대해 생각하는 것이 도움이 된다(예: 옷 입기, 싱크대에 접시 넣기, 외투 입기, 지퍼/단추 채우기).

3. **아동이 대부분의 단계를 수행할 수 있는 것처럼 보이지만 수행을 거부하거나 좌절감을 느끼는 기술은 무엇인가?** 이것은 아동이 힘들거나 몹시 불쾌한 일이라고 생각하기 때문일 수 있다. 체계적인 기술 가르치기 전략을 통해 우리는 좌절감을 덜 느끼면서 기술을 사용하도록 가르칠 수 있다.

4. **아동이 배우고자 하는 동기가 무엇인가?** 아동이 DVD 플레이어에 DVD를 넣으려고 한다면, 그것은 작동 방법을 가르치기에 좋은 기회이다. 아동이 그네 세트에서 놀기를 좋아한다면, 혼자서 그네에 올라타고 내리는 법을 가르칠 수 있다.

아동에게 가르치고 싶은 것을 선택할 때에는 적은 수의 기술부터 시작한다. 한 가지 기술에 익숙해지면 다른 기술도 사용할 수 있게 된다.

목표 5 양치질 사례를 통해 과제 분석을 가르치고 실습한다

기술을 체계적으로 가르치는 방법을 검토하자. 먼저, 우리가 새로운 기술을 어떻게 학습하는지 생각해 보자. 내가 양치질하는 법을 배우고 싶다고 가정한다. 당신은 나에게 어떤 지침을 줄 것인가? [부모에게 대답할 기회를 준다.] 양치질을 하나의 과제 또는 기술로 생각해 보면, 실제로는 일련의 여러 작은 단계를 학습하는 것에 관계됨을 알 수 있다. 우리가 배울 수 있는 가장 중요한 기술은 이런 식으로 과제를 나눌 수 있다는 것이다. 이를 기술의 과제 분석이라고 한다. 기술을 가르칠 준비를 하기 전에 먼저 기술의 단계를 분석하는 것이 중요하다.

당신의 아이가 배우는 것이 특히 중요하다고 생각하는 기술을 하나 선택하자. [학습활동 9.1을 참조한다. 이 기술을 학습활동 9.2에 기록한다.] 이 기술을 어떻게 배우기 쉬운 단계로 나눌 수 있는가? [각 단계를 학습활동 9.3a에 기록한다.]

목표 6 기술 가르치기 기법으로서 행동 연쇄를 부모에게 소개한다

이제 우리는 어떻게 아동에게 각 단계를 가르칠 것인지 생각할 수 있다. 먼저, 아동이 어떻게 해야 하는지 모르지만 배워야 할 필요가 있는 단계가 무엇인지 생각한다. 이를 통해 우리는 어떤 단계에 집중해서 가르쳐야 할지 그리고 어디서 가르침을 시작해야 할지 알게 된다. [부모가 학습활동 9.3a에서 아동이 배울 필요가 있는 단계에 별표를 한다.]

당신의 목표는 아이에게 한 번에 한 단계씩 가르치는 것이다. 아이가 과제 분석의 특별한 단계를 학습했을 때, 당신은 다음 단계로 나아가려고 한다. 한편, 당신은 아이가 아직 학습하지 못한 다른 모든 단계를 그를 대신하여 끝낼 것이다. 예를 들어, 당신이 아이에게 신발 끈을 매는 법을 가르친다고 하자. 아이가 신발 끈을 교차하는 것이 그 첫 번째 단계라면, 당신은 거기서 이어받아 신발 끈을 다 묶을 때까지 나머지 단계를 완료할 것이다. 이것은 실제로 당신의 아이가 그 한 단계만 배우는 것에 집중할 수 있게 해 준다.

이것은 부모가 보통 아이가 무언가를 하도록 가르치는 것과는 다르다. 즉, 아이가 과제의 모든 단계를 한꺼번에 배우도록 요구하는 것과는 다르다. 자폐 스펙트럼 장애 아동들이 한번에 여러 단계를 기억하고 수행하는 것은 어려울 수 있다. 부모도 종종 과제의 특정 부분이 특별히 아이에게 좌절감을 줄 수 있다는 사실을 알고 있다. 자폐 스펙트럼 장애 아동들이 종종 전전긍

긍하면서 결국에는 과제 전부를 거부하게 되는 것은 바로 그 단계에서이다. 과제 분석을 통해 과제를 작은 덩어리로 나누고 한 번에 오직 한 단계만을 가르치는 데 집중하면, 더 받아들이기 쉬운 방식으로 아이에게 새로운 기술을 가르칠 수 있다. 이 방법을 사용하면, 아이에게 새로운 기술을 가르치는 데 있어 더 오랜 시간이 걸리는 것처럼 보일 수 있지만 지시 따르지 않기, 반항 및 항의를 유발할 수 있는 기술 가르치기를 피함으로써 장기적으로는 더 많은 성공을 거둘 수 있다!

다음으로 고려해야 할 사항은 가르치려는 단계의 순서이다. 즉, 과제 분석의 첫 단계부터 시작하여 가르치거나 마지막 단계부터 거꾸로 가르칠 수도 있다. 이런 방식으로 기술을 단계별로 가르치는 것을 행동 연쇄라고 한다. 아동이 과제 분석의 모든 단계를 완료할 때까지 이러한 방식으로 단계를 하나씩 계속 추가할 수 있다.

어떤 곳부터 가르칠지 알아내는 한 가지 방법은 아동을 가르치기 가장 쉬운 단계부터 시작하는 것이다. 이것은 부모와 아동 모두가 무언가를 빨리 성취한 것처럼 느낄 수 있도록 도와줄 것이다. 아동이 그 단계를 잘 수행하면 다음 단계를 추가할 수 있다. 앞서 설명한 양치질의 예에서 보면, 첫 번째 단계로 아이에게 칫솔을 드는 것을 가르칠 수 있다. 일단 아이가 이것을 할 수 있게 되면 다음 단계가 추가될 수 있다. 첫 번째 단계부터 시작하여 앞으로 나아가기 때문에 이것을 '전향 행동 연쇄'라고 부른다. 이런 식으로 가르치기 시작하면, 단계들이 자연스럽게 서로에 기반을 두고 형성될 것이다.

어떤 경우에는 마지막 단계부터 시작하고 싶을 때가 있다. 이 경우에는, 아이를 대신하여 모든 단계를 실행한 다음에, 마지막 단계를 아이 혼자 힘으로 수행하게 한다. 이렇게 하면 아이가 성취감을 갖게 된다. 아이가 마지막 단계를 잘하면, 다음에는 마지막 두 단계를 수행하게 하고, 또 그다음에는 마지막 세 단계를 수행하게 한다. 이것은 '후향 행동 연쇄'라고 부른다. 예를 들어, 아이에게 외투의 지퍼를 올리는 법을 가르친다고 생각해 보자. 당신이 외투의 밑단에서 지퍼를 연결하고 지퍼를 조금 올리는 처음 두 단계를 수행하고, 아이가 지퍼를 가슴 위로 당겨 마무리하게 할 수 있다. 또 다른 예는 가정에서 장난감을 정리하는 것이다. 많은 장난감이 흩어져 있는 방을 정리하라고 아이에게 요청한다면, 아이는 압도 당한 느낌을 받고 과제를 거부할 수 있다. 그러나 정리를 요청하기 전에 대부분의 물건을 정리했다면 훨씬 더 성공적일 수 있다.

마지막으로 각 단계를 가르칠 때 강화물을 사용하는 것이 중요하다. 이는 사회적 강화(예: 칭찬, 하이 파이브)를 제공하는 것만큼 간단할 수도 있고, 가르치고 있는 단계를 시도할 때마다 유형의 강화물(예: 과자, 선호하는 장난감에 대한 접근)을 제공하는 것을 포함할 수도 있다. 아이가 완료해야 하는 단계의 수를 늘릴 때에는, 아이가 각 단계를 완료하는 동안 칭찬할 수 있지만 모든 단계가 완료될 때까지 유형의 강화물을 제공하지 않아야 한다. 따라서 아이가 과제 분석의 한 단계를 배우면, 강화물을 얻기 전에 두 단계를 수행하도록 아이에게 요구한다. 이러한 정보를 염두에 두고, 아이에게 새로운 기술을 가르칠 계획을 수립한다. [부모와 함께 학습활동 9.2를 완료한다.]

목표 7 행동 연쇄에 대한 비디오 삽화를 확인한다

후향 행동 연쇄의 사용법을 가르치는 간단한 비디오 삽화를 살펴보자.

> 이 프로그램에 포함된 비디오는 www.oup.com/RUBI와 www.hakjisa.co.kr (자료실)에서 이용할 수 있다.
>
> **비디오 1: 후향 행동 연쇄**
> 이 비디오는 양말을 신을 때 후향 행동 연쇄의 예시를 제공한다.

부모는 양말을 벗기고, 양말을 발가락에 끼우고, 양말을 발뒤꿈치 위로 당기고, 아래에 있던 다리를 위로 당기는 4단계 과정을 보여 준다. 다음 단계를 진행하기 전에 아이가 각 단계를 숙달하게 하여 부모는 마지막 단계를 가르치기 시작한다. 부모는 아직 아이가 학습하지 못한 모든 단계를 완수한다.

좋은 가르침은 우리가 이미 논의한 행동 전략들을 사용하는 것이라는 것을 명심하자. 예를 들어, 아이가 새로운 기술을 배울 때에는 DVD를 장치에 넣는 방법이 그려진 그림을 DVD 플레이어 옆에 게시하는 것처럼 시각 단서가 특히 유용하다. DVD 플레이어를 켜는 단계도 사진에 있다. 새로운 기술의 어느 한 단계를 완료하려는 시도에 대해 강화를 제공하는 것이 중요하다. 아이가 특정 단계를 시도할 때 내는 징징거리는 소리나 불평을 무시해야 할 수도 있다.

목표 8 과제를 제공한다

이번 주에는 학습활동 9.2에서 선택한 기술을 연습한다. [학습활동 9.3b로 넘긴다.]

학습활동 9.3b는 완료된 활동의 예시이다. 예시를 보면, 양치질하기의 각 기술 단계가 과제에 포함되어 있다. 각 데이터에는 더하기 기호로 표시되어 있는 이미 학습된 단계, 현재 다루고 있으며 InP 기호로 표시되어 있는 단계, 그리고 아직 도입되지 않았으므로 부모에 의해 완료되고 있는 나머지 단계가 포함되어 있다.

목표 9 행동지원계획서를 갱신한다

[부모와 함께 이 회기에서 논의된 사항에 기초하여 행동지원계획서를 갱신한다. 과제의 대상이 되는 전략뿐만 아니라 고려 중인 모든 전략을 포함시킨다. 9회기 정리로 넘어가 부모에게 이 자료를 이번 주 동안 복습하도록 한다. 다음 회기 일정을 계획하며 이 회기를 종결한다.]

핵심 주제를 기반으로 하여 다양한 중재 방식을 제공하는 '보충회기'를 참조.

과제 사례 예시

사례 1

로버츠(Roberts) 씨는 앨리(Allie)에게 손 씻는 법을 가르치기를 원한다. 그는 그 과제를 6개의 개별 단계로 나눈다. 앨리는 수도꼭지를 켤 수는 있지만 용기에서 비누를 꺼내어 손을 씻는 것을 어려워한다. 로버츠 씨는 먼저 앨리가 물을 잠그도록 하는 일에 초점을 맞추고, 일단 학습하면, 손을 제대로 씻는 마지막에서 두 번째 단계를 추가하는 후향 행동 연쇄를 사용하기로 결정한다. 그는 앨리 대신에 모든 이전 단계들을 수행할 계획이다. 로버츠 씨는 손 씻기의 단계들을 간략히 설명하는 시각적 일과표가 도움이 될 것이라고 생각한다. 그는 그것을 욕실 거울에 게시할 계획이다. 마지막으로 그는 앨리가 좋아하는 구미 베어(gummy bear)로 보상하려고 한다.

사례 2

클리프턴(Clifton) 여사는 알렉스(Alex)가 자신의 안전벨트를 맬 수 있다면 좋아할 것이다. 과제 분석(5단계)을 마친 후, 클리프턴 여사는 알렉스가 혼자서는 어떤 단계도 완료할 수 없다고 말한다. 그녀는 과제의 첫 단계로 알렉스에게 안전벨트의 버클 잡는 법을 먼저 가르치기로 결정한다. 그녀는 과제의 나머지 부분, 즉 한 손으로 버클을 잡아 그의 무릎을 가로질러 벨트를 잡아당기고 다른 손으로 연장된 벨트를 잡고 버클을 위로 들어서 버클을 밀어 넣는 일을 맡게 될 것이다. 우리는 알렉스가 안전벨트를 얼마만큼 잡아당겨야 할지 그리고 연장된 안전벨트의 어느 위치에 손을 두어야 할지 배우는 것을 돕기 위해 시각적 촉구를 포함시키기로 결정한다. 구체적으로, 클리프턴 여사는 안전벨트가 충분히 연장되었다는 것과 손을 어디에 두어야 할지를 알려 주는 안전벨트의 위치에 표시를 한다. 그녀는 알렉스가 좋아하는 CD를 자동차 오디오 장치에서 재생함으로써 그가 자신의 단계를 완성하는 것을 보상하고자 한다.

기술 가르치기 1
- 치료 충실도 체크리스트

성명(아동): ____________________ 방문일: ______________ (년/월/일)
치료자: ____________________

회기 목표가 치료자에 의해 달성된 정도를 평가한다.

0 = 목표가 달성되지 않음

1 = 목표가 부분적으로 달성됨

2 = 목표가 완전히 달성됨

N/A = 목표가 회기에 포함되지 않음

치료자의 완성도 목표	**평가**			
1. 이전 회기의 과제를 확인한다.	0	1	2	N/A
2. 행동지원계획서를 확인한다.	0	1	2	N/A
3. 적응 기술을 명료하게 가르치는 일의 중요성을 소개한다.	0	1	2	N/A
4. 가르칠 기술의 선택 방법에 대해 논의한다.	0	1	2	N/A
5. 양치질 사례를 통해 과제 분석을 가르치고 실습한다.	0	1	2	N/A
6. 기술 가르치기 기법으로서 행동 연쇄를 부모에게 소개한다.	0	1	2	N/A
7. 행동 연쇄에 대한 비디오 삽화를 확인한다.	0	1	2	N/A
8. 과제를 제공한다.	0	1	2	N/A
9. 행동지원계획서를 갱신한다.	0	1	2	N/A

계 __________ / 18

부모의 참여, 올바른 응답 및 활동 완료 정도를 평가한다.

0 = 부모가 기술이나 이해를 보여 주지 않았고 과제를 완료하지 못함

1 = 부모가 몇몇 질문을 올바르게 이해하고 응답했으며 부분적으로 과제를 완수함

2 = 부모가 거의 모든 질문을 올바르게 이해하고 응답함

N/A = 목표가 회기에 포함되지 않음

부모의 목표	평가			
1. 부모가 아이에게 가르치고 싶은 새로운 기술 목록을 만든다.	0	1	2	N/A
2. 부모가 양치질 사례에 대하여 과제 분석을 실시한다.	0	1	2	N/A
3. 부모가 가르칠 행동을 선택하고 그러한 행동에 대한 과제 분석을 완료한다.	0	1	2	N/A
4. 부모가 과제의 생산을 돕는다.	0	1	2	N/A

계 ________ / 8

충실도 노트:

10회기

기술 가르치기 2

개요

10회기에서는 아동의 기술 학습을 향상시키는 데 사용될 수 있는 다양한 촉구를 검토함으로써 기술 가르치기를 계속해서 다룬다.

목표

1. 이전 회기의 과제를 확인한다.
2. 행동지원계획서를 확인한다.
3. 기술 가르치기 절차로서 모델링을 부모에게 소개한다.
4. 기술 가르치기 절차로서 언어, 시각 및 신체 촉구를 소개한다.
5. 촉구의 사용법에 대해 논의한다.
6. 다양한 촉구를 사용하는 비디오 삽화를 확인한다.
7. 자극 촉구, 자극 점진적 소거 및 시간 지연 촉구의 사용에 대해 논의한다.
8. 기술 가르치기의 성공을 향상시키는 팁을 확인한다.
9. 가정에서 가르칠 기술을 가족과 함께 선택하고, 기술을 가르치는 방법을 논의한다.
10. 행동지원계획서를 갱신한다.

부모의 목표

1. 부모가 과거에 새로운 기술을 아이에게 가르치기 위해 다양한 촉구를 어떻게 사용해 왔는지 설명한다.
2. 부모가 비디오 삽화에서 사용되고 있는 촉구를 식별한다.
3. 부모가 다양한 기술 가르치기를 이용하여 아이에게 새로운 기술을 어떻게 가르칠지 생각해 낸다.

자료

1. 치료자 스크립트
2. 비디오 삽화
3. 부모용 워크북 10회기 학습활동
4. 치료 충실도 체크리스트
5. 행동지원계획서

치료자 스크립트

목표 1 이전 회기의 과제를 확인한다

지난 회기에서 우리는 무엇을 아이에게 가르칠 것인지 결정하는 방법과 복잡한 기술을 간단하고 작은 단계로 나누는 방법에 대해 이야기했다. 우리는 또한 새로운 기술을 가르치는 데 있어 '행동 연쇄'를 사용하는 것에 대해 논의했다. 아이를 가르치기 위한 접근법으로서 행동 연쇄의 사용에 대하여 기록한 데이터를 살펴보자. [구체적인 기술] 잘 진행되었는가? [부모와 함께 이전 회기의 데이터를 확인한다.]

목표 2 행동지원계획서를 확인한다

이제 행동지원계획서를 검토하고, 지금까지 우리가 구현한 다른 전략들이 어떻게 사용되고 있는지 살펴보자. 일관되게 사용하는 데 어려움이 있는 전략이 있는가? 표적행동을 다루는 데 있어서 어떤 전략이 효과적이라고 생각되는가? 행동지원계획서에 열거되어 있는 추가 전략을 사용할 준비가 되어 있는가? [행동지원계획서에 기록된 아직 실행되지 않은 특정 전략을 확인한다.]

목표 3 기술 가르치기 절차로서 모델링을 부모에게 소개한다

오늘 우리는 아이에게 새로운 기술을 가르치기 위해 사용할 수 있는 추가 전략들을 다룬다. 새로운 기술을 가르칠 때, 우리는 많은 방법으로 아이들에게 도움을 줄 수 있다. 아이에게 지침을 주는 동시에 도움을 제공하는 것을 우리는 '촉구'라고 부른다. 당신은 아마도 매일 아이에 대해 촉구를 사용할 것이다. 아이가 긴팔 셔츠에 팔을 집어넣도록 돕는 것도 일종의 촉구이다. 아이에게 "큰 블록을 집어…… 빨간색"과 같은 힌트를 주는 것은 또 다른 유형의 촉구이다. 아이에게 촉구를 하면 아이가 포기하거나 화를 내거나 좌절감을 느끼지 않고도 새로운 기술을 배우는 데 도움이 된다. 또한 아이가 기술이나 과제를 수행하기 위한 잘못된 방법을 배우는 것을 예방한다.

아이에게 새로운 기술을 가르치기 위해 사용할 수 있는 몇 가지 유형의 촉구가 있다. 첫 번째 유형의 촉구는 '모델링'이라고 부르는 것으로서, 부모가 아이에게 하기를 원하는 바를 아이에게 보여 주는 것을 의미한다. 이것은 아이가 부모를 관찰하고 모방함으로써 기술을 배우게 된다는 생각에서 비롯된 것이다. 기술을 모델링 하고 그것을 보여 줌으로써 아이들에게 많은 기술을 가르칠 수 있다. 아이는 종종 다른 사람을 보면서 "잘 가." 하며 손을 흔들거나 한 발로 뛰거나 수화하는 법을 배운다. 아이는 다른 아이들이 어떤 행동을 모델링 하는 것을 보면서 많은 것을 배우기도 한다. 당신이 모델링을 통해 아이를 가르친 경우를 생각해 보자. [모델링을 사용할 수도 있었던 때에 대한 몇 가지 예를 제공하도록 부모를 격려한다.]

대부분의 아이가 모델을 관찰하고 모방하여 다양한 기술을 배우는 가운데, 이러한 방법은 자폐 스펙트럼 장애 아동에게는 사실상 매우 어려울 수 있다. 이것은 그들이 새로운 기술을 배우기 위해 다른 사람들을 관찰하고 모방할 수 있는 많은 자연 발생적인 기회를 이용하지 않는다는 것을 의미하기 때문에 아이에게 문제가 될 수 있다. 어려움의 일부는 아이가 모델이 하는 일을 관찰하는 것을 좋아하지 않는다는 것일 수 있다. 또한 부모, 교사 또는 다른 아이가 하고 있는 것을 보더라도 자기가 똑같이 해야 한다고 연결 짓지 않고, 그 대신 자신의 활동을 계속할 수 있다. 예를 들어, 교사는 아이에게 블록을 쌓는 방법을 보여 줄 수 있다. 아이는 교사가 하고 있는 것을 볼 수 있지만, 블록을 자신이 원하는 패턴으로 배열하려고 고집할 수 있다. 이러한 어려움 때문에 어떤 아이는 모델로 만들어진 것을 모방하는 법을 명시적으로 가르칠 필요가 있다. 아이가 모방에 어려움을 겪고 있는 것을 본 적이 있는가? 당신이 모델링 한 것을 아이가 모방하는 몇 가지 사례를 들어 줄 수 있는가? [아동이 모방하지 않을 경우, 치료자는 보충 회기 중 모방 기술 회기를 프로그램에 통합시킨다(www.oup.com/us/ttw에서 이용 가능).]

목표 4 기술 가르치기 절차로서 언어, 시각 및 신체 촉구를 소개한다

아이가 새로운 기술을 배울 때 필요로 하는 추가적인 도움을 제공하는 많은 다른 유형의 촉구가 있다. 촉구의 유형을 기억하는 가장 좋은 방법은 아이가 새로운 기술을 배우는 데 도움이 되는 것들을 말하고(SAY), 보고(SEE), 행하는(DO) 것이다. 우리가 종종 사용하는 유형의 촉구에 대하여 우리가 내린 정의를 복습해 보자.

아이에게 새로운 기술을 가르치기 위해 사용할 수 있는 한 가지 유형의 촉구로서 언어 촉구가 있다. 이것은 당신이 아이에게 하기를 원하는 바를 말하는 것이다. 아이가 새로운 기술을 학습하는 것을 도와줄 수 있는 '힌트'도 언어 촉구의 한 종류이다. 예를 들어, 동물의 이름을 가르칠 때, 당신은 소 인형을 가리키며 "이것은 무슨 동물일까? 이것은 '소' 하고 말해."라고 말할 수 있다. 언어 촉구의 또 다른 예는 "'코'를 만져라."와 같은 지시문의 특정 단어를 강조할 때이다. 당신은 아이에게 질문의 일부로서 대답을 줄 수도 있다. 예를 들어, "이것은 파란 컵이야. 이게 무슨 색일까?"라고 질문할 수 있다. 또 다른 예는 아이에게 요청하도록 촉구하기 위해 "목이 마르면, 나는 물 한 잔을 달라고 요청할 거야."라고 말하는 것이다. 당신이 아이에게 기술을 가르치기 위해 언어 촉구를 사용했던 방법을 생각해 보자. [예시에 대해 토의한다.]

다른 유형의 촉구로서 시각 촉구가 있다. 이것은 당신이 아이에게 무엇을 하도록 바라는지 아이가 볼 수 있게 해 준다. 우리는 교통 표지판을 따라갈 때마다(예: 빨간불에서 멈춤) 시각 촉구를 따른다. 교실에서 아이들은 교사가 조명을 끄면 조용해지고 시각 촉구를 따른다. 몸짓은 우리가 사용하는 가장 일반적인 시각 촉구이다. 잠자는 아기가 있을 때 어른이 큰 소리로 말하며 집 안으로 들어올 경우, 시각 촉구에 해당하는 몸짓은 손가락을 입술에 대고 "쉿!"이라고 말하는 것이다. 우리가 이미 살펴본 시각 촉구의 유형에는 시각적 일과표와 기타 유형의 그림 촉구 외에도 어떤 활동이 끝나거나 전환이 필요할 때 시각 촉구를 제공하는 타이머가 포함된다. 때때로 교사들은 그림을 이용하여 아이들에게 다양한 영역의 교실 활동을 가르친다. 당신의 아이에게 새로운 기술을 가르치기 위해 몸짓이나 그림 같은 시각적 신호를 사용했던 예를 생각해 보자. [예시에 대해 토의한다.]

마지막으로 또 다른 유형의 촉구로서, 아이의 과제 수행을 돕는 신체적 도움을 제공하는 것을 말하는 신체 촉구가 있다. 지시 따르기 훈련 회기에서 이미 신체적 안내에 관해 이야기했으므로 우리는 사용에 관한 몇 가지 핵심 사항만을 검토할 것이다. 신체적 안내의 정도는 도움이 얼마나 필요한지에 따라 변경될 수 있다. 아이가 당신이 가르치는 기술에 익숙하지 않고 기술을 사용하는 데 필요한 동작을 연습하는 데 도움이 필요할 경우에는 완전한 신체 촉구가 사용된다. 아이가 도형을 그리거나 새로운 신호를 익히는 것을 돕기 위해 핸드 오버 핸드 안내를 사용하는 것이 한 가지 예이다. 아이가 기술에 익숙할 경우에는 부분적인 신체 촉구가 사용된다. 아이가 새로운 기술을 배우는 것을 돕기 위해 당신이 사용한 완전한 또는 부분적인 신체 촉구의 방법과 촉구를 줄일 수 있었던 방법에 대해 생각해 보자. [예시에 대해 토의한다.]

목표 5 촉구의 사용법에 대해 논의한다

어떤 촉구를 사용할지 결정하는 것은 당신이 무엇을 가르치는지, 아이가 이미 기술을 어느 정도까지 사용할 수 있는지 그리고 당신과 아이가 편안하게 느끼는 촉구의 유형이 무엇인지에 달려 있다. 다음과 같은 몇 가지 지침을 명심해야 한다.

1. **필요한 촉구만을 사용한다.** 촉구는 아이가 성공하기에 충분해야 하지만, 아이가 배울 수 없을 만큼 많아서는 안 된다.

2. **몇 가지 다양한 촉구를 사용하여 기술을 가르친다.** 예를 들어, 글자 A를 쓰는 방법을 아이에게 보여 주려면, 그 글자에 대한 시각 촉구를 아이에게 제공하고, 아이가 이러한 기술을 시도할 때 연필을 정확하게 잡을 수 있도록 핸드 오버 핸드 신체적 안내를 제공한다.

3. **필요에 따라 촉구를 추가한다.** 아이가 처음에 반응하지 않거나 기술을 시도하지만 제대로 할 수 없는 경우, 더 많은 촉구를 사용해야 할 수도 있다.

4. **아이가 새로운 기술을 학습함에 따라 점차 촉구를 줄인다.** 아이가 계속해서 기술을 올바로 수행하도록 보장하기 위해 점진적으로 촉구를 줄여야 하지만, 이는 독립성을 조장한다. 예를 들어, 아이에게 양치질을 가르칠 때, 처음에는 모든 치아에 대해 신체적 도움을 제공할 수 있지만, 그다음에는 점차로 입 안의 '도달하기가 힘든' 곳에 부분적인 촉구만을 제공한다.

5. **촉구는 과제 분석의 각 단계에서 또는 오직 첫 번째 단계에서만 사용될 수도 있다.** 예를 들어, 아이에게 옷 치우기를 가르칠 때, "옷을 서랍에 집어넣어."라고 말하면서 하나의 물건을 넣는 것을 모델링 할 수 있다. 그런 다음에는 단지 언어적 지시나 쌓여 있는 옷을 가리키는 시각 촉구를 줄 수 있다.

목표 6 다양한 촉구를 사용하는 비디오 삽화를 확인한다

다음의 비디오 삽화에서는 부모가 다양한 촉구를 사용하여 아이에게 외투를 정리하도록 시키고 있다. 사용되고 있는 촉구를 식별할 수 있는지 알아보자.

> 이 프로그램에 포함된 비디오는 www.oup.com/RUBI와 www.hakjisa.co.kr(자료실)에서 이용할 수 있다.
>
> 비디오 1: 다양한 촉구 사용
>
> 부모가 모델링(외투의 지퍼를 내리고, 외투를 벗고, 외투를 소파에 둔다), 언어 촉구(예: "모자 벗어." "외투의 지퍼를 내려." "목도리를 벗어."라고 지시), 시각 촉구(모자와 목도리를 벗으라는 몸짓, 옷을 두어야 할 장소를 보여 주기 위해 소파를 두드리고 가리키는 행위) 및 신체 촉구(아이가 외투의 지퍼를 내리는 것을 돕기 위한 핸드 오버 핸드 안내)

목표 7 자극 촉구, 자극 점진적 소거 및 시간 지연 촉구의 사용에 대해 논의한다

지금까지 살펴본 촉구는 '반응 촉구'라고 부르는데, 그 이유는 아이로부터 특정 반응을 얻기 위해 다른 사람이 그러한 촉구(예: 부모의 신체 촉구)를 제공하기 때문이다.

때때로 우리는 자극 촉구를 사용하고 싶을 수도 있다. 자극 촉구는 아이들이 반응하는 방법에 대한 단서를 제공하는 물질이나 물체이다. 이것은 분류, 연결 또는 글쓰기 등의 학업 기술과 같은 특정 기술을 가르칠 때 매우 유용하다. 예를 들어, 알파벳 쓰기를 배우는 아이는 먼저 A, B, C 글자를 베낄 수 있다. 이러한 글자 패턴은 아이가 글쓰기 과제를 완료하도록 자극한다. 아이가 이것을 일관되게 할 수 있게 되면, 교사는 아주 희미하게 또는 점선으로

그려진 글자를 따라 쓰게 할 수 있다. 결국에는 교사가 아이에게 촉구 없이 글자를 쓰도록 요구하게 될 것이다. 자극(이 경우 문자 형태)에 의해 제공되는 안내가 시간이 지남에 따라 서서히 감소하기 때문에 우리는 이 과정을 '자극 점진적 소거'라고 부른다. 이 예에서는 자극의 안내가 시간이 지남에 따라 감소하므로 자극이 점점 약해진다.

자극 촉구는 점점 강해질 수도 있다. 예를 들어, 아이는 먼저 빨간색과 녹색 블록만을 사용하여 색상을 분류하는 법을 배울 수 있다. 두 가지 색상이 학습된 후 교사는 노란색 블록을 추가하여 분류하게 할 수 있다. 그런 다음 교사는 아이가 계속 성공함에 따라 점차적으로 노란색 블록(그리고 결국에는 더 많은 색)을 추가할 수 있다. 이렇게 가르치기 기술의 자극(컬러 블록)이 점차적으로 증가하거나 점점 강해진다.

목표는 자극 점진적 소거를 사용하여 점진적으로 아이에 대한 성공 가능성을 높이는 것이다. 이러한 전략은 학업 기술과 관련하여 가장 많이 사용되지만, 세탁물 분류(즉, 분류해야 할 색상을 변경함), 장난감 정리(예: 정리할 장난감의 수와 종류를 점차 증가시킴) 또는 식탁 준비(예: 식탁에 놓을 식기의 수와 종류를 증가시킴)와 같은 일상생활 기술을 가르칠 때에도 사용될 수 있다. 아이에게 가르치고 싶은 것을 염두에 두었을 때, 이러한 전략들을 어떻게 사용할지 생각해 보자. [예시에 대해 토의한다.]

도움이 될 수 있는 마지막 촉구 기법은 시간 지연이다. 이 접근법에서는 일정 시간이 지나도 아이가 바르게 대응하지 못할 때에만 촉구가 제공된다. 부모는 명명하기와 같은 기술을 가르칠 때(예: 신체 부위, 색상) 이러한 접근법을 사용하기도 한다. 예를 들어, 부모는 "코를 만져."라고 말한 다음에 기다릴 수 있다. 아이가 몇 초 후에도 반응하지 않으면, "코를 만져."라고 다시 말한 다음에 아이의 손가락을 아이의 코에 댄다. 다른 예에서 교사는 빨간색 카드를 들고 아이에게 "이것은 무슨 색이지?"라고 물을 수 있다. 처음에 교사는 "빨간색."이라고 아주 빨리 답하거나 아이가 "빨간색."이라고 말하도록 촉구할 수 있다. 그런 다음 교사는 아이에게 답을 주기 전에 점차 더 길게 기다림으로써 아이가 스스로 대답할 기회를 갖도록 할 수 있다. 당신의 아이와 관련하여 이 접근법을 사용한 경험이 있는가? [예시에 대해 토의한다.]

목표 8 기술 가르치기의 성공을 향상시키는 팁을 확인한다

지난 두 회기 동안 우리는 아이에게 새로운 기술을 가르치기 위한 몇 가지 도구를 검토했다. 다음의 몇 가지 팁은 부모와 아이가 어떠한 도구를 사용하더라도 성공할 수 있도록 보장하기 위한 것이다.

1. **새로운 기술을 가르치기 시작할 때에는 간단하게 시작한다.** 테이블에 도형이 많이 있을 때보다는 두 가지 도형만 있을 때 아이가 '원 찾기'에 성공하기가 더 쉽다. 초기 학습 과제가 지나치게 어렵지 않고 그것을 성공적으로 완료했다면, 아이가 학습 과정을 계속 진행할 가능성이 훨씬 더 높다.

2. **집중에 방해가 되지 않는 장소에서 가르친다.** 때로는 산만함이 없는 보다 구조화된 상황에서 새로운 기술을 가르칠 필요가 있는 경우도 있다.

3. **아이를 가르치는 시기에 주의한다.** 자연스러운 상황에서 아이에게 새로운 기술을 가르치는 것이 가장 좋다. 그러나 때때로 이것은 불가능하다. 예를 들면, 버스가 기다리고 있을 때 아이에게 외투를 입도록 가르치는 것은 좋은 생각이 아니다. 당신은 또한 당신이나 아이가 피곤할 때에는 가르치고 싶지 않을 것이다.

4. **강화물을 사용하여 학습을 촉진한다.** 반드시 아이가 선호하는 물건이나 활동을 사용한다. 예를 들어, 아이가 혼자서 옷을 입도록 가르치는 경우, 아이가 좋아하는 캐릭터가 있는 옷을 사용할 수 있다. 어려운 기술

의 각 단계마다 강화물을 사용하는 것이 때때로 필요하다.

목표 9 가정에서 가르칠 기술을 가족과 함께 선택하고, 기술을 가르치는 방법을 논의한다

이번 주에는 아이에게 새로운 기술을 가르치기 위한 계획을 수립해 보자. 아이에게 어떤 기술을 어떻게 가르칠지 생각하면서, 우리는 과제 분석, 행동 연쇄 그리고 자극 또는 반응 촉구 및 시간 지연 절차를 포함하여 지난 두 회기에서 논의한 모든 가르치기 전략을 동원할 수 있다. 이번 주에는 어떤 기술을 가르칠지 생각해 보자. [부모가 아이에게 가르치려는 기술에 적합한 학습활동을 선택하고, 과제를 설계하기 위해 그러한 학습활동을 확인한다. 부모가 반응 촉구를 사용하여 아이에게 새로운 기술을 가르치려고 한다면, 학습활동 10.1a, 10.1b를 확인한다. 부모가 자극 촉구를 사용하려고 한다면, 학습활동 10.2a, 10.2b 및 10.2c를 확인한다. 부모가 시간 지연 촉구를 사용하려고 한다면 학습활동 10.3a, 10.3b 및 10.3c를 확인한다.] 이번 주에는 이 기술을 아이에게 가르쳐 보자. 데이터 수집표를 사용하여 진행 상황을 추적할 수 있다. 문제가 발생할 시에는 양식의 아랫부분에 그것을 기록한다.

목표 10 행동지원계획서를 갱신한다

[부모와 함께 이 회기에서 논의된 사항에 기초하여 행동지원계획서를 갱신한다. 과제의 대상이 되는 전략뿐만 아니라 고려 중인 모든 전략을 포함시킨다. 10회기 정리로 넘어가 부모에게 이 자료를 이번 주 동안 복습하도록 한다. 다음 회기 일정을 계획하며 이 회기를 종결한다.]

핵심 주제를 기반으로 하여 다양한 중재 방식을 제공하는 '보충회기'를 참조.

과제 사례 예시

사례 1

나자리(Nazari) 씨는 아론(Aaron)이 외투의 지퍼를 올리는 것을 표적으로 삼기를 원한다. 그는 과제를 다음과 같이 네 개의 개별 단계로 나눈다.

(1) 외투 하단의 지퍼 양쪽을 잡는다.
(2) 지퍼를 파스너에 넣는다.
(3) 파스너에서 지퍼를 끌어당긴다.
(4) 지퍼를 외투의 나머지 부분으로 당긴다.

아론은 현재 어떤 단계도 혼자 완료하지 않는다. 나자리 씨는 먼저 지퍼가 고정되면 아론이 지퍼를 당기는 일에 집중하게 함으로써 후향 행동 연쇄를 사용하기로 결정한다. 그는 아론이 이 단계를 수행하는 것을 돕기 위해 "끌어 올려!"라는 언어 촉구를 사용하기로 결정한다. 아론이 이 단계를 학습하고 나면, 나자리 씨는 신체 촉구를 사용하여 아론이 지퍼를 고정하고 파스너에서 지퍼에서 끌어 올리는 보다 도전적인 두 번째와 세 번째 단계를 수행하는 것을 도울 것이다. 마지막으로 나자리 씨는 모델링을 사용하여 아론이 외투를 어디에 두어야 하는지 보여준다. 그는 가르치는 각 단계마다 아론에게 언어적인 칭찬으로 보상할 계획이다.

사례 2

밀러(Miller) 여사는 와이엇(Wyatt)에게 전화번호 쓰는 법을 가르치고 싶어 한다. 자극 촉구를 사용하여 그녀는 먼저 스스로 숫자를 그리고 와이엇이 따라 그리게 한다. 그런 다음 그녀는 자극 점진적 소거를 사용하여 점선으로 윤곽이 그려진 숫자를 만든다. 일단 와이엇이 이것을 할 수 있게 되면, 그녀는 올바른 순서로 숫자를 쓰도록 구두로 촉구한다. 연습을 통해 와이엇은 "전화번호가 무엇입니까?" 라는 질문에 대한 응답으로 자신의 전화번호를 쓸 수 있게 된다.

기술 가르치기 2 - 치료 충실도 체크리스트

성명(아동): ______________________ 방문일: ______________ (년/월/일)

치료자: ________________________

회기 목표가 치료자에 의해 달성된 정도를 평가한다.

0 = 목표가 달성되지 않음

1 = 목표가 부분적으로 달성됨

2 = 목표가 완전히 달성됨

N/A = 목표가 회기에 포함되지 않음

치료자의 완성도 목표	**평가**			
1. 이전 회기의 과제를 확인한다.	0	1	2	N/A
2. 행동지원계획서를 확인한다.	0	1	2	N/A
3. 기술 가르치기 절차로서 모델링을 부모에게 소개한다.	0	1	2	N/A
4. 기술 가르치기 절차로서 언어, 시각 및 신체 촉구를 소개한다.	0	1	2	N/A
5. 촉구의 사용법에 대해 논의한다.	0	1	2	N/A
6. 다양한 촉구를 사용하는 비디오 삽화를 확인한다.	0	1	2	N/A
7. 자극 촉구, 자극 점진적 소거 및 시간 지연 촉구의 사용에 대해 논의한다.	0	1	2	N/A
8. 기술 가르치기의 성공을 향상시키는 팁을 확인한다.	0	1	2	N/A
9. 가정에서 가르칠 기술을 가족과 함께 선택하고, 기술을 가르치는 방법을 논의한다.	0	1	2	N/A

10. 행동지원계획서를 갱신한다.	0	1	2	N/A

계 ________ / 20

부모의 참여, 올바른 응답 및 활동 완료 정도를 평가한다.

0 = 부모가 기술이나 이해를 보여 주지 않았고 과제를 완료하지 못함

1 = 부모가 몇몇 질문을 올바르게 이해하고 응답했으며 부분적으로 과제를 완수함

2 = 부모가 거의 모든 질문을 올바르게 이해하고 응답함

N/A = 목표가 회기에 포함되지 않음

부모의 목표	평가			
1. 부모가 과거에 새로운 기술을 아이에게 가르치기 위해 다양한 촉구를 어떻게 사용해 왔는지 설명한다.	0	1	2	N/A
2. 부모가 비디오 삽화에서 사용되고 있는 촉구를 식별한다.	0	1	2	N/A
3. 부모가 다양한 기술 가르치기를 이용하여 아이에게 새로운 기술을 어떻게 가르칠지 생각해 낸다.	0	1	2	N/A

계 ________ / 6

충실도 노트:

11회기

일반화 및 유지

개요

11회기에서는 일반화와 유지의 개념을 확인한다. 이러한 전략은 행동 변화의 연속성 및 학습된 행동을 하나의 맥락에서 다른 맥락으로 확장하는 것을 촉진한다.

목표

1. 이전 회기의 과제를 확인한다.
2. 행동지원계획서를 확인한다.
3. 아동의 긍정적인 행동 변화와 학습된 새로운 기술을 확인한다.
4. 유지의 개념을 소개한다.
5. 일반화의 개념을 소개한다.
6. 행동 변화 및 새로운 기술의 유지를 촉진하기 위한 전략에 대해 논의한다.
7. 행동 변화 및 새로운 기술의 일반화를 촉진하기 위한 전략에 대해 논의한다.
8. 비디오 삽화를 보고 부모가 일반화와 유지를 촉진하는 아이디어를 떠올리게 한다.
9. 작성된 삽화를 검토하고 부모가 일반화와 유지를 촉진하는 아이디어를 떠올리게 한다.
10. 표적행동의 변화를 일반화하거나 유지하는 계획을 개발한다.
11. 행동지원계획서를 갱신한다.

부모의 목표

1. 부모가 아이의 문제행동 및/또는 적응 기술의 개선을 설명한다.
2. 부모가 비디오 삽화를 보고 일반화와 유지를 촉진하는 아이디어를 생각해 낸다.
3. 부모가 작성된 삽화를 보고 일반화와 유지를 촉진하는 아이디어를 생각해 낸다.
4. 부모가 긍정적인 행동 변화를 유지하고 새로운 상황에서 긍정적인 행동을 촉진하는 구체적인 계획을 개발한다.

자료

1. 치료자 스크립트
2. 비디오 삽화
3. 부모용 워크북 11회기 학습활동
4. 치료 충실도 체크리스트
5. 행동지원계획서

치료자용 팁 시트

이 회기는 부모가 자녀의 행동에 긍정적인 변화를 보고한 후에 시행되어야 한다. 변화에는 지시 따르지 않기나 공격과 같은 문제행동의 감소 또는 혼자 화장실을 가거나 옷을 입는 것과 같은 일상생활 기술의 향상이 포함될 수 있다. 일부 아동들이 진전을 보였을 수 있지만 적극적으로 기술의 유지 및 일반화를 계획할 정도는 아니다. 이런 경우, 장래에 일반화 및 유지 관리 전략을 구현해야 하는 시기와 방법에 대해 부모가 생각하도록 돕는 데 집중하여 이 회기를 진행할 수 있다.

치료자 스크립트

목표 1 이전 회기의 과제를 확인한다

먼저 이전 회기의 과제를 검토하자. [이전 회기에서 목표한 새로운 기술과 과제에서 윤곽이 드러난 기술 가르치기 방법을 요약한다.] 그렇다면 새로운 기술을 가르치는 일이 어떻게 진행되었는가? 무엇이 효과적이었는가? 새로운 기술을 더 성공적으로 가르치기 위해 어떠한 전략 변화가 필요한가? [지난 회기의 기술 가르치기 방법에 대한 데이터를 확인한다. 기술을 여러 구성 요소로 나누기, 실습 기회 확대하기, 다양한 상황에서 기술 실습하기, 다양한 강화의 사용 또는 다양한

촉구의 조합 등의 수정 사항을 제안한다.]

목표 2 행동지원계획서를 확인한다

이제 행동지원계획서를 검토하고, 지금까지 우리가 구현한 다른 전략들이 어떻게 사용되고 있는지 살펴보자. 일관되게 사용하는 데 어려움이 있는 전략이 있는가? 표적행동을 다루는 데 있어서 어떤 전략이 효과적이라고 생각되는가? 행동지원계획서에 열거되어 있는 추가 전략을 사용할 준비가 되어 있는가? [행동지원계획서에 기록된 아직 실행되지 않은 특정 전략을 확인한다.]

목표 3 아동의 긍정적인 행동 변화와 학습된 새로운 기술을 확인한다

지난 몇 주 동안 우리는 아동의 일상생활에서의 협조를 증진시키기 위해 고안된 많은 전략을 다루었다. 더 최근에는 보다 기능적인 의사소통을 촉진하고 적응 기술을 가르치기 위해 고안된 전략에 대해 논의했다. 이러한 전략은 다루기 힘든 문제행동이 발생할 때 그것을 관리하고 자녀의 긍정적인 행동을 향상시키는 데 도움을 주기 위한 것이다. 오늘 우리는 시간에 걸쳐 그리고 다양한 상황에서 이러한 긍정적인 행동과 새로운 기술을 어떻게 지속시킬지에 대해 논의할 것이다. 먼저 아동에게 나타난 구체적인 개선 사항부터 검토하자. [부모용 워크북 11회기에 있는 학습활동 1(진행 사항)의 상위 세 가지 항목을 작성한다.]

목표 4 유지의 개념을 소개한다

아동의 행동에 대한 이러한 긍정적인 변화에 대해 듣는 것은 정말 흥미로운 일이다. 이러한 새로운 긍정적인 행동들이 뿌리내리기 시작함에 따라, 우리는 함께 일한 후에도 이러한 개선을 유지하는 방법을 생각해야 한다. 우리는 이것을 '유지 관리'라고 부른다. 개선된 행동과 새로운 기술의 유지를 촉진하기 위한 전략을 개발하기 전에, 우리는 이러한 개선이 충분한지를 결정해야 한다. 예를 들어, 간단한 요청 중 85%를 따르는 아동은 허용 수준의 지시 따르기를 달성했을 수 있다. 그러나 물리적 공격성이나 위험한 행동의 경우 우리는 그러한 행동이 발생하지 않는 것을 추구하고 있을 수 있다. 텐트럼과 같은 다른 행동은 일주일에 2~3회 발생하되 지속 시간이 2분을 넘지 않아야 허용 가능하다. 프로그램이 끝난 후에도 계속되기를 희망하는 행동에 대해 이야기해 보자. 이러한 행동을 수용할 수 있는가, 아니면 유지에 관해 이야기하기 전에 더 많은 개선을 추진해야 하는가? [학습활동 11.1의 유지하기 섹션을 완료한다. 부모의 기대와 발달적으로 적절한 행동 수준에 대한 치료자의 조언에 기초하여 아동 행동의 수용 가능한 수준에 대해서 논의한다.]

목표 5 일반화의 개념을 소개한다

우리는 또한 서로 다른 상황에서 그리고 다른 물건과 다른 사람과 같이 조건이 다를 때 긍정적인 행동이 일어날 가능성을 높이기를 원한다. 예를 들어, 가정에서뿐만 아니라 쇼핑하러 외출했을 때, 학교에서 그리고 가정 행사에서도 지시 따르는 행동을 보길 원한다. 이것은 '일반화'라고 부르는 것으로, 아동을 훈련시키기 위해 이 프로그램에서 사용된 상황이 아닌 다른 상황으로 행동이 전환되는 것을 의미한다. 사실, 일반화가 자동적으로 일어나기를 기대할 수는 없다. 그러나 일반화를 촉진하기 위한 구체적인 전략을 수립할 수는 있다.

일반화에는 여러 가지 종류가 있다. 그중 한 가지는 다른 상황에서 기술을 사용할 수 있는 아동의 능력에 관한 것이다. 예를 들어, 아동이 칫솔과 치약이 있는 모든 상황(가정, 호텔 방, 조부모의 집)에서 이를 닦을 수 있다. 또 다른 예는, 가정과 학교에서 화장실을 사용할 수 있는 아동이다. 또 다른 종류의 일반화는 조건이 적어도 어느 정도 달라지더라도 특정 기술을 사용할 준비가 되어 있는 아동에 관한 것이다. 예를 들어, 하나의 장난감을 사용하는 방법을 배운 아이가 다양한 팝업 장난감을 조작할 수 있다. 아이가 티셔츠를 머리부터 당겨 입는 법을 배운 후에는 터틀넥이나 스웨터를 입을 수 있다. 또 다른 예는, 어머니에게 도움을 청하는 것을 배운 아이가 이 기술을 다른 가족들에게까지 확장시키는 것이다. 아이의 새로운 기술에 대해 생각해 보고 지금까지 어떤 것들을 일반화했는지 확인해 보자. [무엇을 일반화할 것인지를 학습활동 11.1에 적는다. 아동이 진전을 보인 상황과 조건에 대해 논의하고 이러한 개선을 다른 상황과 조건으로 확장하는 방법에 대해 생각한다. 예를 들어, 아동이 가정에서 감소된 공격성을 보인다면, 이것이 학교로 확장될 수 있는가? 아동이 학교에서 외투를 벗고 거는 것을 배웠다면, 이것이 가정으로 확장될 수 있는가?]

많은 아동의 경우, 한 가지 상황에서 새로운 행동을 배우고 강화하면, 다른 유사한 상황에서도 그러한 행동이 자연스럽게 나타나기 시작한다. 그러나 자폐 스펙트럼 장애 아동의 경우에는, 행동 개선이나 새로운 기술이 한곳에서 다른 곳으로 손쉽게 일반화되지 않을 수 있다. 대신, 그 아동은 일반화를 촉진하기 위한 구체적인 계획이 필요할 수 있다. 예를 들어, 가정에서 고체 비누로 손 씻는 법을 배운 아동은 절차를 살펴보고 학교에서 비누통의 액체 비누로 손을 씻는 데 대한 보상이 필요할 수 있다. 특정 상황이나 특정 유형의 물건에서 명확히 나타나는 행동 개선이나 새로운 기술로서 일반화될 수 있는 것들을 생각해 보자. [부모가 개별 아동의 사례에 대해 생각해 보는 데 필요한 다른 예들을 확인한다.]

목표 6 행동 변화 및 새로운 기술의 유지를 촉진하기 위한 전략에 대해 논의한다

오늘 우리는 아동 행동의 개선을 유지하고 다른 상황과 조건에 새로운 기술을 일반화하기 위한 계획을 개발한다. 그 전에 먼저 유지 및 새로운 행동의 일반화를 추구할 때 유의해야 할 몇 가지 요령에 대해 알아보자. 우선 기술 유지를 촉진하기 위한 몇 가지 팁부터 검토해 보자. [학습활동 11.2의 유지 팁을 확인한다.]

1. **행동을 유지하는 데에는 지속적인 강화가 중요하다.** 부모가 아동의 행동에서 유의미한 긍정적인 변화를 보게 되면, 그 부모는 개선을 촉진시킨 기술의 사용을 중단해도 된다고 생각할 수 있다. 여기에는 종종 강화물 사용의 중지도 포함된다. 일부 행동의 경우(예: 화장실 가기)에는 중단해도 된다. 그러나 많은 행동은 더 이상 강화되지 않으면 자연적으로 유지되지 않는다. 예를 들어, 어떤 아동은 부모가 식탁에 앉아 있는데 대하여 많은 사회적 강화를 제공했기 때문에 저녁 식탁에 머무는 것을 배웠을 수 있다. 부모는 그러한 행동에 대해 유형의 강화물(예: 스티커, 작은 대접)을 제공했을 수도 있다. 부모가 강화물 사용을 중단하면 아동이 식탁에서 다시 돌아다닐 가능성이 있다. 행동을 유지하기 위해서는, 행동을 촉진시키기 위한 초기 노력만큼은 아니더라도 계속 행동을 강화해야 한다.

2. **새로운 기술의 강화를 보다 현실적인 강화 계획으로 점차 줄인다.** 강화물 사용을 유지하는 것은 피곤한 일처럼 들릴 수 있다. 그러나 다행히도 합리적인 방식으로 강화할 수 있는 방법들이 있다. 그 한 가지는 행동이 발생할 때마다 강화하는 것에서부터 세 번째 또는 다섯 번째 발생할 때마다 강화하는 것으로 전환하는 것이다. 우리는 이것을 '간헐적 강화'라고 부른다. 간헐적 강화를 통해 빈도를 천천히 줄일 수 있다. 아동이 셔츠를 입을 때마다 보상하는 것에서 주말에 보상하는 것으로 변경하면, 셔츠를 입는 행동이 유지되지 않을 가능성이 있다. 일단 행동이 제대로 이루어지면, 하루 건너 아침에 행동을 강화하고, 그다음에는 3일에 한 번 강화하는 것 등으로 옮아갈 수 있다.

또 다른 접근 방식은 지연된 강화이다. 지연된 강화를 사용하면 어떤 행동에 대한 즉각적인 강화에서 일정 시간이 지난 후의 강화로 전환할 수 있다. 강화가 지연되는 시간의 양은 아동 발달 수준에 따라 수 초에서 수 주까지 다양하다. 지연된 강화는 우리 모두에게 자연스럽게 발생한다. 예를 들어, 우리는 지난주에 수행한 작업에 대하여 금요일에 봉급을 받을 수 있다.

목표 7 행동 변화 및 새로운 기술의 일반화를 촉진하기 위한 전략에 대해 논의한다

이제 일반화를 촉진하기 위한 몇 가지 팁을 살펴보자. [학습활동 11.2에서 일반화 팁을 확인한다.]

1. **새로운 기술은 다양한 상황에서 강화되면 일반화될 가능성이 더 높다.** 예를 들어, 외투의 지퍼를 올리기 위해 어머니에게 도움을 요청한 아동은, 교사가 요청에 적절히 대응하고 요청을 강화할 경우, 학교에서 도움을 요청할 가능성이 더 크다. 가정, 학교 및 사촌 집에서 행동이 강화될 경우, 아동은 다양한 장소에서 장난감을 정리할 가능성이 더 크다. 행동의 강화가 다양한 상황에서 제공되지 않는다면 긍정적인 행동 변화의 일반화 가능성이 더 낮다. 당신의 아이와 함께 일하는 다른 성인들(교사, 베이비시터, 조부모)이 표적행동과 일반화를 촉진하는 효과적인 강화에 적절히 대응하는 것을 생각해 볼 수 있는가?

2. **다양한 상황에서 자연적으로 발생하는 강화물을 사용하면 도움이 된다.** 다른 상황에서 동일한 강화물을 사용하면 상황이 복잡해질 수 있다. 따라서 우리는 일반화를 촉진하기 위해 사용되는 환경에서 자연적으로 발생하는 강화물에 대해 생각한다. 이렇게 하면 새로운 상황에서 행동을 확장하려고 할 때 즉시 동일한 강화를 제공하는 것이 훨씬 더 쉬워

진다. 그러므로 아동은 우리가 학교, 어린이집 및 가정이라는 모든 상황에서 촉진하고자 하는 행동에 대하여, 학교에서 강화물을, 어린이집에서 다른 강화물을 그리고 가정에서 또 다른 강화물을 받을 수 있다. 예를 들어, 아동은 가정에서 화장실을 성공적으로 사용할 때마다 아이패드를 할 시간을 강화물로 받을 수 있으며, 학교에서 화장실을 사용할 때에는 스티커를 강화물로 받을 수 있다.

3. **어떠한 상황에서 기술이 학습된 환경과 크게 다른 경우, 때때로 새로운 기술이 새로운 상황으로 일반화되지 않는다.** 예를 들어, 어떤 아동이 음식을 더 달라고 하기 위해 소리를 지르거나 자기를 때리지 않고 '더'라는 신호를 보내는 법을 배웠다. 그러한 행동을 어머니와 함께 식탁에서만 연습한 경우, 삼촌과 함께 간 시끄러운 패스트푸드점에서는 이러한 신호를 더 이상 사용하지 않을 수 있다. 배경사건에 대한 지난 논의를 다시 생각해 보면, 배경사건이 너무 다르기 때문에 추가적인 노력 없이는 새로운 행동을 기대하지 않아야 한다고 말할 수 있다. 반대로 아동이 어머니와 함께 식탁에서 '더'라는 신호를 보내는 법을 배운 후, 다음 단계는 다른 가족과 동일한 상황에서 순서를 확장하는 것이다. 처음에는 어머니와 그다음에는 다른 가족 구성원과 조용한 식당에 감으로써 배경사건의 변화를 관리하면 이 기술이 '일반화'될 가능성이 높아진다.

4. **문제행동이 집 밖의 상황에서 강화되지 않게 한다.** 행동을 바꾸려는 노력이 다른 환경에서의 부적절한 강화로 손상되면 맥 빠지는 일이 될 수 있다. 예를 들어, 아동이 할머니 집에 갈 때마다 식사 중에 돌아다니도록 허용되면 식사 시간 15분 동안 식탁에 머물도록 가르치는 것이 효과적이지 않을 수 있다. 일단 행동 계획을 시작하면, 아동의 보육에 정기적으로 관련된 어른들이 동참하게 해야 한다. 그렇지 않으면 아무리 좋은 계획이라도 작동하지 않을 수 있다.

목표 8 비디오 삽화를 보고 부모가 일반화와 유지를 촉진하는 아이디어를 떠올리게 한다

일반화와 유지에 대해 이해하고 있는 바를 실습하기 위해 이전 회기의 비디오 삽화 몇 개를 보고 행동을 일반화하고 유지하는 데 도움이 될 수 있는 사항에 대해 논의해 보자. [학습활동 11.3a를 사용한다. 비디오 삽화에 나타난 행동의 일반화 및 유지 기회를 향상시키기 위한 제안 사항을 만들도록 부모에게 요청한다.]

이 프로그램에 포함된 비디오는 www.oup.com/RUBI와 www.hakjisa.co.kr(자료실)에서 이용할 수 있다.

비디오 1: 블록 분류

- 유지: 비디오에서 사용된 즉각적인 강화를 어떻게 점차 줄일 수 있는지 부모에게 물어본다: (1) 일차적 강화물(과자)을 사용하는 간헐적 강화가 제공할 수 있다. (2) 아동이 블록을 분류할 때까지 강화를 지연한다. (3) 나중에 일차적 강화물을 위해 사용될 수 있는 일차적 강화물 이외의 것(예: 별 / 토큰)을 사용한다.
- 일반화: 분류 과제가 일반화될 수 있는 방법을 부모에게 물어본다: (1) 다양한 블록 크기 / 색상으로 분류를 완료한다. (2) 다른 어른에게 분류를 시키도록 한다. (3) 다른 물건을 사용한다(예: 다른 색상의 옷 분류).

비디오 2: 도움말 카드

- 유지: 도움을 요청하는 기술이 시간이 지남에도 어떻게 유지될 수 있는지 부모에게 물어본다. 간헐적인 사회적 강화(칭찬)가 제공될 수 있다.
- 일반화: 도움을 요청하는 기술이 시간에 지남에 따라 어떻게 일반화될 수 있는지 부모에게 질문한다: (1) 다른 어른이 아동에게 반응할 수 있다. (2) 병을 여는 것 이외의 다른 행동을 위해서도 도움을 요청할 수 있다. (3) 다른 장소에서 도움을 요청하는 것을 연습한다.

목표 9 작성된 삽화를 검토하고 부모가 일반화와 유지를 촉진하는 아이디어를 떠올리게 한다

작성된 삽화에서 기술 유지와 일반화를 촉진하는 데 도움이 되는 전략을 생각해 본다. [학습활동 11.3b를 확인한다. 제안 사항을 제공하고 필요 시 부모의 아이디어에 대한 피드백을 제공한다.]

<사례>

티머시(Timothy)는 집에서 화장실을 일관되게 사용하고 있으며, 그러한 행동에 대하여 몇 분 동안 자신이 좋아하는 비디오를 보도록 허용됨으로써 강화되고 있다. 그가 이 행동을 유지하고 다른 장소에서도 화장실을 사용하게 하려면 우리가 다음에 어떤 조치를 취해야 하는가? [유지를 위한 제안에는 가정에서 보상을 늦추거나 간헐적으로 보상하는 것이 포함된다. 일반화를 위한 제안에는 가정에서 사용되는 강화를 지역사회에서 보다 쉽게 사용될 수 있는 어떤 것으로 변경하기, 다른 상황에서 동일한 가치가 있는 강화물을 확인하기, 학교나 조부모의 집과 같은 다른 환경에서 화장실 사용을 연습하기 등이 포함된다.]

<사례>

어른에 대한 토비(Toby)의 공격은 하루 15번에서 며칠 동안 공격이 없는 수준으로 감소하였다. 토비는 '남에게 손 대지 않은' 대가로 5분마다 M&Ms를 보상받았다. 그는 과제 때문에 좌절할 때 도움을 청하는 법도 배웠다. 공격을 최소로 유지하고 언어적 기술을 사용하게 하려면 어떤 조치를 취해야 하는가? [유지를 위한 제안에는 아동이 강화되는 시간 간격을 늘리는 것이 포함된다. 일반화를 위한 제안에는 강화물의 변경과 모든 어른이 아동의 도움 요청을 강화하도록 보장하는 것이 포함된다.]

목표 10 표적행동의 변화를 일반화하거나 유지하는 계획을 개발한다

오늘 우리는 시간에 걸쳐 행동 변화를 유지하고, 조건이 다른 새로운 상황으로 행동을 일반화하는 방법을 논의했다. 아동이 이 프로그램 과정에서 배운 (또는 배우기 시작한) 한두 가지 행동이나 기술에 초점을 맞추어 이러한 개념을 적용해 보자. 우리는 활동지를 사용하여 당신이 이것을 계획하는 것을 도울 것이다. [학습활동 11.4를 검토하고 부모가 기술 유지와 일반화를 실습하는 계획을 개발한다. 학습활동 11.1을 사용하여 계획의 개발을 돕는다.]

목표 11 행동지원계획서를 갱신한다

[부모와 함께 이 회기에서 논의된 사항에 기반하여 행동지원계획서를 갱신한다. 과제의 대상이 되는 전략뿐만 아니라 고려 중인 모든 전략을 포함한다. 11회기 정리로 넘어가 부모에게 이 자료를 이번 주 동안 복습하도록 한다. 이 회기로부터 약 2주 후로 첫 번째 촉진 전화 통화 일정을 잡음으로써 회기를 종결한다. 약속일과 첫 번째 촉진 전화 통화 사이에 당신이 완료한 행동지원계획서 서식 사본을 우편으로 발송할 것이라는 점을 부모에게 상기시킨다. 첫 번째 촉진 전화 통화에서 행동지원계획서를 검토하고 마무리할 것임을 설명한다.]

핵심 주제를 기반으로 하여 다양한 중재 방식을 제공하는 '보충회기'를 참조.

과제 사례 예시

사례 1

지시 따르기 훈련을 사용하여 잭(Jack)은 지난 3주 동안 지속적으로 침실에서 장난감을 정리하고 있다. 어머니는 이 행동이 계속되기를 원한다. 보상으로, 무디(Moody) 여사는 잭이 장난감 정리를 끝낸 후 30분 동안 만화를 보게 한다. 우리는 다음 일과로 넘어가기 위해 그녀가 30분을 기다리지 않아도 되도록 잭에게 더 작은 강화를 제공할 가능성에 대해 논의했다. 무디 여사는 잭이 디즈니 영화 예고편을 아이폰에서 보는 것을 좋아한다고 말했다. 우리는 잭이 자신의 방에서 장난감 정리를 마칠 때, 더 짧은 비디오 단편으로 강화물을 변경하기 위한 계획을 만들었다.

사례 2

네이선(Nathan)은 지난 한 달 동안 자신의 집에서 취침 일과를 준수해 왔다. 젱킨스(Jenkins) 여사는 야간 일과를 통한 전환을 돕기 위해 시각적 일과표를 사용해 왔으며, 불을 끄기 전에 네이선에게 두 권의 책을 읽어 준다. 네이선의 할머니는 자신의 집에서 손자가 자고 가기를 원한다. 할머니는 네이선이 방문할 때 규칙에 대해 더 느슨해지는 경향이 있기 때문에 젱킨스 여사는 이것이 어려울 것이라고 우려하고 있다. 우리는 젱킨스 여사가 네이선의 방문에 앞서 예측 가능한 일과가 네이선에 대하여 갖는 중요성에 대하여 할머니와 어떻게 이야기하고, 현재 실시 중인 취침 일과를 할머니와 어떻게 검토할지 그 방법에 대하여 논의했다. 네이선이 할머니 집을 방문할 때 계획은 할머니가 자신의 집에서 동일한 취침 일과를 유지하는 것이다. 젱킨스 여사는 취침 시간 전환을 돕기 위해 네이선의 시각적 일과표를 사용해야 한다. 마지막으로 젱킨스 여사는 네이선이 잠들기 전에 할머니가 책을 읽어 줄 수 있도록 네이선 스스로 할머니 집에 가져갈 두 권의 책을 고르게 했다.

일반화 및 유지 - 치료 충실도 체크리스트

성명(아동): ________________ 방문일: ____________ (년/월/일)
치료자: ________________

회기 목표가 치료자에 의해 달성된 정도를 평가한다.

0 = 목표가 달성되지 않음

1 = 목표가 부분적으로 달성됨

2 = 목표가 완전히 달성됨

N/A = 목표가 회기에 포함되지 않음

치료자의 완성도 목표	**평가**			
1. 이전 회기의 과제를 확인한다.	0	1	2	N/A
2. 행동지원계획서를 확인한다.	0	1	2	N/A
3. 아동의 긍정적인 행동 변화와 학습된 새로운 기술을 확인한다.	0	1	2	N/A
4. 유지의 개념을 소개한다.	0	1	2	N/A
5. 일반화의 개념을 소개한다.	0	1	2	N/A
6. 행동 변화 및 새로운 기술의 유지를 촉진하기 위한 전략에 대해 논의한다.	0	1	2	N/A
7. 행동 변화 및 새로운 기술의 일반화를 촉진하기 위한 전략에 대해 논의한다.	0	1	2	N/A

8. 비디오 삽화를 보고 부모가 일반화와 유지를 촉진하는 아이디어를 떠올리게 한다.	0	1	2	N/A
9. 작성된 삽화를 검토하고 부모가 일반화와 유지를 촉진하는 아이디어를 떠올리게 한다.	0	1	2	N/A
10. 표적행동의 변화를 일반화하거나 유지하는 계획을 개발한다.	0	1	2	N/A
11. 행동지원계획서를 갱신한다.	0	1	2	N/A

계 ________ / 22

부모의 참여, 올바른 응답 및 활동 완료 정도를 평가한다.

0 = 부모가 기술이나 이해를 보여 주지 않았고 과제를 완료하지 못함

1 = 부모가 몇몇 질문을 올바르게 이해하고 응답했으며 부분적으로 과제를 완수함

2 = 부모가 거의 모든 질문을 올바르게 이해하고 응답함

N/A = 목표가 회기에 포함되지 않음

부모의 목표	**평가**			
1. 부모가 아이의 문제행동 및/또는 적응 기술의 개선을 설명한다.	0	1	2	N/A
2. 부모가 비디오 삽화를 보고 일반화와 유지를 촉진하는 아이디어를 생각해 낸다.	0	1	2	N/A
3. 부모가 작성된 삽화를 보고 일반화와 유지를 촉진하는 아이디어를 생각해 낸다.	0	1	2	N/A
4. 부모가 긍정적인 행동 변화를 유지하고 새로운 상황에서 긍정적인 행동을 촉진하는 구체적인 계획을 개발한다.	0	1	2	N/A

계 ________ / 8

충실도 노트:

보충 회기 1

토큰 시스템

개요

이 회기는 토큰 시스템을 사용하는 방법에 대한 정보를 제공한다.

목표

1. 이전 회기의 과제를 확인한다.
2. 행동지원계획서를 확인한다.
3. 토큰 시스템의 사용을 소개한다.
4. (아동의) 활동 또는 일과를 위한 단순화된 토큰 시스템을 소개한다.
5. 토큰 시스템의 실시 단계에 대해 논의한다.
6. 토큰 훈련을 확인한다.
7. 토큰 시스템의 사용을 위한 추가 제안을 확인한다.
8. 벌금과 반응 대가 시스템에 대해 논의한다(선택).
9. 토큰 시스템을 점차로 줄이는 방법에 대해 논의한다.
10. 부모와 함께 토큰 주기를 연습한다.
11. 토큰 시스템을 실행하기 위한 과제를 개발한다.
12. 행동지원계획서를 갱신한다.

부모의 목표

1. 부모가 아이에게 적용할 수 있는 다양한 토큰 시스템에 대한 아이디어를 생각해 낸다(예: 활동 / 일과, 매일, 매주).
2. 부모가 토큰을 획득할 수 있는 8개의 표적행동을 열거한다.
3. 부모가 강화 메뉴를 위한 강화물을 선택한다.
4. 부모가 역할놀이를 통해 토큰 시스템의 적용을 연습한다.
5. 부모가 토큰 시스템을 실행하기 위한 과제를 개발한다.

자료

1. 치료자 스크립트
2. 부모용 워크북 토큰 시스템 학습활동
3. 치료 충실도 체크리스트
4. 행동지원계획서

치료자 스크립트

목표 1 이전 회기의 과제를 확인한다

지난 회기의 과제에서 어떤 일이 일어났는지 검토해 보자. [중재의 효과가 있었던 부분과 문제에 부딪힌 부분에 대해 논의한다. 프로그램 변경이 필요한 경우 이를 제안한다.]

목표 2 행동지원계획서를 확인한다

이제 행동지원계획서를 검토하고, 지금까지 우리가 구현한 다른 전략들이 어떻게 사용되고 있는지 살펴보자. 일관되게 사용하는 데 어려움이 있는 전략이 있는가? 표적행동을 다루는 데 있어서 어떤 전략이 효과적이라고 생각되는가? 행동지원계획서에 열거되어 있는 추가 전략을 사용할 준비가 되어 있는가? [행동지원계획서에 기록된 아직 실행되지 않은 특정 전략을 확인한다.]

목표 3 토큰 시스템의 사용을 소개한다

최근 우리는 강화물에 대한 회기를 갖고 '아이가 올바른 행동을 할 때 관심 주기'와 아이가 원하지 않는 일이나 요청을 수행하기 위한 강화물로서 동기 부여 활동을 사용하는 것에 대해 논의했다. 이 회기에서 우리는 토큰과 포인트 시스템에 대해 언급한다. 참고로 토큰은 그 자체로는 가치가 없는 강화물이다. 토큰의 강화 가치는 사회적 강화물, 활동 및 물질적 강화물, 일차적 강화물을 '구매'할 수 있는 능력에서 비롯된다. 토큰은 포인트나 별 또는 돈일 수도 있다. 아동은 어떤 강화물을 교환할 수 있을 때까지 토큰을 저축한다. 간단한 심부름을 완료한 대가로 주어지는 주간 용돈은 토큰 시스템의 한 형태이다. 어떤 아동은 학교에서 일정한 규칙을 지키고 포인트를 받는다. 포인트는 여러 날에 걸쳐 누적된 다음 특별 이벤트(예: 피자 파티)로 교환된다. 토큰은 일반적으로 강화물을 기다릴 수 있으며, 토큰과 선호 활동 또는 물질 보상 사이의 연결을 이해할 수 있는 나이 많은 아동에 대해 사용된다. 더 어린 아동들에게는 토큰을 더 자주 교환할 수 있는 보다 단순화된 토큰 시스템을 사용할 수 있다.

토큰 시스템을 세우는 것이 왜 어려운가? 첫째, 토큰이나 포인트가 더 넓은 범위의 강화물과 훨씬 더 큰 강화물을 사용할 수 있게 허용한다는 것이다. 예를 들어, 아이가 더러운 옷을 세탁 바구니에 집어넣기만 하면 그를 좋아하는 패스트푸드점으로 데려가는 것은 이해하기 어려울 것이다. 강화물의 크기가 요구되는 행동과 일치하지 않는다. 실제로 아이가 옷을 세탁 바구니에 넣을 때마다 외식을 한다면 비용이 많이 들 것이다. 특히 아이가 매일 그렇게 하기를 시작한다면 더욱 그렇다. 둘째, 당신은 그 순간에 나갈 수 없을 수도 있으며, 이러한 경우 보상이 훼손될 수 있다. 토큰 시스템을 사용하면 더러운 옷을 세탁 바구니에 넣는 대가로 패스트푸드점에 가는 것을 강화물로 사용할 수 있다. 아동은 행동을 취한 후 토큰이나 포인트 보상을 통해 즉각적인 강화물을 계속해서 받게 된다. 그러나 외식을 하려면 아동은 식사를 '구매'할 수 있는 많은 토큰을 저축해야 한다.

목표 4 (아동의) 활동 또는 일과를 위한 단순화된 토큰 시스템을 소개한다

패스트푸드점으로 가는 여행을 '구매'하기 위해 토큰을 얻는 앞의 예에서 제시된 것처럼 당신의 아이가 하루 또는 한 주 동안 지속되는 토큰 시스템을 사용할 준비가 되어 있지 않을 수 있다. 따라서 우리는 먼저 토큰을 사용하고 몇 분 또는 몇 시간 동안 강화를 지연할 수 있다. 단순화된 토큰 시스템은 문제 상황이 발생할 가능성이 있는 시기에 그러한 문제행동을 예방하는 데 특히 유용할 수 있다. 예를 들어, 아이가 저녁 식사 시간에 의자에 조용히 앉아서 당신이 먹으라고 요청하는 음식을 먹거나, 작은 목소리를 사용하거나, 식사가 끝난 후 싱크대에 접시를 가져다 놓으면 그러한 행위를 토큰으로 보상할 수 있다. 하나 이상의 선택된 긍정적인 행동에 대해 토큰을 줌으로써 식탁에서 도망 가기, 음식을 바닥에 던지기, 비명 지르기 등과 같은 문제행동을 대체할 수 있다. 이런 유형의 단순화된 토큰 시스템이 당신의 아이에게 효과가 있을 것으로 생각되면, 특정 활동이나 일과를 염두에 두고 이러한 시스템을 실행하는 단계로 나아갈 수 있다.

목표 5 토큰 시스템의 실시 단계에 대해 논의한다

이 학습활동을 이용하여 토큰 시스템을 시작하기 위한 단계를 검토해 보자. [부모에게 학습활동 1.1을 준다.]

1. **토큰 시스템의 형식을 선택한다.**

   토큰 시스템은 적절한 행동, 과제에 대한 지시 따르기, 일상과 활동 중의 기술 개발을 강화하는 데 사용될 수 있다. 예를 들어, 식사 시간이나 쇼핑, 여행 또는 아침이나 취침 시간 동안의 일과와 같은 활동 중에 토큰을 부여할 수 있다. 또한 하루, 며칠 또는 일주일 동안 발생하는 적절한 행동을 보상하기 위해 토큰을 사용할 수 있다. 예를 들어, 하루 동안의 여러 가지 과제에 대해 큰 보상을 받는 아동들도 있으며, 주말에 큰 보상을 제공하는 주간 프로그램에서 보상을 받는 아동들도 있다. 당신의 아이에게 가장 합당한 토큰 시스템의 유형을 생각해 보고, 학습활동에 그것들을 나열하자. [부모가 아이에게 효과가 있는 다양한 유형의 토큰 시스템을 생각하고 (활동/일과, 매일, 매주) 학습활동 1.1을 작성하는 것을 돕는다.]

우리는 토큰 시스템이 유익할 수 있는 몇 가지 방법을 확인했다. 현재 어떤 유형을 목표하는 것이 가장 중요할 것이라고 생각하는가? [부모가 가장 중요한 토큰 유형을 확인할 수 있도록 몇 분 동안 돕는다. 학습활동 1.1에 열거한다.]

2. 토큰을 얻을 수 있는 행동이나 과제를 확인한다.

지금까지 토큰 시스템이 얼마나 유익한지 검토했으니, 이제 촉진하고 싶은 특정 행동이나 규칙을 확인하자. 토큰은 특정 과제를 위해 또는 정의된 일련의 규칙을 따르기 위해 사용할 수 있다. 예를 들어, 어떤 아동은 아침 식사를 위해 식탁에 잘 앉아 있고, 더러운 옷을 세탁 바구니에 넣고, 양치한 후에 토큰을 얻을 수 있다. 다른 아동은 매일 학교에서 규칙을 따르고 토큰을 얻을 수도 있다. 이번 주말에 이 아동이 다섯 개의 토큰을 가지고 있다면 그는 그것들을 동물원에 가는 것과 같은 큰 보상과 바꿀 수 있다. 또 다른 아동은 어머니와 쇼핑할 때 세 가지 규칙, 즉 (1) 어머니의 곁에 머무르기, (2) 작은 목소리로 말하기, (3) 다른 사람이나 물건에 손대지 않기를 따르는 데 대한 보상으로 토큰을 받을 수 있다.

어떤 행동을 강화할지 정하기 위해서는 신중한 생각과 행동적 용어가 필요하다. 토큰은 단순히 '착하다' 또는 '협조적이다'라는 이유로 주어질 수 없다. 또한 어떤 행동학적 용어들은 보다 더 잘 정의될 필요가 있다. 예를 들어, 아동의 과제 중 하나를 그의 방을 깨끗하게 유지하는 것이라고 결정할 수 있다. '깨끗한 방'에 대한 그의 생각과 당신의 생각이 매우 다를 수 있다! 결과적으로 과제를 보다 구체적으로 정의할 필요가 있다.

아동의 토큰 시스템에서 사용할 수 있는 세 가지 이상의 과제 또는 행동을 열거하자. 그리고 반드시 긍정적인 언어를 사용하여 그러한 행동을 말하자. [부모가 강화될 수 있는 3~8가지의 과제 또는 행동을 학습활동 1.1에 열거하고 정의하게 한다.]

3. 강화물을 선택한다.

[학습활동 1.2의 강화물 메뉴 예시를 참고용으로 사용한다.] 토큰을 얻을 수 있는 과제나 행동을 확인했으므로, 이제는 토큰을 교환할 때 아동이 선택할 수 있는 '강화물 메뉴'를 만들어야 한다. 다음의 예는 강화물 메뉴에 관한 것이다. [강화물 메뉴의 예를 부모에게 보여 준다.] 메뉴에는 여러 날에 걸쳐 토큰을 축적해야 하는 더 큰 강화물(예: 패스트푸드점 가기)과 함께 매일 구매할 수 있는 작은 강화물(예: 컴퓨터 시간, TV 시간, 특별한 간식 또는 좋아하는 장난감에 대한 접근)이 포함된다. 단기간에 행동에 보상을 주는 토큰은 아동이 토큰 보드를 채웠을 때 즉시 전달할 수 있는 보상만을 사용해야 한다. 여기에는 일부 보상에 시간 제한을 두는 것이 포함될 수 있다. 예를 들어, 아동이 하루가 끝날 때 큰 보상으로 TV보기를 선택한다면, 구체적인 시간 동안(예: 30분) TV보기를 추가적으로 시청할 수 있다고 알려 준다. 학습활동에 잠재적인 강화물을 나열해 보자. 그리고 이러한 강화물이 강화 메뉴에 속하는지 아동과 함께 확인한다. [강화물을 학습활동 1.3에 열거한다.]

4. 토큰 보드의 유형을 결정한다.

[학습활동 1.4(토큰 보드의 예)를 부모에게 보여 준다.] 이 토큰 보드는 아동에게 강화물을 얻기 전에 10개의 토큰을 축적할 수 있는 기회를 준다. 아동이 하나의 토큰을 받을 때마다 그것을 각 칸에 놓는다. 보드의 끝에 있는 큰 사각형에는 당신이 확인한 보상이 배치된다. 보드에 강화물을 놓으면 아동에게 자신이 무엇을 향해 나아가고 있는지 상기시켜 준다. 당신은 또한 자신에게 쉬운 유형의 보드를 확인할 수 있다. 일부 가족은 포커 칩이나 동전을 선호한다. 어떤 아동은 아이패드에서 또는 획득한 각 점수를 기입할 사각형이 있는 온도계와 같은 시각적 표시 장치에서 점수를 확인할 수 있다. 아동이 토큰을 위조할 수 없도록 하는 것이 중요하다. 다시 말해, 동전을 사용하기로 결정한 경우 아동은 집 안에 떨

어져 있는 동전을 찾을 수 있다. 어떤 유형의 토큰 보드가 아동에게 가장 잘 맞을 것이라고 생각하는가? [부모와 함께 의견을 토론한다.]

목표 6 토큰 훈련을 확인한다

토큰 시스템을 시작한다고 해도 하룻밤 새 적절한 행동이 나타나지 않을 수 있다! 효과가 있기 위해서는, 토큰이 가치 있고 보드를 채워서 선택한 보상을 얻을 수 있다는 것을 아동이 배워야 한다. 다음의 단계들을 따라 해 보자. [설명을 돕기 위해 토큰 보드 예시 및 강화물 메뉴를 사용하라.]

1단계: 토큰 보드를 채우면 보상이 따른다는 것을 아동에게 가르친다. 시작하기 전에 아이에게 강화물 메뉴를 보여 주고 보상으로 얻고 싶은 것을 물어본다. 강화물 메뉴에서 선택한 보상 아이콘을 가져와서 '보상'이라고 표시된 상자에 있는 토큰 보드에 놓는다. 강화물 메뉴를 사용할 수 없다면 아이에게 무엇을 얻고 싶은지 물어본다.

2단계: 아이에게 토큰을 얻을 수 있는 행동이 무엇인지 알려 준다. 아이가 토큰을 얻을 수 있는 구체적인 행동을 이해할 수 있도록 보드를 보여 주고 "네가 ……한다면, 토큰을 받게 될 거야."라고 말한다. 아이가 토큰으로 어떤 행동이 강화될지 이해하는 데 도움이 필요하면, 당신이 관찰하고 싶은 특정 행동의 그림을 보여 주는 것이 도움이 될 수 있다. [학습활동 1.5를 부모에게 보여 준다.] 다음의 예는 일과 또는 행동의 일부로서 목표가 되는 행동이다.

3단계: 토큰이 가치가 있다는 것을 아동에게 가르친다. 당신의 아이가 토큰을 얻을 수 있는 행동을 이해하게 되면, 토큰이 가치 있다는 것을 가르친다. 아이가 표적행동에 관여할 때마다, 아이의 행동을 인정하고 "너는

(특정 행동을 언급함)을 해서 토큰을 얻었어!"라고 말한다. 아이에게 토큰을 즉시 건네고 아이가 그것을 토큰 보드에 올려놓게 한다. 옵션으로, 아이에게 동시에 작은 강화물(예: 포도, M&Ms)을 제공할 수 있다. 이 과정을 통해 아이는 토큰이 소중하다는 것을 알게 된다.

4단계: 아이에게 더 큰 강화물에 접근할 수 있다고 가르친다. 아이가 여러 가지 적절한 행동을 하고 토큰 보드 전체를 채운 후에는 선택한 보상을 제공해야 한다. 예를 들어, 토큰 보드에 채울 사각형이 10개가 있다고 하더라도, 아이가 완료할 수 있는 과제나 행동이 항상 열 가지는 아닐 수도 있다. 목표 과제가 10개 미만인 경우 적절한 수의 칸이 있는 토큰 보드를 만들거나 10개의 칸이 있는 보드를 사용하되 토큰 시스템 구현을 시작하기 전에는 보드에 몇 개의 '무료' 토큰을 배치할 수도 있다. 예를 들어, 아침 일과에, (1) 양치질하기, (2) 양말 신기, (3) 신발 신기가 포함되어 있는 경우, 하루를 시작하기 전에 보드에 일곱 개의 토큰을 놓을 수 있다. 이런 식으로, 아이가 세 가지 과제를 모두 수행하면 세 개의 토큰을 주고 보드를 채우며 일과가 완료된 후에 즉시 큰 보상을 제공할 수 있다.

5단계: 더 작은 강화물을 제거한다. 처음에 더 작은 강화물과 토큰을 결합하기로 결정했다면, 결국에는 더 작은 강화물을 점차 줄일 수 있다. 토큰 보드에 토큰을 놓을 때마다 더 작은 강화물이 주어지고, 전체 보드가 채워질 때 더 크고 선호하는 강화물이 제공된다는 것을 아이가 이해하고 나면, 더 작은 강화물의 수를 '점점 줄이거나' 감소시킬 수 있다. 얼마나 빨리 더 작은 강화물을 줄일 수 있을지는 얼마나 빨리 아이가 더 크고 선호하는 품목을 기다리면서 적절한 행동을 취할 수 있음을 보여 주는가에 달려 있다.

6단계: 토큰 보드를 삭제하고 다시 시작한다. 보드가 채워지고 아이가 더 큰 강화물을 얻은 후에는, 보드를 지우고 다시 사용할 수 있다.

7단계: 연습을 반복한다. 토큰 시스템을 자주 사용할수록 아이는 더 큰 보상을 받는 개념에 더 익숙해진다.

목표 7 토큰 시스템의 사용을 위한 추가 제안을 확인한다

1. **펜과 종이를 사용하여 즉시 토큰을 제공한다.** 토큰 보드가 항상 곁에 있지 않을 수 있다. 아이에게 줄 토큰을 준비하는 것이 중요하기 때문에, 필요한 경우 대체 토큰 보드를 쉽게 만들 수 있도록 펜과 종이를 준비하는 것이 좋다.

2. **토큰과 사회적 강화를 결합한다.** 토큰을 줄 때 상당한 칭찬과 흥분을 동반해야 한다. 또한 아이에게 토큰을 세어 보도록 요청하고 그가 달성하려는 목표를 자주 상기시켜 줄 수 있다.

3. **토큰의 교환 시기를 결정한다.** 하루 중 어느 시간에 또는 일주일 중 어느 날에 토큰을 현금으로 교환할지 결정한다. 오후나 이른 저녁 시간에 교환하여 아이가 컴퓨터 시간이나 야외 놀기 등을 살 수 있게 할 수 있다. 토큰을 아이가 활동에 참여하기를 원하는 자연스러운 시점에 교환할 수도 있다. 예를 들어, 아이가 학교에서 집에 도착하자마자 컴퓨터 게임을 하고 싶을 수 있다. 아이가 충분한 토큰을 가지고 있지 않다면, 그는 더 많이 벌어야 하고 토큰을 현금화하기 위해 다음날 오후까지 기다려야 할 것이다. 주 단위 시스템을 사용하는 경우 교환은 주말 또는 아이가 정해진 수의 토큰을 획득했을 때 일어날 수 있다.

4. **시간이 지남에 따라 품목의 '가격을 인상'한다.** 처음에 프로그램을 시작할 때에는 아이가 성공하여 프로그램을 '구매'하는 것이 상당히 쉬워야 한다. 따라서 처음에는 하나의 과제나 동작이 완료되면 하나의 토큰이 주어지게 한다. 하지만 나중에 당신은 '가격을 올리거나' 아이가 하나의 토큰을 얻기 위해 필요한 과제나 행동의 수를 늘리고 싶어 할 것이다. 예를 들어, 처음에는 아이가 매일의 일과를 완료할 때마다 하나의 토큰을 제공할 수 있다. 그리고 나중에는 아이가, (1) 옷을 세탁 바구니에 넣기, (2) 장난감 정리하기, (3) 신발 신기 등 세 가지 일을 마친 후 하나의 토큰을 줄 수 있다.

5. **강화물에 대한 접근을 제한한다.** 토큰 시스템을 가능한 한 동기부여가 되게 하려면, 아이가 토큰을 얻지 못하면 강화 메뉴에 있는 항목에 접근하는 것을 제한해야 한다. 예를 들어, 아이가 매일 학교에서 집으로 돌아와 좋아하는 비디오를 볼 수 있다면, 비디오 시청 시간을 구입하는 데 필요한 토큰을 얻기 위한 과제를 하지 않을 것이다.

6. **참신함을 유지하기 위해 강화물을 교체한다.** 강화물 메뉴에서 항목을 추가하거나 제거하면 메뉴를 흥미롭게 하고 아이에게 동기부여가 된다. 가능하다면 아이와 새로운 보상에 대해 상의할 수 있다.

7. **학교/어린이집과 협력한다(선택).** 어떤 가정은 아이의 학교나 어린이집과 함께 토큰 시스템을 조정한다. 예를 들어, 아이는 학교에서 특정 행동에 대해 포인트나 토큰을 얻고, (보다 높은 수준의 강화 활동이 가능한) 집에서 그것을 현금으로 바꿀 수 있다.

8. **시간 기반 토큰의 사용을 고려한다(선택).** 어떤 가정은 아이가 따라야 할 규칙을 정한다. 토큰은 아이의 행동을 기반으로 설정된 시간 간격(예: 5분

마다)으로 제공된다. 이러한 유형의 토큰 시스템은 부적절한 비명, 때리기 또는 가구에 올라가기와 같은 반복적이고 문제행동을 줄이는 데 특히 유용할 수 있다. 아이가 정해진 행동을 하지 않고 5분을 보내면, 토큰을 얻게 된다. 아이가 지정된 수의 토큰을 얻고 보드가 가득 차면, 더 큰 보상에 접근할 수 있다.

9. **처음에는 아동에게 '무료 토큰'을 주어 성공을 보장한다(선택).** 처음에 당신은 토큰 시스템의 성공 확률을 높이고 싶을 것이다. 우리는 아이가 성공해서 시간이 지남에 따라 작은 과제를 완수하여 큰 보상을 얻게 된다는 것을 배우기를 바란다. 성공하는 것을 돕기 위해 아이에게 '무료 토큰'을 제공할 수 있다. 아이가 시작하기 전에 무료 토큰을 보드에 올려놓는다. 아이에게 몇 개의 '무료 토큰'을 주면, 그가 보상에 접근하기 위해 벌어야 하는 토큰의 수가 줄어든다.

10. **보너스 토큰을 수여한다(선택).** 당신의 토큰 시스템이 얼마 동안 실행된 후에, 아이가 특정의 일일 목표를 달성한 대가로 보너스 토큰을 수여할 수 있다. 예를 들어, 아이가 3일 연속으로 모든 토큰을 획득하면 보너스를 받을 수 있다. 이 보너스 토큰은 별도의 장기 보상에 적용하거나 진행 중인 시스템의 일부로서 일일 총계에 추가할 수 있다.

목표 8 벌금과 반응 대가 시스템에 대해 논의한다(선택)

부모는 종종 아이가 잘못 행동할 때 아이가 좋아하는 활동이나 항목(예: 만화 또는 컴퓨터 시간)에 대한 접근을 제한한다. 우리 중 일부는 자랄 때 집이나 학교에서 규칙 위반 시 '외출 금지'를 당한 적이 있다. '외출 금지'라는 것은 일정 기간 동안 선호하는 활동에 접근할 수 없다는 것을 의미한다. 원하지 않는 행동이 발생할 때 아이가 좋아하는 활동에 대한 접근을 못하게 막는 것을 벌금 또는 반응 대가라고 한다. 이를 수행하는 방법에는 여러 가지가 있다.

1. **벌금을 사용하여 강화물 사용 시간을 제한함으로써 문제행동을 줄인다.** 이 방법은 많은 아이에게 효과가 있다. 당신이 아이의 공격행동을 줄이고 싶어 한다고 가정해 보자. 당신은 '다른 물건이나 사람에 손대지 않기'라는 행동에 대한 강화물로 컴퓨터 시간을 사용하기로 결정한다. 아이가 학교에서 집에 도착하면 여섯 칸이 있는 카드를 받는다. [학습활동 1.6을 보여 준다.] 각 칸의 중앙에는 저녁 식사 후에 얻을 수 있는 5분의 컴퓨터 사용 시간(모두 30분)을 나타내는 숫자 5가 있다. 아이가 공격행동을 보일 때마다 단호하게 "안 돼."라고 말하고 카드를 달라고 한 후 하나의 상자에 선을 긋는다. 당신의 아이는 5분의 컴퓨터 시간을 잃게 된다. 저녁 식사 후, 아이에게 카드를 요청하고 남은 시간 동안 컴퓨터를 사용하는 것을 허락한다.

2. **벌금을 사용하여 강화물 접근을 제한함으로써 문제행동을 줄인다.** 또 다른 변형도 유사한 절차를 따른다. 처음에 아이에게 30분 동안 컴퓨터 게임을 하려면 적어도 하나의 상자가 남아 있어야 한다고 요구한다(즉, 공격 사건이 6회 미만이어야 한다). 그런 다음 아이가 향상됨에 따라 컴퓨터 시간을 확보하기 위해 남아 있어야 하는 상자 수를 늘릴 수 있다(2, 그다음에 3, 그다음에 4, 또 그다음에 5). 이렇게 하면 원하지 않는 행동이 점차 줄어들 수 있다. 어떤 부모는 아이가 잘못 행동한 후에 우리가 강화 활동을 모두 없애지 않는 이유를 궁금해한다. 첫 번째 '위반'으로 저녁 시간 동안에 컴퓨터 시간을 모두 제거한다면, 그날 그러한 행동이 다시 일어났을 때 제거할 것이 없게 된다. 또 다른 이유는, 아이가 더 이상 적절하게 행동할 동기가 없어진다는 것이다.

3. **토큰 보드에서 토큰을 제거한다.** 마지막 선택은 반응 대가를 아동의 토큰 시스템에 포함시키는 것이다. 이것은 토큰 시스템이 제대로 작동하고 몇 주 동안 성공했을 때 하는 것이 가장 좋다. 먼저, 벌금을 부과할 행동을 지정한다. 단지 작은 성가심보다는 심각한 우려가 있는 한두 가지 행동을 목표로 삼는 것이 좋다. 문제가 발생하면 아이에게 특정 행동은 용납되지 않으며 토큰을 잃게 되었다고 중립적이지만 단호하게 말한다. 그리고 토큰 보드로 가서 토큰을 제거한다. 어떤 가족은 문제행동이 계속될 경우, 토큰을 빼앗길 것이라고 아이에게 경고하는 것이 도움이 된다고 생각한다. 그러나 때리거나 가구에 올라가는 것과 같은 위험하거나 공격적인 행동에 대해서는 경고를 사용해서는 안 된다.

4. **반응 대가 또는 벌금의 문제** 벌금의 사용에 관련된 몇 가지 잠재적인 문제가 있다. 첫째, 아이가 벌금이 부과될 때 분노로 반응할 수 있다. 둘째, 여러 번 나타나는 행동에 벌금을 사용하면 아이는 금방 자신의 토큰 '은행'에 있는 것보다 더 많은 벌금을 받을 수 있다. 모든 포인트를 잃게 되면, 아이가 모든 동기를 잃게 되고 결국 토큰 프로그램이 실패한다. 이 문제를 해결하는 방법은 빈번히 발생하는 행동에 대해서는 벌금을 사용하지 않는 것이다. 또 다른 옵션은 보드에 몇 개의 토큰을 놓고 시작하는 것이다. 이것은 아이의 토큰 보드가 적자가 되는 것을 방지할 수 있다. [벌금을 사용할지, 만약 그렇다면 어떤 방식으로 사용할지 부모와 논의한다. 벌금을 추가하기 전에 토큰 시스템이 성공적으로 운영될 때까지 기다리는 것이 좋다.]

목표 9 토큰 시스템을 점차로 줄이는 방법에 대해 논의한다

많은 가족이 얼마나 오랫동안 토큰 시스템을 사용해야 할지 질문한다. 원하는 행동이 아이의 일상생활에서 규칙적인 부분이 되면, 아이에게 '명예 시스템'을 적용할 수 있다. 즉, 행동에 심각한 문제가 없는 아이는 더 이상 권한이나 강화물에 접근하기 위해 토큰을 얻을 필요가 없다. 행동이 나빠지기 시작하면, 아이가 '명예 시스템'을 재개할 준비가 될 때까지, 토큰 시스템을 잠시 동안 재가동할 수 있다.

목표 10 부모와 함께 토큰 주기를 연습한다

잠시 토큰 시스템의 사용을 연습해 보자. [부모에게 먼저 토큰을 받는 아동의 역할을 하게 하고, 그다음에 토큰을 주는 부모의 역할을 하게 한다.]

목표 11 토큰 시스템을 실행하기 위한 과제를 개발한다

학습활동 1.1과 1.3을 사용하여 당신의 아이를 위한 토큰 시스템을 완성해 보자. [토큰 보드의 형식, 사용되는 토큰의 유형 및 토큰과 함께 작은 강화물을 사용할지의 여부를 포함하여 시스템 계획을 검토한다.] 집에 도착하면 아이에게 토큰 시스템을 설명할 시간을 갖는 것이 좋다.

긍정을 강조한다! 목록에 있는 행동을 성공적으로 완수하면 큰 보상이 따른다는 것을 설명한다. 아이가 토큰을 얻으면 반드시 흥분하면서 많은 칭찬을 한다. 학습활동 1.7을 작성하고, 아이가 어떻게 하고 있는지 우리가 알 수 있도록 다음 회기로 가져간다.

목표 12 행동지원계획서를 갱신한다

[부모와 함께 이 회기에서 논의된 사항에 기초하여 행동지원계획서를 갱신한다. 과제의 대상이 되는 전략뿐만 아니라 고려 중인 모든 전략을 포함시킨다. 보충 회기 1 정리로 넘어가 부모에게 이 자료를 이번 주 동안 복습하도록 한다. 다음 회기 일정을 계획하며 이 회기를 종결한다.]

토큰 시스템
- 치료 충실도 체크리스트

성명(아동): ______________________ 방문일: ____________ (년/월/일)
치료자: ______________________

회기 목표가 치료자에 의해 달성된 정도를 평가한다.

0 = 목표가 달성되지 않음

1 = 목표가 부분적으로 달성됨

2 = 목표가 완전히 달성됨

N/A = 목표가 회기에 포함되지 않음

치료자의 완성도 목표	평가			
1. 이전 회기의 과제를 확인한다.	0	1	2	N/A
2. 행동지원계획서를 확인한다.	0	1	2	N/A
3. 토큰 시스템의 사용을 소개한다.	0	1	2	N/A
4. (아동의) 활동 또는 일과를 위한 단순화된 토큰 시스템을 소개한다.	0	1	2	N/A
5. 토큰 시스템의 실시 단계에 대해 논의한다.	0	1	2	N/A
6. 토큰 훈련을 확인한다.	0	1	2	N/A
7. 토큰 시스템의 사용을 위한 추가 제안을 확인한다.	0	1	2	N/A
8. 벌금과 반응 대가 시스템에 대해 논의한다(선택).	0	1	2	N/A
9. 토큰 시스템을 점차로 줄이는 방법에 대해 논의한다.	0	1	2	N/A

10. 부모와 함께 토큰 주기를 연습한다.	0	1	2	N/A
11. 토큰 시스템을 실행하기 위한 과제를 개발한다.	0	1	2	N/A
12. 행동지원계획서를 갱신한다.	0	1	2	N/A

계 _________ / 24

부모의 참여, 올바른 응답 및 활동 완료 정도를 평가한다.

0 = 부모가 기술이나 이해를 보여 주지 않았고 과제를 완료하지 못함

1 = 부모가 몇몇 질문을 올바르게 이해하고 응답했으며 부분적으로 과제를 완수함

2 = 부모가 거의 모든 질문을 올바르게 이해하고 응답함

N/A = 목표가 회기에 포함되지 않음

부모의 목표	**평가**			
1. 부모가 아이에게 적용할 수 있는 다양한 토큰 시스템에 대한 아이디어를 생각해 낸다(예: 활동 / 일과, 매일, 매주)	0	1	2	N/A
2. 부모가 토큰을 획득할 수 있는 8개의 표적행동을 열거한다.	0	1	2	N/A
3. 부모가 강화 메뉴를 위한 강화물을 선택한다.	0	1	2	N/A
4. 부모가 역할놀이를 통해 토큰 시스템의 적용을 연습한다.	0	1	2	N/A
5. 부모가 토큰 시스템을 실행하기 위한 과제를 개발한다.	0	1	2	N/A

계 _________ / 10

충실도 노트:

보충 회기 2

섭식 문제

개요

이 회기에서는 자폐 스펙트럼 장애 아동에서 흔히 발견되는 다양한 섭식 문제를 다룬다. 치료자는 아동의 섭식 문제와 관련된 목표만을 검토함으로써 회기를 개별화해야 한다.

목표

1. 이전 회기의 과제를 확인한다.
2. 행동지원계획서를 확인한다.
3. 자폐 스펙트럼 장애 아동의 섭식 문제에 대한 개요를 제공한다.
4. 아동의 현재 섭식 문제를 확인한다.
5. 식사 시간 일과의 중요성에 대해 논의한다.
6. 편식/질감 선호도에 대한 치료 계획을 개발한다.
7. 식탁에 앉는 어려움에 대한 치료 계획을 개발한다.
8. 너무 급하게 먹는 문제에 대한 치료 계획을 개발한다.
9. 과식에 대한 치료 계획을 개발한다.
10. 행동지원계획서를 갱신한다.

부모의 목표

1. 부모가 현재의 식사 관련 우려 사항에 대한 정보를 제공한다.
2. 부모가 아이의 식사 관련 우려 사항에 대한 과제를 개발하는 것을 돕는다.

자료

1. 치료자 스크립트
2. 부모용 워크북 섭식 문제 학습활동
3. 치료 충실도 체크리스트
4. 행동지원계획서

치료자 스크립트

목표 1 이전 회기의 과제를 확인한다

먼저 지난 회기의 과제에서 진행된 사항을 살펴보자. [과제 데이터 시트를 검토하고, 전략에 변경이 필요하면 이를 제안한다.]

목표 2 행동지원계획서를 확인한다

이제 행동지원계획서를 검토하고, 지금까지 우리가 구현한 다른 전략들이 어떻게 사용되고 있는지 살펴보자. 일관되게 사용하는 데 어려움이 있는 전략이 있는가? 표적행동을 다루는 데 있어서 어떤 전략이 효과적이라고 생각되는가? 행동지원계획서에 열거되어 있는 추가 전략을 사용할 준비가 되어 있는가? [행동지원계획서에 기록된 아직 실행되지 않은 특정 전략을 확인한다.]

목표 3 자폐 스펙트럼 장애 아동의 섭식 문제에 대한 개요를 제공한다

많은 자폐 스펙트럼 장애 아동은 음식과 관련된 어려움을 보인다. 이러한 문제는 크게 네 가지 주요 영역으로 나뉜다. 어떤 아동은 여러 가지 문제를 함께 가지고 있다. 이 경우, 우리는 먼저 해결할 하나의 영역을 선택한다. 흔히 한 가지 문제를 교정하면 그것이 다른 문제 수정에도 영향을 미친다. 예를 들어, 더 천천히 식사를 하도록 가르치는 아동은 오랫동안 식탁에 남아 있을 가능성이 높다.

1. **편식 문제**: 편식은 매우 까다롭게 먹는 사람과 관련이 있다. 편식의 한 가지 형태는 제한된 종류의 식품 또는 특정 브랜드의 식품만을 먹는 것이다. 예를 들어, 어떤 부모는 자녀가 특정 브랜드의 치킨너깃만 먹고 다른 브랜드의 치킨너깃으로 대체하면 금새 알아챈다고 보고했다. 또 다른 부모는 자녀가 마카로니와 치즈, 감자튀김 그리고 세 종류의 시리얼로 국한된 다섯 종류의 식품만을 먹는다고 보고했다.

   편식의 또 다른 형태는 매우 특정한 음식 질감 외에는 다른 것을 먹지 않으려 한다는 것이다. 예를 들어, 일부 아동은 부드러운 음식(예: 파스타, 요구르트)만 먹는다. 다른 음식을 제공하면 그 음식을 거부하거나 구역질하거나 토할 수 있다. 편식은 아동의 영양에 영향을 줄 뿐만 아니라, 아동이 음식점에서 가족과 함께 식사하거나 친구 또는 친척의 집에서 먹는 것을 어렵게 만든다.

2. **식탁에 앉아 있기 어려움**: 어떤 아동은 식탁에 앉아서 먹는 데 어려움을 겪는다. 그는 TV를 보는 거실과 같이 다른 곳에 앉아 있는 것을 선호할 수 있으며, 식탁에 앉히면 텐트럼을 한다. 다른 아동은 정해진 식사 시간에 앉기보다는 하루 종일 '조금씩 계속 먹기'(냉장고나 찬장에서 음식을 가져가기)를 더 좋아한다. 불행하게도 이렇게 되면 아동이 식사 시간에 배가 고프지 않게 되므로 식사 중에 식탁에 앉는 일에 무관심해진다. 다른 아동은 단순히 앉는 데 어려움을 느끼며, 식탁을 서둘러 벗어나거나 '대충' 먹는다. 이 경우 가족은 아동이 TV를 보면서 식사하거나 식탁에 장난감이나 책을 가져오는 것을 허용함으로써 아동이 식탁에 머무는 것을 조장할 수 있다.

3. **너무 빨리 먹음**: 어떤 아동은 너무 빨리 먹는다. 그는 삼키기 전에 입 안에 다량의 음식을 채우거나 불과 몇 분 안에 접시를 비울 수 있다.

4. **너무 많이 먹음**: 일부 아동은 너무 많은 음식을 먹을 수 있다. 이것은 행동에 사용되는 약물의 부작용일 수 있다. 그는 식사 중에 많은 양을 먹으려 할 뿐만 아니라 냉장고나 찬장에서 음식을 가져가려고 시도할 수도 있다. 어떤 아동은 다른 사람의 접시에서 음식을 가져갈 수도 있다. 음식물 섭취를 통제하면 텐트럼이나 공격행동을 초래하는 싸움이 일어날 수 있다.

목표 4 아동의 현재 섭식 문제를 확인한다

문제 영역을 파악하기 위해 먼저 아동의 현재 식사 습관을 살펴본다. [부모와 함께 학습활동 2.1을 살펴본다.]

목표 5 식사 시간 일과의 중요성에 대해 논의한다

일과표 회기에서 우리는 일과를 수립하면 어떻게 자폐 스펙트럼 장애 아동에서 나타나는 많은 문제를 종종 예방할 수 있는지에 대해 이야기했다. 이것은 섭식 문제에서도 마찬가지이다. 예를 들어, 아동이 하루 종일 조금씩 계속 먹을 수 있다면 식사 시간에 배고프지 않으므로 새로운 시도에 마음을 열 기회가 거의 없다. 아동이 먹고 싶은 장소를 선택할 수 있다면 식탁에서 먹을 이유가 없다. 그래서 식사를 위한 특정한 시간과 장소를 정하는 것이 매우 도움이 될 수 있다. 다음은 아동을 위한 식사 시간 계획을 구현하기 위한 몇 가지 전략이다.

1. **매일 같은 시간에 식사와 간식을 제공한다.** 주 식사는 (아침, 점심, 저녁) 4~5시간 간격이어야 한다.

2. **간식은 아침에 한 번, 오후에 한 번 그리고 가능하면 저녁에 한 번으로 제한**

한다. 이렇게 하면 아동이 식사 시간에 배가 고플 가능성이 높아진다. 아동이 식사 사이에 반복적으로 '조금씩 계속 먹는다'면 식사 시간에 배고프지 않도록 배고픔을 줄일 수 있다. 아동이 배가 고프지 않으면 식탁에 앉아서 먹고 싶지 않은 음식을 먹도록 격려하는 일이 더 힘들어진다. 또한 간식이 건강하고 저칼로리 음식인지 확인한다. 식사 사이에 우유나 주스와 같은 고칼로리 음료를 아동에게 주지 말아야 한다.

3. **간식과 식사를 위한 시간을 제한한다.** 예를 들어, 식사 시간을 20분으로 그리고 간식 시간을 10분으로 제한할 수 있다. 대부분의 아동의 경우 이것은 많은 시간이며, 식사와 간식이 하루 종일 일어나는 일이 아니라 자신의 일과표의 일부라는 것을 배우는 데 도움이 될 수 있다. 이 시간이 끝나면 식사나 간식이 모두 끝났다고 말하고, 아동을 도와 식탁을 치운다. 식사와 간식의 시작과 끝을 알려 주는 타이머를 사용하는 것이 도움이 될 수 있다. 아동이 (좋아하지 않는 음식을 한 입 먹거나 새로운 식감을 받아들이는 등) 성공적으로 올바른 모습을 보였을 때 또는 적어도 아동이 차분할 때 식사와 간식 시간을 마치려고 노력한다.

4. **식사를 긍정적으로 만든다. 때때로 부모는 아동에게 먹도록 강요하거나 반복적으로 요구함으로써 아동과 큰 싸움을 하게 된다.** 그들은 그렇게 하지 않으면 아동이 배고플 것이라고 걱정할 수도 있다. 그러나 먹기를 반복적으로 요구하는 것은 모든 사람의 식사를 불쾌하게 만들 수 있다. 따라서 식사와 간식 시간의 처음에, 먹을 시간이라고 말한다. 그런 다음 식사 또는 간식을 진행한다. 아동에게 먹으라고 말하거나 서둘러 달라고 요청하지 않는다. 대신에 아동이 식탁에서 먹는 동안 하는 좋은 행동에 대해 특별히 많은 칭찬을 한다(예: "와, 너는 숟가락을 정말 잘 사용하는구나!"). 식사 시간 직후에 당신이 아동과 즐거운 일을 할 예정이라고 알려 준다. 한편, 식탁을 벗어나거나 소리를 지르거나 울려고 시도하는

등의 도피행동은 무시해도 된다.

가족이 도움이 되었다고 이야기하는 조언을 덧붙이자면 자녀의 음식에 무언가를 숨기지 않아야 한다! 이것은 불신을 초래하고 자녀가 당신이 제공하는 것을 먹지 않을 가능성을 증가시킨다.

목표 6 편식/질감 선호도에 대한 치료 계획을 개발한다

편식과 질감 선호도를 다룰 때, 우리의 목표는 아동이 시도할 수 있는 식품의 수와 범위를 늘리는 것이다. 이를 위해 우리는 이미 배운 행동 원리, 즉 행동 형성과 긍정적인 강화를 적용한다. 행동 형성을 통해 요구 사항을 매우 조금씩 점진적으로 변경할 수 있다. 강화를 위해서는, 선호하는 아이템(장난감/활동)이나 좋아하는 음식을 사용하여 목표하는 식사 행동을 보상한다. 중재하기 위해서는 아동이 보상을 얻기 위해 새로운 음식을 먹기 위한 아주 작은 단계들을 밟아 나아가야 하므로, 우리는 이러한 원리를 조합하여 사용할 것이다.

첫째, 표적 식사 행동을 보상하는 데 사용하고자 하는 강화물의 유형을 선택하자. 우리는 강력한 것을 사용하기를 원하며, 따라서 아동이 좋아하는/선호하는 음식을 강화물로 사용할 수 있는지 또는 좋아하는 장난감/활동을 사용해야 하는지 여부를 결정해야 한다. 사회적인 칭찬과 선호하는 음식, 장난감 또는 활동을 결합하는 것이 항상 중요하다. [학습활동 2.2의 항목 1과 2를 작성하고, 부모에게 강화물로 사용할 항목을 그중에서 하나 선택하게 한다.]

둘째, 당신이 아이에게 먹이고 싶지만 현재 아이가 먹지 않는 음식을 하나 골라 보자. 그것은 아이가 현재 즐기고 있는 것과 비슷한 음식이어야 한다. 예를 들어, 아이가 쌀로 만든 첵스를 좋아한다면, 밀로 만든 첵스나 첵스 형태의 다른 시리얼을 시도해 볼 수 있다. 우리는 이를 '수평적' 음식 선택이라고 부른다. [부모가 한 가지 음식을 선택하여 학습활동 2.2에 추가하게 한다.]

셋째, 우리가 표적으로 삼고 싶은 정확한 식사 행동을 결정하는 것이다. 다음은 선택한 음식으로 아동이 했으면 좋을 행동에 대해 과제 분석을 한 것이다. 강화물을 얻기 위해 아동이 현재 어떤 단계의 행동을 수정하려고 노력할 것이라고 생각하는가? [학습활동 2.2의 과제 분석을 보여 주고, 부모가 목표할 단계를 선택하게 한다. 과제 분석에서 목표하는 단계에 동그라미 표시한다.]

도움이 되는 힌트 식사보다는 간식 중에 이 단계의 과제 분석을 처음 시도하는 것이 유용할 수 있다. 그렇게 하면 당신의 아이가 저항하게 되더라도, '포기'하고 아이가 식사를 거를 걱정을 하지 않아도 된다. 중요한 것은 가능한 한 여러 번 연습하는 것이다. 다음은 간식 시간이 어떨지에 대한 예시이다.

식탁에 선택된 강화물(예: 좋아하는 비디오가 설정된 아이패드, 작은 그릇에 담긴 M&Ms)과 함께 새로운 음식(예: 당근)이 담긴 접시를 놓는다. 아동이 앉을 때, 선택된 강화물(예: 한 개의 M&Ms)에 접근할 수 있게 한다. 그런 다음 표적으로 삼은 식사 행동을 수행하도록 촉구한다(예: 당근 접시 건들기). 처음에는 신체적 안내를 제공해야 할 수도 있다. 그러고 나서 즉시 아이를 칭찬하고 강화물에 접근하는 것을 허용한다. 강화물이 사라질 때까지(예: 좋아하는 비디오가 종료되고 M&Ms가 사라질 때까지) 요청을 여러 번 반복한다. 싸움을 피하기 위해 강화물에 대한 통제를 유지하는 것이 중요하다. 이를 수행하는 가장 쉬운 방법은 강화물을 눈에는 보이지만, 손이 닿지 않는 곳으로 이동시키는 것이다.

아동이 더 이상의 알림 없이도 과제 분석에서 표적 단계에 규칙적으로 응답하면, 다음 단계로 넘어가서 그 과정을 반복한다. 아동이 새로운 음식을 받아들이고 나면, 다른 음식을 추가하기 시작할 수 있다. 이 시점에서는 정규 식사에도 프로그램을 추가하는 것이 괜찮을 수 있다.

아동에게 새로운 음식을 도입하는 과정이 어려울 수 있으므로 이제 잘못

될 수 있는 일들을 살펴보자. 이런 식으로 새로운 음식을 도입할 때 아동이 어떻게 반응할 것이라고 생각하는가? [부모에게 대답할 기회를 준다.]

새로운 음식을 먹을 때면 때때로 아동이 구역질을 할 수 있다. 이 동작을 무시하는 것이 중요하다. 또한 아동은 가끔 음식을 입에서 완전히 밀어내거나 입술의 바깥 가장자리로 밀어 넣기도 한다. 음식 방출이 일어나면, 두 가지 방법으로 대응할 수 있다.

1. **자연스럽게 음식뿐만 아니라 식사 중에 제공하는 강화물에 대한 접근도 제거한다.** 자연스럽게 이전에 내뱉은 음식(입에 넣었던 부분 또는 동일한 음식의 새로운 부분)을 다시 제시하고 강화물에 대한 접근을 보여 준다. 이것은 빈번하지 않은 음식 방출에 효과가 있는 방법이다.

2. **음식을 자주 내뱉는 아이의 경우, 아이가 음식을 씹고 완전히 삼킨 후에만 제공되는 강력한 강화물을 사용하는 것이 가장 도움이 된다.** 예를 들어, 한 어머니가 아이가 좋아하는 바니(Barney) 비디오를 식사 중에 강화물로 사용했다. 어머니는 아이가 선호하지 않는 음식을 완전히 삼킨 직후에 비디오를 켜곤 했다. 다음 한 입을 줄 때, 어머니는 아이가 다음 한 입을 먹을 때까지 비디오를 껐다. 잠시 후, 어머니는 비디오를 켜기 전에 몇 입 더 먹으라고 아이에게 요구한다. 결국, 비디오를 켜기 전에 아이는 식사를 마쳐야 했다. 방출이 계속되면 합리적인 시간(10분 이내) 후에 식사를 종료한다. 그리고 다음 식사 때까지 음식이나 고열량 음료를 제공하지 않는다. 다음 식사에서 동일한 절차를 계속한다.

어떤 아이들은 음식을 삼키는 대신 입 안에 음식을 두거나 보관하는 또 다른 문제를 가지고 있다. 이 경우 당신은 삼키는 것을 격려하기 위해 유사한 강화 절차를 사용할 수 있다(음식을 몇 입 받아들인 것에 대하여 아이를 강화하는 것과는 달리). 당신의 입에 음식을 넣고 씹고 삼키면서 아이를 위해 과장된 삼키기 행동을 보여 줌으로써 아이가 당신을 모방하게 할 수도 있다.

지금까지 편식을 다루는 절차를 검토했으므로 이제는 당신의 자녀를 위한 계획을 세워 보자. [부모와 함께 학습활동 2.2를 마무리한다. 과제 데이터 시트의 첫 줄에는, 부모가 그 주에 시작하려고 계획하는 과제 분석 단계를 작성한다. 부모가 목표하는 식사를 선택하여 과정을 연습하게 한다(간식 대 식사). 간식으로 시작할 경우, 부모에게 하루에 1~2회 간식을 주도록 권장한다.]

목표 7 식탁에 앉는 어려움에 대한 치료 계획을 개발한다

식탁에 앉는 데 따르는 어려움을 해결하기 위한 두 가지 선택을 검토한 다음 자신과 가족에게 가장 적합한 전략을 선택할 수 있다.

선택 1

첫째, 환경을 통제하는 것이다. 아이가 더 흥미롭다고 생각할 수 있는 활동에 대한 접근을 제한한다. 예를 들어, 아이가 TV를 보기 위해 식탁을 떠나면 식사로 돌아갈 동기가 별로 없다. 이러한 상황에서는 식사가 제공되기 전에 TV를 끄는 것이 중요하다.

둘째, 모든 음식을 식탁에서 먹어야 한다는 규칙을 세우는 것이다. 아이는 식탁에서 음식을 가져가도록 허용되지 않아야 한다. 이 제한으로 인해 아이는 식탁을 나갈 수는 있지만 추가적인 음식을 먹기 위해 돌아와 앉아야 한다.

셋째, 아이가 식탁에 되돌아가서 먹을 수 있는 횟수를 제한한다. 아이가 일단 식탁을 떠나면 식탁을 치우는 단 한 번의 기회만 제공하는 방식을 사용하거나 식사를 치우기 전에 식탁을 떠날 수 있도록 허락된 횟수(예: 6회)가 표시되어 있는 카드를 사용하는 방법이 있다. 여섯 번째 이후에 식탁을 떠나면 식사를 치운다. 그런 다음 점차적으로 횟수를 줄인다.

선택 2

아이가 식탁에 앉도록 가르치는 또 다른 방법은 점차적으로 앉아야 하는 시간을 늘리는 것이다. 이것은 타이머를 사용하여 수행할 수 있다. 아이는 종이 울릴 때까지 식탁에 머물러야 한다. 아이가 할당된 시간 동안 식탁에 남아 있으면 보상을 받는다. 그 전에 아이가 식탁을 떠나면 보상을 받지 못한다. 학습활동 2.3은 점차적으로 오랫동안 식탁에 앉도록 아이를 가르치는 가능한 단계의 예를 보여 준다. [부모에게 학습활동 2.3의 과제 분석을 보여 준다.]

아이를 위한 계획

식탁에 앉히는 문제를 해결하는 절차를 살펴보았으므로 이제는 아이를 위한 계획을 세워 보자. 당신은 방법 1 또는 방법 2를 구현하는 데 관심이 있는가? [부모에게 학습활동 2.4를 준다. 부모는 어느 식사를 목표로 할지 선택해야 한다. 방법 1에서 부모는 어떤 환경 통제를 실시할 필요가 있는지 결정하고(예: TV 끄기, 좋아하는 장난감 치우기), 과제를 위해서는 아이가 식탁을 벗어나는 횟수를 추적할 수 있다. 방법 2에서 부모는 앉아 있기 위해 필요한 목표 시간/음식의 양을 추적해야 한다. 또한 '과제에 부합하는' 식탁 행동을 보상하는 데 사용될 강화물을 선택해야 한다.]

목표 8 너무 급하게 먹는 문제에 대한 치료 계획을 개발한다

너무 빨리 먹는 문제는 새로운 기술을 가르치는 것과 예방 전략을 조합함으로써 가장 잘 해결할 수 있다. 당신은 아동에게 한 입 먹을 때마다 식탁에 숟가락이나 포크를 내려놓으라고 가르칠 필요가 있다. 이것은 다음 4단계로 실시할 수 있다.

1. 아동에게 식기를 내려놓으라고 촉구한다.
2. 내려놓은 행동을 강화한다(칭찬, 어깨나 등 두드리기 등).
3. 5까지 센다.
4. 아동이 다음 한 입 먹는 것을 허용한다.

이 4단계는 한 입 먹을 때마다 실시해야 한다. 가능하다면 부모 대신에 아동이 조용히 셀 수 있게 한다. 처음에 접시를 치우거나(손이 닿지 않는 곳) 적은 양의 음식을 접시에 올려놓는 것이 아동에게는 더 쉬울 수도 있다. [부모에게 학습활동 2.5를 준다. 데이터 수집은 아동이 식기를 내려놓도록 촉구하는 부모의 시도에 초점을 맞춘다. 부모가 아동이 식기 내려놓기를 준수할 때마다 적용할 작은 강화물을 선택하게 한다.]

목표 9 과식에 대한 치료 계획을 개발한다

과식은 먼저 예방 전략을 사용하여 통제해야 한다. 과식을 다루려면 건강한 음식에 대한 선택권을 제공하고, 집에서 고지방과 고칼로리 음식 및 음료의 사용을 제한하는 것이 좋다. 어떤 음식은 칼로리가 높지만 지속적인 포만감을 주지 않는다. 모든 정크푸드와 대부분의 간단한 전분 음식은 최소화해야 한다. 오트밀이나 통밀 빵과 같이 곡물을 더 넣고 닭고기나 칠면조와 같은 기름기 적은 고기로 요리해야 한다. 예를 들어, 버터를 넣은 으깬 감자보다는 쌀을 프라이 해서 주는 것이 낫다. 이것은 기름에 튀긴 감자튀김보다도 더 좋다. 더 건강한 간식으로는 신선한 과일과 채소 및 요구르트가 포함된다. 음료는 보통 빠른 시간 안에 너무 많은 칼로리를 얻게 한다. 물은 칼로리 없는 최고의 선택이다. 물을 탄 모든 천연 주스는 칼로리가 높은 소다와 펀치 또는 에이드보다 더 나은 대안이다. 2%, 1% 또는 탈지유를 사용하는 것이 지방분을 빼지 않은 전유를 마시는 것보다 더 좋다. 이 모든 것을 염두에 두었을 때, 어떤 종류의 건강한 간식을 아이에게 제공할 수 있는가? 그리

고 식사와 음료는 또 어떤가? [학습활동 2.6에 아이디어를 기록한다.]

다음으로 우리는 식사량을 제어해야 한다. 높은 칼로리의 식품은 적은 양으로 제공되어야 한다. 더 지속적인 포만감을 줄 수 있는 저칼로리의 건강한 음식은 더 많이 제공되어야 한다. 예를 들어, 좋아하는 채소가 있다면, 많은 양으로 제공하는 것이 좋다. 감자와 같은 단순 전분보다는 단백질 공급원을 많이 제공하는 것이 좋다. [부모가 건강한 음식의 양을 늘리고 정크푸드의 양을 제한하기 위한 옵션들을 생각하게 한다. 이러한 생각들을 학습활동 2.6에 기록한다.]

배고픔과 과식은 규칙적인 식사 일정에 따라 관리할 수도 있다. 사람들은 식사를 건너뛰었을 때 과식하는 경향이 있으며, 일반적으로 건너뛴 식사와 다음 식사 사이에 고칼로리 저영양 간식을 찾는다. 많은 양의 단백질 및/또는 곡물 식품으로 완전한 아침 식사를 아이에게 제공하는 것이 중요하다. 이러한 음식은 아이가 하루 종일 더 배부른 느낌을 갖도록 도와주며, 낮 동안에 덜 먹고 싶은 마음이 들게 한다.

자전거 타기, 달리기, 수영하기, 트램펄린에서 점프하기와 같은 규칙적인 운동은 식욕을 조절하는 데 도움이 되며 건강에도 좋다. 운동은 아이가 할 수 있고 즐기는 것이어야 한다. 때때로 운동은 아이에게 큰 재밋거리가 아니다. 이러한 상황에서는 아이와 함께 운동하거나 공원을 특별히 산책하거나 특별한 운동 장비(예: 좋아하는 캐릭터가 있는 공)를 구입하거나 또는 적극적으로 놀 수 있는 친구를 초대함으로써 운동을 더 매력적으로 만들 수 있다. 또한 일상을 변경하여 엘리베이터 대신 계단을 이용하거나, 주차장에서 먼 곳에 주차하거나, 의도적으로 물건을 잊은 후 아이가 돌아가서 물건을 가져오게 하는 등 활동을 촉진할 수 있다. [부모가 연습을 위한 방법들을 생각하게 한다. 이러한 생각들을 학습활동 2.6에 기록한다.]

학습활동 2.7을 사용하여 식사 계획을 마무리하자. 방금 토의한 아이디어를 사용하여 아이를 위한 최대 세 가지의 식사 목표와 최대 세 가지의 운동 목표를 만들어 보자. [부모와 함께 학습활동 2.7을 작성한다.]

목표 10 행동지원계획서를 갱신한다

[부모와 함께 이 회기에서 논의된 사항에 기초하여 행동지원계획서를 갱신한다. 과제의 대상이 되는 전략뿐만 아니라 고려 중인 모든 전략을 포함시킨다. 보충 회기 2 정리로 넘어가 부모에게 이 자료를 이번 주 동안 복습하도록 한다. 다음 회기 일정을 계획하며 이 회기를 종결한다.]

섭식 문제
- 치료 충실도 체크리스트

성명(아동): ____________________ 방문일: ______________ (년/월/일)

치료자: ____________________

회기 목표가 치료자에 의해 달성된 정도를 평가한다.

0 = 목표가 달성되지 않음

1 = 목표가 부분적으로 달성됨

2 = 목표가 완전히 달성됨

N/A = 목표가 회기에 포함되지 않음

치료자의 완성도 목표	평가			
1. 이전 회기의 과제를 확인한다.	0	1	2	N/A
2. 행동지원계획서를 확인한다.	0	1	2	N/A
3. 자폐 스펙트럼 장애 아동의 섭식 문제에 대한 개요를 제공한다.	0	1	2	N/A
4. 아동의 현재 섭식 문제를 확인한다.	0	1	2	N/A
5. 식사 시간 일과의 중요성에 대해 논의한다.	0	1	2	N/A
6. 편식/질감 선호도에 대한 치료 계획을 개발한다.	0	1	2	N/A
7. 식탁에 앉는 어려움에 대한 치료 계획을 개발한다.	0	1	2	N/A
8. 너무 급하게 먹는 문제에 대한 치료 계획을 개발한다.	0	1	2	N/A
9. 과식에 대한 치료 계획을 개발한다.	0	1	2	N/A

10. 행동지원계획서를 갱신한다.	0	1	2	N/A

계 ________ / 20

부모의 참여, 올바른 응답 및 활동 완료 정도를 평가한다.

0 = 부모가 기술이나 이해를 보여 주지 않았고 과제를 완료하지 못함

1 = 부모가 몇몇 질문을 올바르게 이해하고 응답했으며 부분적으로 과제를 완수함

2 = 부모가 거의 모든 질문을 올바르게 이해하고 응답함

N/A = 목표가 회기에 포함되지 않음

부모의 목표	평가			
1. 부모가 현재의 식사 관련 우려 사항에 대한 정보를 제공한다.	0	1	2	N/A
2. 부모가 아이의 식사 관련 우려 사항에 대한 과제를 개발하는 것을 돕는다.	0	1	2	N/A

계 ________ / 4

충실도 노트:

보충 회기 3

모방 기술

개요

이 회기는 기술 가르치기 회기와 가장 잘 맞는다. 그러나 모방 기술의 결핍이 프로그램의 진행에 있어서, 아동이 다른 중재 전략들을 활용하는 데에 제한을 줄 수 있으므로, 이 회기는 기술 가르치기 회기보다 일찍 제공될 수도 있다.

목표

1. 이전 회기의 과제를 확인한다.
2. 행동지원계획서를 확인한다.
3. 기술을 가르치기 위한 전제 조건으로서 모방을 부모에게 소개한다.
4. 모방 기술을 가르치는 단계를 부모에게 소개한다.
5. 모방을 위한 표적행동을 선택한다.
6. 구체적으로 어떤 기술을 가르칠지 부모와 논의한다.
7. 행동지원계획서를 갱신한다.

부모의 목표

1. 부모가 가르칠 모방 기술을 선택한다.
2. 부모가 아이에게 모방 기술을 가르치기 위한 계획을 설명한다.
3. 부모가 모방 기술을 가르치는 단계를 확인한다.

자료

1. 치료자 스크립트
2. 부모용 워크북 모방 기술 학습활동
3. 치료 충실도 체크리스트
4. 행동지원계획서

치료자 스크립트

목표 1 이전 회기의 과제를 확인한다

지난 회기의 과제에서 진행된 사항을 살펴보자. [문제가 발견된 부분의 예와 함께 중재가 효과적이었던 부분에 대해 토론한다. 필요 시 프로그램의 수정 사항을 제안한다.]

목표 2 행동지원계획서를 확인한다

이제 행동지원계획서를 검토하고, 지금까지 우리가 구현한 다른 전략들이 어떻게 사용되고 있는지 살펴보자. 일관되게 사용하는 데 어려움이 있는 전략이 있는가? 표적행동을 다루는 데 있어서 어떤 전략이 효과적이라고 생각되는가? 행동지원계획서에 열거되어 있는 추가 전략을 사용할 준비가 되어 있는가? [행동지원계획서에 기록된 아직 실행되지 않은 특정 전략을 확인한다.]

목표 3 기술을 가르치기 위한 전제 조건으로서 모방을 부모에게 소개한다

대부분의 사람은 다른 사람들을 보고 모방함으로써 많은 것을 배운다. 다른 사람을 모방하는 능력은 매우 중요한 기술이며 학습에 필수적이다. 그러나 자폐 스펙트럼 장애 아동은 자연스럽게 다른 사람들을 모방하지 않는다. 이런 경우, 우리는 모방의 기술을 직접 가르쳐야 한다. 모방을 가르치는 목적은 일상생활 속의 상황에서 모방을 발전시키기 위함이다. 즉, 우리는 아동이 새로운 기술을 모방하는 능력을 일반화하길 바란다.

목표 4 모방 기술을 가르치는 단계를 부모에게 소개한다

일대일 상황에서 기술 가르치는 과정을 시작하는 것이 좋다. 모방을 가르치는 것은 보통 아동이 공을 던지거나 자동차를 미는 등 물건이나 장난감을 사용하는 간단한 운동 행동을 모방하는 것에서부터 시작하여 손뼉을 치거나 식탁을 두드리는 등 단순한 동작을 모방하는 것으로 나아간다. 대부분의 기술을 가르치는 것과 마찬가지로, 아동이 성공적으로 행동을 모방할 때 사용할 수 있는 강화물을 준비하는 것이 중요하다.

아동이 모방하기 쉬운 과제를 선택하자. 예를 들어, 자동차를 앞뒤로 미는 행동 모방 과제를 가르치는 것은 10개의 블록을 쌓는 방법을 가르치는 것보다 더 쉽다. 가르치기는 아동에게 모방하기를 바라는 것을 보여 주면서 "이렇게 해……."와 같은 간단한 지시로 시작할 수 있다. 예를 들어, 당신이 장난감 자동차를 앞뒤로 밀면서 "이렇게 해……."라고 말하자. 그런 다음 아이가 당신을 모방하면, 칭찬을 하면서 강화물을 제공한다(예: 아이에게 과자를 건네면서 "자동차를 참 잘 미는구나!"라고 말한다). 아이가 당신을 모방하지 않으면, 핸드 오버 핸드(hand-over-hand) 촉구를 사용하여 아이가 자동차를 앞뒤로 미는 것을 도와준다. 아이가 당신을 모방하도록 촉구해야 할 때에는, 아이를 칭찬하되(예: "잘하고 있어!") 물질적 강화물을 제공하지는 않는다. 이 순서는 최소한 5번 반복해야 하며, 아이가 견딜 수 있다면 더 많이 반복한다. 아동이 일관되게 자발적으로 행동을 모방하면 성공으로 표시된다.

아동이 물건과 신체 동작(박수 치기, 손가락으로 두드리기, 발 구르기, 머리 만지기)으로 많은 단일 행동 모방을 수행하고 나면, 연속적인 모방 행동(예: 손뼉 친 다음에 머리 만지기)을 도입할 수 있다. 학습 기술로서 모방의 중요성 외에도, 순차적 모방을 가르치는 것은 자동차를 굴리고 작은 사람 피규어를 장난감 자동차의 앞 좌석에 넣는 등의 놀이 기술의 시작이다. 목표는 아동에게 다른 사람들의 행동을 모방하고 3단계 순서까지 모방하도록 가르치는 것이다.

목표 5 모방을 위한 표적행동을 선택한다

모방을 가르치는 동안 목표로 삼을 수 있는 몇 가지 단일 단계 운동 행동을 선택하자. 물건 굴리기, 고리 쌓기, 박수 치기, 손 흔들기 또는 손 들기와 같이 아이가 자발적으로 쉽게 할 수 있지만 여전히 모방이 아닌 몇 가지 운동 행동을 생각해 보자. [부모와 함께 아이가 모방을 연습할 수 있는 몇 개의 운동 행동을 선택하고 그것을 학습활동 3.1에 기록한다.] 당신의 아이가 할 수 있다고 생각한다면 2단계와 3단계의 행동 순서를 연습하여 아이가 모방할 수 있는 보다 복잡한 행동을 파악할 수 있다. 아이와 함께 시도하고 싶은 2단계 또는 3단계 순서를 생각해 보자. [이것들을 학습활동 3.1에 기록한다.] 끝으로 아이의 자발적인 모방을 강화하기 위해 당신이 사용하고 싶은 것은 무엇인가? [이것을 학습활동 3.1에 기록한다.]

모방을 배우는 것이 느린 아동에게는 이런 유형의 교육이 불만스러울 수 있다. 때로는 아주 천천히 진행되는 것처럼 보이기도 한다. 이러한 기술 가르치기를 사용하는 일관된 연습을 통해 결국에는 많은 아이가 모방할 수 있는 능력을 급속히 발전시키기 시작한다.

목표 6 구체적으로 어떤 기술을 가르칠지 부모와 논의한다

당신의 과제는 아이가 당신이 선택한 행동을 모방하도록 가르치는 것을 연습하는 것이다. 데이터 양식의 각 행에 당신이 목표하는 특정 행동, 사용된 강화물 그리고 아이가 자발적으로 당신을 모방한 횟수와 필요한 촉구를 기록한다. 바를 정(正) 자 등 횟수를 기록하는 방식을 사용하면 이것을 추적하는 데 도움이 된다. 아이와 함께 적어도 5번 이상 각각의 행동 순서를 연습하며, 아이가 참아 낼 수 있으면 더 많이 연습한다. 아이가 행동을 모방하지 않으면 아이의 손을 직접 이끄는 핸드 오버 핸드 촉구를 아이가 모방하는 것을 도와준 후에 다시 시도해야 한다. 아이가 모방한 후에는 비록 당신이 도와주었더라도 칭찬해 주는 것이 중요하다. [학습활동 3.1에 있는 데이터 수집표를 검토한다.]

마지막으로 데이터 양식을 사용하여 아이가 다른 사람들을 자발적으로 모방할 때, 즉 당신이 모방을 가르치거나 도와주지 않을 때를 기록할 수 있다. 예를 들어, 아이가 형제나 놀이터에서 있는 다른 아이 또는 TV에서 나오는 것을 모방하는 것을 본다면 그것을 기록한다. 아이가 다른 사람들을 일관되게 따라 하게 되면, 주변의 모방을 통하여 많은 중요한 기술을 배울 것이라고 기대할 수 있다.

목표 7 행동지원계획서를 갱신한다

[부모와 함께 이 회기에서 논의된 사항에 기초하여 행동지원계획서를 갱신한다. 과제의 대상이 되는 전략뿐만 아니라 고려 중인 모든 전략을 포함시킨다. 보충 회기 3 정리로 넘어가 부모에게 이 자료를 이번 주 동안 복습하도록 한다. 다음 회기 일정을 계획하며 이 회기를 종결한다.]

모방 기술
- 치료 충실도 체크리스트

성명(아동): ______________________ 방문일: ____________ (년/월/일)

치료자: ________________________

회기 목표가 치료자에 의해 달성된 정도를 평가한다.

0 = 목표가 달성되지 않음

1 = 목표가 부분적으로 달성됨

2 = 목표가 완전히 달성됨

N/A = 목표가 회기에 포함되지 않음

치료자의 완성도 목표평가

1. 이전 회기의 과제를 확인한다.	0	1	2	N/A
2. 행동지원계획서를 확인한다.	0	1	2	N/A
3. 기술을 가르치기 위한 전제 조건으로서 모방을 부모에게 소개한다.	0	1	2	N/A
4. 모방 기술을 가르치는 단계를 부모에게 소개한다.	0	1	2	N/A
5. 모방을 위한 표적행동을 선택한다.	0	1	2	N/A
6. 구체적으로 어떤 기술을 가르칠지 부모와 논의한다.	0	1	2	N/A
7. 행동지원계획서를 갱신한다.	0	1	2	N/A

계 ________ / 14

부모의 참여, 올바른 응답 및 활동 완료 정도를 평가한다.

0 = 부모가 기술이나 이해를 보여 주지 않았고 과제를 완료하지 못함

1 = 부모가 몇몇 질문을 올바르게 이해하고 응답했으며 부분적으로 과제를 완수함

2 = 부모가 거의 모든 질문을 올바르게 이해하고 응답함

N/A = 목표가 회기에 포함되지 않음

부모의 목표	평가			
1. 부모가 가르칠 모방 기술을 선택한다.	0	1	2	N/A
2. 부모가 아이에게 모방 기술을 가르치기 위한 계획을 설명한다.	0	1	2	N/A
3. 부모가 모방 기술을 가르치는 단계를 확인한다.	0	1	2	N/A
	계 ________ / 6			

충실도 노트:

보충 회기 4

수면 문제

개요

이 회기에서는 자폐 스펙트럼 장애를 갖고 있는 아동의 다양한 취침 시간 및 수면 문제를 다룬다. 치료자는 아동의 수면 문제와 관련된 목표만을 검토함으로써 이 회기를 개별화해야 한다.

참고: 아동의 현재 수면 습관에 대한 데이터가 수면 프로그램을 개발하는 데 필수적이기 때문에 자료를 두 회기로 나눈다. 먼저 아동에 특수한 수면 문제를 평가하고 수면 패턴에 대한 데이터 수집을 개시하기 위해 목표 1~5를 소개한다. 목표 6 ~14는 데이터를 사용하여 수면 치료 계획 수립을 알리기 위해 데이터 수집 후 최소 이 주일 후에 별도의 회기에서 다룬다.

목표: 수면 1부

1. 이전 회기의 과제를 확인한다.
2. 행동지원계획서를 확인한다.
3. 자폐 스펙트럼 장애 아동의 수면 문제에 대한 개요를 제공한다.
4. 아동의 현재 수면 일과뿐만 아니라 부모의 우려 사항도 평가한다.
5. 수면 데이터 수집을 시작한다.

목표: 수면 2부

6. 수면 기록과 행동 일지를 확인한다.
7. 취침 준비 과정을 만든다: 수면 위생 권장 사항
8. 취침 준비 과정을 만든다: 일관된 일과표를 만든다.
9. 지연된 수면 개시를 해결한다.
10. 야간 각성을 해결한다.
11. 수면 연관 문제행동을 해결한다.
12. 아동이 부모의 침대로 들어가는 것을 해결한다.
13. 과제 데이터 수집 절차를 개발한다.
14. 행동지원계획서를 갱신한다.

부모의 목표

1. 부모가 아이의 현재 취침 일과에 대한 정보를 제공한다.
2. 부모가 아이의 수면 문제를 식별하고 설명한다.
3. 부모가 진행 상황을 모니터링하고 데이터를 기록하는 능력을 보여 준다.
4. 부모가 수면 문제를 목표로 삼는 과제를 개발한다.

자료

1. 치료자 스크립트
2. 부모용 워크북 수면 문제 학습활동
3. 치료 충실도 체크리스트
4. 행동지원계획서

치료자 스크립트

목표 1 이전 회기의 과제를 확인한다

지난 회기의 과제에서 진행된 사항을 살펴보자. [문제가 발견된 부분의 예와 함께 중재가 효과적이었던 부분에 대해 토론한다. 필요 시 프로그램의 수정 사항을 제안한다.]

목표 2 행동지원계획서를 확인한다

이제 행동지원계획서를 검토하고, 지금까지 우리가 구현한 다른 전략들이 어떻게 사용되고 있는지 살펴보자. 일관되게 사용하는 데 어려움이 있는 전략이 있는가? 표적행동을 다루는 데 있어서 어떤 전략이 효과적이라고 생각되는가? 행동지원계획서에 열거되어 있는 추가 전략을 사용할 준비가 되어 있는가? [행동지원계획서에 기록된 아직 실행되지 않은 특정 전략을 확인한다.]

목표 3 자폐 스펙트럼 장애 아동의 수면 문제에 대한 개요를 제공한다

자폐 스펙트럼 장애 아동의 80%가 취침 및 수면 장애를 갖고 있다고 연구 결과에서 보여 주듯이 당신의 자녀가 수면에 어려움을 겪는 것은 놀라운 일이 아니다. [부모에게 학습활동 4.1을 주고 검토한다.] 아동이 취침 준비에 협조하게 하는 것이 힘든 일이기 때문에 취침 시간은 종종 부모에게 있어 매우 스트레스가 많은 시간이다. 아동은 '소등' 후 15~20분 이내에 잠들어야 하지만, 자폐 스펙트럼 장애 아동들은 잠드는 데 어려움을 겪는다. 또한 아동이 한 번 잠들고 나면 수면을 유지하는 것이 종종 문제가 된다. 아동이 야간에 여러 번 깰 수 있으며, 가족 모두에게 지장을 줄 수 있다. 때때로 자폐 스펙트럼 장애 아동은 독립적으로 잠들기가 어렵기 때문에 일단 잠에서 깨면 어른의 도움 없이 다시 잠들기 힘들다. 부모는 아동이 잠들 때까지 침대 곁에 머물거나, 아동이 다른 장소에서 잠을 자는 것을 허용해야 한다. 일부 아동은 잠들기 위해 특정 아이템(예: TV 켜기, 좋아하는 동물 인형)이 필요하다. 잠자는 동안의 매우 시끄러운 코골기나 호흡 곤란과 같은 수면 문제는 추가적인 평가가 필요할 수 있다. 마지막으로 많은 자폐 스펙트럼 장애 아동은 아침 일찍 잠에서 깨며, 또래의 아동에게 권장되는 수면의 총량을 확보하지 못할 수 있다.

목표 4 아동의 현재 수면 일과뿐만 아니라 부모의 우려 사항도 평가한다

아동의 수면 문제를 치료하기 위한 계획을 수립하기 전에 아동의 현재 수면 행동 및 문제에 관한 몇 가지 정보가 필요하다. 먼저 아동의 취침 시간에 관한 자세한 정보를 수집하자. [부모와 함께 학습활동 4.2의 현재 취침 일과표를 작성한다.] 아동의 수면 습관에 관련된 다른 잠재적인 어려움의 영역을 살펴보자. [부모와 함께 학습활동 4.3을 작성한다. 수면 프로그램을 시작하기 전에, 예를 들어 코골기와 수면무호흡과 같이 진료에 필요할 수 있는 행동/문제에 주의한다. 우려 사항이 있다면, 수면 프로그램을 시작하기 전에 다른 문제를 배제하기 위해 의료 평가를 받게 하는 것이 좋다. 부모가 수면 문제에 대한 치료 선택에 관하여 질문하면, 이러한 질문을 아동을 치료하는 소아과 의사에게 다시 보내야 한다.]

목표 5 수면 데이터 수집을 시작한다

수면 프로그램을 시작하기 전에 아동의 현재 수면 행동 및 패턴에 관한 데이터를 얻는 것이 매우 유용하다. 이런 이유로 아동의 수면 일과에 관한 데이터를 적어도 일주일 정도 작성해야 한다. 수면 기록(학습활동 4.4a와 4.4b)에서 중요한 것은 아이를 침대로 보내는 시각, 잠드는 시각, 수면 발생과 지속 시간, 야간 각성 그리고 아동이 아침에 일어나는 시각이다. 수면 행동 일지(학습활동 4.5a와 4.5b)에는 취침 시각과 함께 야간에 발생한 특정 문제행동과 관련하여 다음 회기에서 토론하고 싶은 정보를 기록한다. [학습활동 4.4와 4.5를 검토한다. 부모가 데이터 수집을 완료하고 나면 이 훈련 회기로 돌아간다.]

목표 6 수면 기록과 행동 일지를 확인한다

아동의 취침 시간/수면 문제를 돕기 위해, 우리는 먼저 취침 패턴뿐만 아니라 취침 시간/수면 일과와 관련하여 발생하는 문제행동에 대한 정보를 수집해야 했다. 이제 몇 가지 데이터를 얻었으므로, 특히 취침 준비, 잠들기, 야간 각성 및 이른 아침 깨기 등과 관련하여 아동의 수면 일과에서 패턴을 찾아보자. 이 정보를 바탕으로 우리는 취침 시간 및/또는 수면의 개선을 위한 계획을 세울 수 있다. [지난 회기에서 작성한 취침 일정 및 취침 일과에 대한 질문지와 함께 수면 기록 및 행동 일지의 데이터를 검토한다. 취침 일정 및 취침 일과에 대한 질문지는 취침 일과 또는 수면 관련 문제의 변화를 표적으로 삼을 필요가 있는지를 알려 준다. 먼저 성공적인 취침 일과를 수립하는 것이 보통 도움이 된다. 일단 이것이 준비되면, 다른 영역에 대해 중재한다(예: 수면 연합, 지연된 수면 시작 등). 수면 기록에서는 아동이 침대에 들어간 시각과 잠든 시각(지연된 수면 시작) 사이의 불일치 및 야간 각성의 빈도와 시간에 주의한다. 복수의 문제가 있는 아동의 경우에는, 한 번에 하나의 표적 목표를 선택한다.]

목표 7 취침 준비 과정을 만든다: 수면 위생 권장 사항

다음은 취침 준비에 이르기까지 적절한 수면 위생을 촉진하기 위한 몇 가지 권장 사항이다. [부모에게 학습활동 4.6을 준다.]

- **환경**: 침실은 수면에 도움이 되어야 한다. 특히 편안한 온도와 제한된 빛이 있는 조용한 공간이어야 한다. 또한 방에 TV, 아이패드 또는 비디오 게임과 같은 전자 기기가 없어야 한다.
- **감각**: 자폐 스펙트럼 장애 아동은 다른 아동은 성가셔 하지 않는 소음도 잘 의식한다. 다른 방에 있는 TV 소리 또는 물소리와 같은 일반적인 가정 소음도 수면에 영향을 줄 수 있다. 이 문제를 해결하기 위해서는 아동을 깨울 수 있는 소음을 덮기 위해 천장 선풍기, 공기 청정기 또는 음향 기기와 같은 백색 소음을 사용하는 것이 좋다. 다른 민감도 문제로는 침구 및 잠옷의 질감 문제가 있다. 꽉 조이는 잠옷과 헐렁한 잠옷, 가벼운 이불과 무거운 이불 사이에서 선택함으로써 아이가 잠들 때 편안함을 증가시키는 데 도움이 될 수 있다.
- **음식/음료**: 잠자리에 들기 몇 시간 전에 아이들은 카페인이 첨가된 음식이나 음료(예: 소다 및 초콜릿 함유 식품)를 피해야 한다.
- **활동**: 취침 준비가 시작되기 전에 안정시키거나 진정시키는 활동도 포함하는 것이 좋다. 취침 시간 최소 30분 전에는 신체 운동이나 놀이와 같은 활동을 피해야 한다. 또한 TV 시청이나 컴퓨터 게임은 취침 직전에 피해야 한다.
- **약물/건강**: 일부 약물은 잠들거나 잠잘 수 있는 아동의 능력을 저해할 수 있다. 아이가 약물치료를 받는다면 부작용에 대해 담당 의사와 상의할 수 있다. 때때로 아이의 투약 일정을 재조정하여 수면을 향상시킬 수 있다.
- **기대**: 아동은 침대에 들어간 지 15~20분 이내에 잠들어야 한다.

이러한 논의를 토대로 아동의 일반적인 수면 위생과 관련하여 우리가 어떤 변화를 가져올 수 있을지 생각해 보자. [학습활동 4.6의 새로운 취침 일과에 변경 부분을 추가한다. 여기에는 잠을 방해하는 활동의 제한(TV 시청, 컴퓨터 게임)과 아동의 소아과 의사와 치료 문제를 논의하기 위한 약속 등이 포함된다.]

목표 8 취침 준비 과정을 만든다: 일관된 일과표를 만든다

대부분의 자폐 스펙트럼 장애 아동은 일상생활에서 일관성과 예측 가능성이 있을 때 더 잘 반응하기 때문에, 일관된 취침 시간을 설정하면 아동의 취침 시간 행동을 향상시킬 수 있다. 아동의 현재 취침 시간을 기억하자. [작성된 학습활동 4.2의 현재의 취침 준비 과정을 참조한다.] 일과를 보다 원활하게 진행하는 데 도움이 되는 몇 가지 변화를 어떻게 만들 수 있는지 살펴보자.

먼저 취침 준비 과정에 정기적인 시작 시간이 포함되어야 한다. 아이의 취침 준비 과정을 일관되게 시작할 수 있는 시간이 있는가? [이 시간을 학습활동 4.6에 추가한다.] 아이의 현재 취침 준비 과정을 변경하여 더 원활하게 진행할 수 있는 몇 가지 방법을 생각해 보자. 수정 사항에는 취침 준비 과정을 위한 시각적 전략의 사용 또는 취침 준비 과정의 일부로서 진정 활동이 포함될 수 있다. 또한 취침 준비 과정의 단계 중에서 문제행동을 예방하기 위해 조정할 것이 있는지 살펴보자. 취침 시간에 피해야 할 활동은 무엇인가? 이것을 바탕으로 아이의 취침 준비 과정에 맞추어 단계를 업데이트하자. [부모를 도와서 현재 취침 준비 과정을 수정하거나 새로운 취침 준비 과정을 만든다. 새로운 단계를 학습활동 4.6에 추가한다.] 끝으로 언제 '소등'하기를 원하는가? [이 시간을 학습활동 4.6에 추가한다.]

목표 9 지연된 수면 개시를 해결한다

일관된 취침 준비 과정이 마련되어 있더라도, 일부 아동은 '소등' 후 15~

20분 안에 잠드는 데 어려움을 겪는다. 아동이 마침내 혼자서 잠들 수 있는 경우(즉, 잠들기 위해 다른 사람이 곁에 있지 않아도 됨), 더 일찍 잠들게 하는 일반적인 전략은 더 늦은 취침 시간부터 시작하여 천천히 취침 시간을 앞으로 당기는 것이다. 예를 들어, 아동을 위한 '소등'이 오후 8시 30분이지만 일반적으로 오후 9시 30분이 되어야 잠든다면, 오후 9시 15분에 '소등'함으로써 프로그램을 시작한다. 아동이 오후 9시 30분까지 일관되게 잠이 든다면, 그 다음에는 취침 시간을 조금씩 당긴다(예: 10~15분). 이 예에서는 취침 시간을 오후 9시 15분에서 오후 9시로 이동시킬 수 있다. 그런 다음, 아이가 오후 9시 15분까지 잠들 때, 당신은 취침 시간을 다시 오후 8시 45분으로 이동한다. 이 전략을 '수면 개시 시간 줄이기(점진적 소거)'라고 한다. 일반적으로 아이가 2주 동안 15~20분 이내에 잠드는 경우 더 이른 취침 시간으로 이동하는 것이 좋다. 취침 시간을 너무 빨리 변경하면 지연된 수면 개시가 빨리 되돌아오게 된다.

목표 10 야간 각성을 해결한다

일부 아동은 한밤중에 잠에서 깨어나서 부모를 찾는다. 아동이 다시 잠들게 하는 한 가지 방법은 단순히 그를 무시하는 것이다. 이것은 아기가 밤에 울 때 소아과 의사가 부모에게 일반적으로 권장하는 사항이다. 당신은 이미 이것을 시도했을 수도 있다. 그러나 이 방법은 종종 실행하기가 매우 어렵다. 부모는 아동을 '무시'하는 것이 불편할 수 있으며, 특히 아동에게 정말로 필요한 것이 있다고 생각한다면 더욱 그렇다. 또한 우는 아동은 부모뿐만 아니라 집 안의 다른 사람들도 깨울 수 있다.

아동을 완전히 무시하는 일부 문제를 피하려면 대신에 '점진적 소거'라는 전략을 사용할 수 있다. 점진적 소거에서는, 부모가 잠시 들어가서 아동을 확인하고 모든 것이 괜찮다고 안심시키며 등을 재빨리 문지르거나 아동이 좋아하는 다른 신체 접촉을 하기에 앞서, 정해진 양의 시간이 흘러가게 한다. 그런 다음 이 시간 간격을 서서히 증가시킨다. 예를 들어, 한밤중에 아동이 호출하면, 아동을 확인하는 시간을 3분으로 정했다면 3분이 흐른 뒤에 그를 확인한다. 그다음에 우는 소리가 계속되면 다시 3분이 흐른 후에 아동을 잠시 확인하기 위해 들어간다. 이후의 밤부터는 이러한 지연을 2~3분 정도 증가시킨다. 따라서 3분으로 시작한다면 다음날 밤에는 5분의 시간이 지난 후에 아동의 방으로 들어간다. 이러한 프로그램을 시작하려면, 처음 며칠 동안 어려움을 겪을 수 있으므로 일주일 중 어느 시간이 좋을지 생각해야 한다. 일부 가정은 주말이나 공휴일에 이러한 프로그램을 시작하기로 결정한다. [프로그램을 설계할 때에는 부모가 계획된 무시를 얼마나 잘 사용했는지, 가까이에서 자고 있는 다른 사람에 대한 가정의 제약은 무엇인지, 그리고 가족 내의 스트레스는 어느 수준인지 고려한다. 부모가 이러한 접근법의 사용을 주저하면, 다른 수면 문제들을 먼저 다룰 경우 그러한 접근법이 더 성공적일 수 있다. 더 기능적인 아동에 대한 옵션은 타이머를 설정하고 부모의 주의를 이용하여 침대에 (또는 침실에) 머무는 것을 강화하는 것이다. 아동은 타이머가 울릴 때 어머니가 돌아와서 몇 분 동안 함께 있을 것이란 말을 듣는다. 아동이 방을 떠나면, 부모가 중립적인 태도로 아동을 침실로 돌려보내고 타이머를 재설정해야 한다. 그런 다음 아이가 발전함에 따라 시간이 점점 길어진다.]

목표 11 수면 연관 문제행동을 해결한다

많은 자폐 스펙트럼 장애 아동은 자기가 잠들 때까지 부모가 함께 누워 있어야 한다. 어떤 아동은 자신의 침대보다는 TV가 켜져 있는 거실이나 부모의 침대와 같이 다른 장소에서 잠들기를 좋아한다. 일부 아동들은 잠들기 위해 DVD 플레이어를 켜 놓거나 특정 장난감이나 담요와 같은 물품을 필요로 한다. 이러한 모든 사례는 수면 연관 문제행동으로 간주된다. 즉, 그러한 아동은 특정 조건이 마련되었을 때 잠들고 잠을 유지할 수 있다. 이러한 상황에서는 '점진적 소거' 전략을 사용할 수 있다. 예를 들어, 한 아동이 자신의 침대에 부모가 누워 있을 때에만 잠들 수 있다면, 부모가 침대에 앉아 있는 것으로 '점차로 줄일' 수 있으며, 아동이 잠들 때까지 침대 옆에 있는 의자에 부모가 머무는 것으로 더욱 줄일 수 있다. 그다음에는 의자를 방의 중앙으로, 출입구로 그리고 마침내 아동이 잠들 때까지 문 밖으로 이동할 수 있다. 또 다른 점진적 소거는 부모가 천천히 침대에서 나와서 커다란 베개를 넣는 것이다. 한 영리한 연구에서 사용된 점진적 소거 전략은 아동이 실물 크기의 헝겊 인형과 함께 잠을 자는 것이었다. 때때로 우리는 TV를 보는 대신 마음을 달래 주는 음악을 듣는 것과 같이 더 적절한 수면 연관 행동으로 '점차로 줄이기'를 할 필요가 있다. [부모와 함께 어떠한 체계적인 점진적 소거 과정을 시도할지 생각한다. 단계들은 작고 천천히 도입되어야 한다.]

목표 12 아동이 부모의 침대로 들어가는 것을 해결한다

한밤중에 아동이 당신의 침대에 들어오면, "그래, 오늘밤만이야."라고 말하고 싶은 유혹을 느낄 것이다. 이렇게 하면 불행히도 이것이 아동의 습관이 될 토대를 마련할 수 있다. 이 행동에 대한 최선의 방법은 아동을 자신의 침대로 데려다 주고 중립적인 태도로 안정하도록 도운 후 침대로 돌아오는 것이다. [치료자는 가족에 맞게 구현을 개별화할 수 있다. 예를 들어, 부모는 아동이 밤새 자신의 방에 머문 것을 보상하는 등 강화 시스템을 사용하거나 부모의 방으로 오는 대신 호출하도록 가르칠 수 있다. 중립적으로 아동을 침실로 되돌려 보낼 수 있는 방법에 대해 부모와 함께 검토한다. 마지막으로 수면 습관에 대한 관점과 가족 문화와 관련하여 가족 간에 차이가 있음을 유념한다. 많은 부모가 아동이 부모의 침대로 들어오는 것을 문제로 여기지 않을 수 있다. 그러므로 이것을 변화시키려는 시도가 성공할 가능성이 낮다. 더구나 긴장된 결혼 관계도 함께 자는 것을 조장할 수 있다. 그것이 부모가 일으키는 문제라면 이러한 행동만을 표적으로 삼는다.]

목표 13 과제 데이터 수집 절차를 개발한다

우리가 아동의 수면 문제에 대한 계획을 개발했으므로 앞으로 몇 주 동안 자녀의 진행 상태를 추적하는 것이 중요하다. [표적 수면 문제에 따라, 부모는 수면 기록(학습활동 4.4b) 또는 수면 행동 일지(학습활동 4.5b)를 사용하여 전략의 실현을 추적할 수 있다.] 우리의 계획을 수정할 필요가 있는지 알 수 있도록 이것을 추적하는 것이 중요하다. 다음 회기를 위해 기억하고 싶은 문제나 의견을 반드시 기록한다.

목표 14 행동지원계획서를 갱신한다

[부모와 함께 이 회기에서 논의된 사항에 기초하여 행동지원계획서를 갱신한다. 과제의 대상이 되는 전략뿐만 아니라 고려 중인 모든 전략을 포함시킨다. 보충 회기 4 정리로 넘어가 부모에게 이 자료를 이번 주 동안 복습하도록 한다. 다음 회기 일정을 계획하며 이 회기를 종결한다.]

수면 문제 - 치료 충실도 체크리스트

성명(아동): ______________________ 방문일: _____________ (년/월/일)

치료자: ______________________

회기 목표가 치료자에 의해 달성된 정도를 평가한다.

0 = 목표가 달성되지 않음

1 = 목표가 부분적으로 달성됨

2 = 목표가 완전히 달성됨

N/A = 목표가 회기에 포함되지 않음

치료자의 완성도 목표	평가			
수면 1부				
1. 이전 회기의 과제를 확인한다.	0	1	2	N/A
2. 행동지원계획서를 확인한다.	0	1	2	N/A
3. 자폐 스펙트럼 장애 아동의 수면 문제에 대한 개요를 제공한다.	0	1	2	N/A
4. 아동의 현재 수면 일과뿐만 아니라 부모의 우려 사항도 평가한다.	0	1	2	N/A
5. 수면 데이터 수집을 시작한다.	0	1	2	N/A
수면 2부				
6. 수면 기록과 행동 일지를 확인한다.	0	1	2	N/A
7. 취침 준비 과정을 만든다: 수면 위생 권장 사항	0	1	2	N/A

8. 취침 준비 과정을 만든다: 일관된 일과표를 만든다.	0	1	2	N/A
9. 지연된 수면 개시를 해결한다.	0	1	2	N/A
10. 야간 각성을 해결한다.	0	1	2	N/A
11. 수면 연관 문제행동을 해결한다.	0	1	2	N/A
12. 아동이 부모의 침대로 들어가는 것을 해결한다.	0	1	2	N/A
13. 과제 데이터 수집 절차를 개발한다.	0	1	2	N/A
14. 행동지원계획서를 갱신한다.	0	1	2	N/A

계 ________ / 28

부모의 참여, 올바른 응답 및 활동 완료 정도를 평가한다.

0 = 부모가 기술이나 이해를 보여 주지 않았고 과제를 완료하지 못함

1 = 부모가 몇몇 질문을 올바르게 이해하고 응답했으며 부분적으로 과제를 완수함

2 = 부모가 거의 모든 질문을 올바르게 이해하고 응답함

N/A = 목표가 회기에 포함되지 않음

부모의 목표	**평가**			
1. 부모가 아이의 현재 취침 일과에 대한 정보를 제공한다.	0	1	2	N/A
2. 부모가 아이의 수면 문제를 식별하고 설명한다.	0	1	2	N/A
3. 부모가 진행 상황을 모니터링하고 데이터를 기록하는 능력을 보여 준다.	0	1	2	N/A
4. 부모가 수면 문제를 목표로 삼는 과제를 개발한다.	0	1	2	N/A

계 ________ / 8

충실도 노트:

보충 회기 5

타임아웃

개요

이 회기에서는 타임아웃의 올바른 사용에 대한 정보를 제공한다. 잠재적인 실행의 어려움도 논의된다.

목표

1. 이전 회기의 과제를 확인한다.
2. 행동지원계획서를 확인한다.
3. 타임아웃을 소개한다.
4. 타임아웃 상황을 만드는 다양한 방법에 대해 논의한다.
5. 부모에게 타임아웃을 사용하기 위한 기본 단계를 소개한다.
6. 일이 잘못 진행될 경우 문제를 해결한다.
7. 부모와 타임아웃 계획을 설계한다.
8. 부모와 타임아웃의 실행을 위한 역할놀이를 한다.
9. 가정에서 타임아웃을 실행하기 위한 과제를 제공한다.
10. 행동지원계획서를 갱신한다.

부모의 목표

1. 부모는 가정용 타임아웃 프로그램의 설계를 돕는다.
2. 부모는 역할놀이를 통해 타임아웃을 사용하는 능력을 보여 준다.

자료

1. 치료자 스크립트
2. 부모용 워크북 타임아웃 학습활동
3. 치료 충실도 체크리스트
4. 행동지원계획서

치료자 스크립트

목표 1 이전 회기의 과제를 확인한다

지난 회기의 과제에서 진행된 사항을 살펴보자. [문제가 발견된 부분의 예와 함께 중재가 효과적이었던 부분에 대해 토론한다. 필요 시 프로그램의 수정 사항을 제안한다.]

목표 2 행동지원계획서를 확인한다

이제 행동지원계획서를 검토하고, 지금까지 우리가 구현한 다른 전략들이 어떻게 사용되고 있는지 살펴보자. 일관되게 사용하는 데 어려움이 있는 전략이 있는가? 표적행동을 다루는 데 있어서 어떤 전략이 효과적이라고 생각되는가? 행동지원계획서에 열거되어 있는 추가 전략을 사용할 준비가 되어 있는가? [행동지원계획서에 기록된 아직 실행되지 않은 특정 전략을 확인한다.]

목표 3 타임아웃을 소개한다

타임아웃은 수년 동안 아동에 대한 행동 관리 도구로서 사용되어 왔으며, 자녀의 행동지원계획서의 유용한 일부분이 될 수 있다. 우선 '타임아웃'이라는 용어부터 정의하자. 그것은 사실상 '긍정적 강화로부터의 타임아웃'을 의미한다. 즉, 타임아웃은 아이가 일정 기간 동안 강화 활동에 접근할 수 없는 상황이다. 당신의 부모가 벌로서 당신을 당신의 방으로 보냈을 때, 그것은 일종의 타임아웃에 해당한다. 그 이유는 방에 머물면 TV 시청, 밖에서 놀기,

친구와 전화 통화 등의 강화물 사용이 제한되기 때문이다. 또한 타임아웃은 어떤 학생이 친구들로부터 관심을 얻기 위해 행동할 때 그를 교실에서 제거하는 것과 같이 관심에 의해 유지되는 행동에 이상적이다. 중요한 사실은 타임아웃 기간 동안에는 아이가 원하는 것일 수 있는 강화물에 아이가 접근할 수 없는 경우에만 타임아웃이 효과적일 수 있다는 점이다. 부모가 아들을 자신의 방으로 보냈으나 그가 방에서 장난감을 가지고 놀 수 있다면, 이것은 타임아웃이 아니다. 그것은 타임 인(time in)이다!

목표 4 타임아웃 상황을 만드는 다양한 방법에 대해 논의한다

타임아웃을 구현할 수 있는 방법에는 여러 가지가 있다.

1. **간단한 계획된 무시**: 관심이 아동을 강화한다고 가정할 때, 짧은 시간 동안 아동을 무시하는 것은 '관심으로부터의 타임아웃'이다. 예를 들어, 수지(Susie)가 저녁 식사 때 어머니를 화나게 하려고 욕을 할 경우, 수지를 무시하고 대신에 수지가 멈출 때까지 다른 형제자매와만 이야기하는 것은 타임아웃의 한 형태이다.

2. **아동의 일시적 소외**: 가장 일반적인 형태의 타임아웃은 아동을 지정된 타임아웃 영역으로 이동하도록 하는 것이다. 이것은 의자, 방의 구석 등이 될 수 있다. 일부 아동의 경우 타임아웃은 그들이 어떤 강화 활동을 놓치고 있는지 듣거나 볼 수 있을 때 효과적일 수 있다. 예를 들어, 신디(Cindy)는 카드 게임 중에 다른 형제자매와 다투었기 때문에 타임아웃 영역으로 보내진다. 타임아웃은 자기가 없이도 카드 게임이 계속 진행되는 것을 신디가 들을 수 있다면 가장 효과적일 수 있다. 따라서 어머니는 형제자매들이 웃으며 즐거운 시간을 보내는 것을 들을 수 있는 옆

방에 신디를 앉아 있게 한다.

3. **강화 아이템의 일시적인 제거**: 아동을 타임아웃 영역으로 물리적으로 이동시키지 않고도 타임아웃 상황을 만들 수 있다. 예를 들어, 빌리(Billy)는 저녁 식사로 마카로니와 치즈를 즐기는데, 먹을 때 스푼을 사용하는 방법을 알고 있지만 가끔 '잊어버리고' 대신 손가락을 사용한다. 어머니는 이런 일이 발생할 때 30초 동안 그의 접시를 치우는 짧은 타임아웃을 만든다. 이런 형태의 타임아웃의 또 다른 예로는, 아이들이 장난감을 두고 싸울 때, 부모가 그 장난감을 가져가서 일정 시간 동안 아이들의 손이 닿지 않는 곳에 두는 것이다. 이 예에서는 장난감이 타임아웃에 놓이고, 아이들이 장난감을 가지고 놀 기회를 일정 기간 동안 잃어버린다. 강화물에 대한 아이의 접근권을 일시적으로 제거하여 타임아웃을 만들 수 있는 다른 방법들을 생각해 보자. [TV 시간, 좋아하는 비디오, 또는 장난감을 제거하는 것이 예에 포함된다.]

4. **다른 사람을 이동시켜 타임아웃 영역 만들기**: 어떤 경우에는 아동이 자신의 크기나 행동의 위험성 때문에 타임아웃으로 보내질 수 없다. 이 경우에는 다른 사람들이 대신 타임아웃을 만들기 위해 그곳을 떠나야 한다. 학교에서 한 학생이 불안해지면 학급 전체가 다른 교실로 이동할 필요가 있다. 집에서는 아동을 옮기기보다는 온 가족이 다른 방으로 옮겨야 할 수도 있다. 이것은 물리적인 개입이 더 큰 동요와 공격행동으로 이어지는 경향이 있을 때 해당된다.

목표 5 부모에게 타임아웃을 사용하기 위한 기본 단계를 소개한다

다음은 자녀와 함께 효과적인 타임아웃을 구현하기 위한 단계들이다.

1단계: 어떤 행동이 타임아웃으로 이어질지 정한다. 아동이 어떤 행동을 할 경우 자신이 항상 타임아웃으로 보내지는지 이해할 수 있도록 어떤 행동을 타임아웃의 표적으로 삼는지 명확히 밝히는 것이 중요하다. 이것은 아동의 삶에서 다른 어른들과 함께 타임아웃을 사용하는 데 있어 일관성을 유지하는 데에도 도움이 될 것이다. 타임아웃을 관리할 수 있으려면 한 번에 하나 또는 두 가지 특정 행동만을 목표로 지정하는 것이 가장 좋다. 우리는 당신의 자녀가 하루 중 많은 시간을 타임아웃에서 보내는 것을 원하지 않기 때문이다. 또한 공격과 같은 좀 더 심각한 문제행동이 발생할 때에만 타임아웃을 사용하는 것이 가장 좋다.

2단계: 타임아웃 장소를 정한다. 타임아웃의 위치는 아동을 타임아웃으로 가게 하는 것이 얼마나 어려울지, 아동이 스스로 타임아웃에 머무를 수 있는지, 그리고 집에서 최고의 '강화가 없는' 환경이 어디인지에 따라 결정한다.

3단계: 타임아웃의 기간을 정한다. 타임아웃 기간을 3~5분을 넘지 않도록 짧게 유지한다. 아동은 타임아웃에서 '시간을 다 보낸 후'에 그곳을 떠날 수 있다. 유일한 예외는 아동이 시간이 끝날 무렵에도 여전히 흥분된 상태에 있는 경우이다. 이 경우, 부모는 아동에게 타임아웃을 떠날 준비가 되었음을 나타내는 행동(예: 조용히 앉아 있는 것)을 10~30초 동안 하도록 요구해야 한다. 이것은 매우 흥분된 아동을 데리고 나가서 몇 분 안에 다시 타임아웃으로 되돌아오는 것을 피하기 위함이다.

4단계: 문제가 발생하면 즉시 일관성을 유지하고 타임아웃을 시작한다. 이를 통해 타임아웃이 보다 효과적이게 되며, 특정 행동이 타임아웃으로 연결된다는 것을 아동이 알게 된다.

5단계: 아동에게 타임아웃으로 가라고 말한다. 표적행동이 발생하자마자 단호하고 침착하게 "_____하는 것은 안 돼. 타임아웃으로 가."라고 말한다. 아동이 타임아웃에 들어가면 아동과의 추가적인 상호작용을 제한하며, 아동을 주목하게 하는 논의나 토론도 하지 않는다. 필요할 경우, "네가 차분해지면 타임아웃에서 나올 수 있어."라는 식의 말을 아동에게 한다. 어떤 부모는 타임아웃 시간을 파악하기 위해 타이머를 사용한다.

6단계: 타임아웃 후에는 아동이 활동에 빠르게 참여하게 한다. 일단 타임아웃이 끝나면 아동을 즐거운 활동에 참여시켜 적절한 행동이 강화될 수 있도록 한다.

7단계: 아동에게 타임아웃 계획을 설명한다. 아동과 미리 앉아서 타임아웃 프로그램에 대해 설명한다. 아동에게 타임아웃으로 이어질 행동과 타임아웃이 일어날 장소 그리고 거기서 얼마나 머물러야 하는지 알려 준다. 타임아웃을 벗어나려면 차분해질 필요가 있다는 것을 아동에게 설명한다.

목표 6 일이 잘못 진행될 경우 문제를 해결한다

많은 가족이 예전에 타임아웃을 시도했으나 효과가 없었다고 보고한다. 이는 타임아웃이 하기는 쉽지만, 많은 일이 잘못될 수 있기 때문이다. 다음은 타임아웃 사용 시 발생할 수 있는 네 가지 일반적인 문제점과 몇 가지 가능한 해결책이다.

1. **아동이 타임아웃에 있는 동안 방을 '엉망으로 만든다'.** 이러한 일이 발생할 우려가 있는 경우에는 타임아웃을 위한 다른 장소를 선택하거나 최소한 초기에는 방에서 물건들을 치워서 미리 방지하는 것이 최선이다. 아동

이 타임아웃 중에 파괴적이라면, 방에서 나오기 전에 어지러워진 것들을 치우게 할 수 있다.

2. **아동이 타임아웃 영역으로 가기를 거부한다.** 때로는 아동이 타임아웃 영역으로 가는 것을 '도와줄' 필요가 있다. 이러한 도움은 가능한 한 신체적 접촉을 최소한으로 해야 한다. 어린아이들은 옮겨지거나 이끌려 갈 수 있다. 더 큰 아이들은 팔을 잡거나 손바닥으로 등을 밀어서 데려갈 수 있다. 신체적인 도움이 일부 아동의 행동을 악화시킬 수 있기 때문에 경험상 이것을 가능한 한 적게 사용하는 것이 좋다. 또한 아동이 텐트럼을 하고 바닥에 드러누우면 아동이 타임아웃 영역으로 이동하는 것을 멈출 수 있는데, 이 경우에는 단지 아동이 차분해지고 타임아웃 요구를 수행할 준비가 될 때까지 기다릴 수 있다. 좋은 수용 언어 능력이 있는 아동의 경우, 타임아웃 영역에 가기를 거부하면 추가적인 벌칙을 부과할 수 있다. 예를 들어, 아동이 타임아웃 영역으로 이동하기를 거절할 때마다 1분의 타임아웃을 추가할 수 있다. 다른 대안은 아동에게 '벌금'을 부과하는 것이다. 예를 들어, 타임아웃 영역으로 가거나 그곳에서 머물기를 거부할 때마다 아동은 5분의 TV 시청 시간을 잃을 수 있다. 또 다른 대안은 타임아웃 그 자체보다 더 싫어하는 또 다른 벌(back-up punishment)을 받게 하는 것이다(예: 밤에 TV 시청 권한을 잃고, 일찍 잠자리에 들기 등). 당신은 아동이 타임아웃 영역에 가지 않으면 특권을 잃을 것이라고 말할 수 있다. 아동이 여전히 타임아웃 영역에 가지 않는다면, 정해진 대체된 벌을 실행한다. (그리고 반드시 끝까지 마무리한다!) 마지막 옵션은 아동을 내버려 두고 강화 활동을 제거함으로써 타임아웃 상황을 '만드는 것'이다.

3. **아동이 타임아웃 영역을 계속 벗어난다.** 아동은 때때로 타임아웃에 머물기를 거부한다. 종종 이것은 타임아웃으로 가기를 거부하는 아동과 같

은 방식으로 다룰 수 있다. 아동은 타임아웃으로 되돌아갈 필요가 있다. 처음에는 아동이 타임아웃에 머무는 것을 배울 때까지 그 영역을 떠나지 못하게 하기 위해 부모가 아동 근처에 있어야 할 수도 있다.

4. **공공장소에 타임아웃 영역이 없다.** 타임아웃은 집 밖에서의 선택이 아닐 수 있다. 그러나 많은 가정이 이러한 문제를 해결할 창의적인 방법을 고안해 냈다. 어린 자녀를 둔 어떤 가족은 상점 중간에서 타임아웃을 사용하여 아이를 바닥이나 다른 사람들과 떨어진 곳에 앉게 했다. 어떤 부모는 아이를 가게에서 데리고 나가 의자나 차에 앉아 있게 했다. 좀 더 나이 많은 아이들은 가족이 집으로 돌아올 때 자신의 타임아웃을 채우게 될 것이라는 말을 듣는다. 친척 집에는 종종 타임아웃 영역으로 사용될 수 있는 객실이나 구석진 곳이 있다. 지역사회에서 타임아웃을 사용하는 한 가지 방법은 타임아웃을 연습하기 위한 '훈련 상황'을 계획하는 것이다. 이러한 상황에서 부모는 특정 업무나 집안일을 해야 하는 부담이 없다.

목표 7 부모와 타임아웃 계획을 설계한다

자녀의 문제행동에 대한 전략을 수립한다. 다음의 학습활동은 타임아웃 프로그램을 설계하는 데 도움이 된다. [부모와 함께 학습활동 5.1을 검토한다.]

목표 8 부모와 타임아웃의 실행을 위한 역할놀이를 한다

계획을 수립했으니 이제 타임아웃의 사용을 연습해 보자. 자녀에 대해 가장 잘 아는 사람이 부모이므로, 먼저 당신이 당신의 자녀가 되어서 타임아웃의 표적이 되는 행동을 할 때 어떤 모습인지 보여 주자. [당신은 부모와 함께 타임아웃 단계를 명확하게 하기 위해 때때로 '역할에서 나와야' 할 수도 있다. 역할놀이를 통해 이전에 고안된 계획이 일부 변경될 수 있다. 다음에는 치료자가 아이 역할을 하는 동안 부모가 자기 고유의 역할을 하게 한다.]

목표 9 가정에서 타임아웃을 실행하기 위한 과제를 제공한다

타임아웃을 사용하는 법을 알았으니, 이번 주에는 집에서 그것을 사용해 보자. 여기에 있는 데이터 시트는 타임아웃을 사용할 때 기록하기 위한 것이다. [부모에게 학습활동 5.2를 제공한다.] 여기에서는 타임아웃의 날짜, 시간, 행동 및 지속 시간을 작성한다. 참고란에 타임아웃 구현 시의 문제점을 기록한다. [부모에게 부모를 위한 자료를 나누어 주고 다음 회기의 일정을 계획한다.]

목표 10 행동지원계획서를 갱신한다

[부모와 함께 이 회기에서 논의된 사항에 기초하여 행동지원계획서를 갱신한다. 과제의 대상이 되는 전략뿐만 아니라 고려 중인 모든 전략을 포함시킨다. 보충 회기 5 정리로 넘어가 부모에게 이 자료를 이번 주 동안 복습하도록 한다. 다음 회기 일정을 계획하며 이 회기를 종결한다.]

타임아웃 - 치료 충실도 체크리스트

성명(아동): ______________________ 방문일: ______________ (년/월/일)

치료자: ______________________

회기 목표가 치료자에 의해 달성된 정도를 평가한다.

0 = 목표가 달성되지 않음

1 = 목표가 부분적으로 달성됨

2 = 목표가 완전히 달성됨

N/A = 목표가 회기에 포함되지 않음

치료자의 완성도 목표평가

1. 이전 회기의 과제를 확인한다.	0	1	2	N/A
2. 행동지원계획서를 확인한다.	0	1	2	N/A
3. 타임아웃을 소개한다.	0	1	2	N/A
4. 타임아웃 상황을 만드는 다양한 방법에 대해 논의한다.	0	1	2	N/A
5. 부모에게 타임아웃을 사용하기 위한 기본 단계를 소개한다.	0	1	2	N/A
6. 일이 잘못 진행될 경우 문제를 해결한다.	0	1	2	N/A
7. 부모와 타임아웃 계획을 설계한다.	0	1	2	N/A
8. 부모와 타임아웃의 실행을 위한 역할놀이를 한다.	0	1	2	N/A
9. 가정에서 타임아웃을 실행하기 위한 과제를 제공한다.	0	1	2	N/A

10. 행동지원계획서를 갱신한다.	0	1	2	N/A

계 ________ / 20

부모의 참여, 올바른 응답 및 활동 완료 정도를 평가한다.

0 = 부모가 기술이나 이해를 보여 주지 않았고 과제를 완료하지 못함

1 = 부모가 몇몇 질문을 올바르게 이해하고 응답했으며 부분적으로 과제를 완수함

2 = 부모가 거의 모든 질문을 올바르게 이해하고 응답함

N/A = 목표가 회기에 포함되지 않음

부모의 목표	평가			
1. 부모는 가정용 타임아웃 프로그램의 설계를 돕는다.	0	1	2	N/A
2. 부모는 역할놀이를 통해 타임아웃을 사용하는 능력을 보여 준다.	0	1	2	N/A

계 ________ / 4

충실도 노트:

보충 회기 6

용변 훈련

개요

이 회기에서는 자폐 스펙트럼 장애 아동의 용변 훈련에 관한 다양한 문제를 다룬다. 치료자는 아동의 특수한 용변 문제에 집중함으로써 이 회기를 개별화해야 한다.

참고: 아동의 현재 용변 습관에 대한 데이터 수집이 용변 프로그램을 개발하는 데 필수적이다. 두 회기에 걸쳐 자료를 제시하는 것이 유용하다. 목표 1~5는 아동의 용변 문제를 평가하고 용변 패턴에 대한 데이터를 수집하는 데 중점을 둔다. 목표 6~14는 데이터 수집 후 적어도 일주일 후에 별도의 회기에서 다루며, 그 데이터를 사용하여 용변 처리 계획의 수립에 영향을 미친다.

목표: 용변 훈련 1부

1. 이전 회기의 과제를 확인한다.
2. 행동지원계획서를 확인한다.
3. 자폐 스펙트럼 장애 아동의 용변 문제에 대한 개요를 제공한다.
4. 아동의 현재 용변 패턴뿐만 아니라 부모의 우려 사항도 평가한다.
5. 용변 데이터 수집을 시작한다.

목표: 용변 훈련 2부

6. 완성된 용변 데이터를 확인한다.
7. 용변 훈련 단계를 소개한다.
8. 자발적 용변 보기를 가르친다.
9. 대변 훈련을 가르친다.
10. 변기에 앉기를 거부하는 문제를 해결한다.
11. 기저귀 습관을 해결한다.
12. 야뇨증을 해결한다.
13. 과제 데이터 수집 절차를 개발한다.
14. 행동지원계획서를 갱신한다.

부모의 목표

1. 부모가 아이의 현재 용변 행동과 문제에 대한 정보를 제공한다.
2. 부모가 가정에서 실시할 용변 훈련 계획의 개발을 돕는다.
3. 부모가 진행 상황을 모니터링하고 데이터를 기록하는 능력을 보여 준다.

자료

1. 치료자 스크립트
2. 부모용 워크북 용변 훈련 학습활동
3. 치료 충실도 체크리스트
4. 행동지원계획서

치료자 스크립트

목표 1 이전 회기의 과제를 확인한다

지난 회기의 과제에서 진행된 사항을 살펴보자. [문제가 발견된 부분의 예와 함께 중재가 효과적이었던 부분에 대해 토론한다. 필요 시 프로그램의 수정 사항을 제안한다.]

목표 2 행동지원계획서를 확인한다

이제 행동지원계획서를 검토하고, 지금까지 우리가 구현한 다른 전략들이 어떻게 사용되고 있는지 살펴보자. 일관되게 사용하는 데 어려움이 있는 전략이 있는가? 표적행동을 다루는 데 있어서 어떤 전략이 효과적이라고 생각되는가? 행동지원계획서에 열거되어 있는 추가 전략을 사용할 준비가 되어 있는가? [행동지원계획서에 기록된 아직 실행되지 않은 특정 전략을 확인한다.]

목표 3 자폐 스펙트럼 장애 아동의 용변 문제에 대한 개요를 제공한다

대부분의 아동은 다른 사람들을 모방할 수 있고 다른 가족 구성원과 '비슷하게 되기를' 바라기 때문에 용변 훈련을 한다. 자폐 스펙트럼 장애 아동들에게 이것은 어려움이 될 수 있는데, 그것은 그들이 흔히 모방을 잘하지 못하고, 다른 사람들을 모방하도록 동기부여가 되지 않기 때문이다. 그럼에도 불구하고 그것은 아동이 자립 기술을 중심으로 독립성을 발전시키고 사교 및 지역사회 행사에 완전히 참여할 수 있기 위해 학습해야 하는 중요한 과제이다. 또한 부모가 아동의 용변을 계속 돌보는 데에는 많은 시간과 비용이 소요될 수 있다.

우리가 생각하는 용변 훈련 문제는 다음의 여섯 가지 범주 중 하나에 포함된다.

1. **용변 기술이 없는 아이**: 이 아이는 화장실에서 성공한 적이 거의 없다. 그는 현재 기저귀나 팬티 기저귀를 착용하고 있으며, 보통 언제 실수를 했는지 알지 못한다. 부모나 교사가 때때로 아이를 화장실에 데리고 가려고 시도하지만, 거의 진전이 없다.

2. **규칙적으로 훈련을 받지만 독립적으로 화장실을 사용하지 않으려는 아이**: 이 아이는 속옷을 입을 수 있으며, 정기적으로 화장실에 데리고 가는 한 용변 실수가 거의 발생하지 않는다. 그러나 화장실에 데리고 가지 않으면, 아이가 화장실이나 자기가 볼일 보는 곳으로 갈 것을 요청하지 않으며 결국에는 용변 실수가 발생한다.

3. **배뇨와 배변 중 하나만 훈련되어 있는 아이**: 이 아이는 배뇨 또는 배변 중 하나에 대해 개별적으로 또는 간격을 두고 훈련받는다.

4. **기저귀/용변 습관이 있는 아이**: 어떤 아이들은 변기 사용을 거부하면서 용변을 참는다. 대신에 그들은 용변할 조용한 장소(보통 바지 또는 일회용 바지)를 찾거나 용변할 필요가 있을 때 어른에게 기저귀를 요청한다. 또 다른 예는 집 밖에서(예: 학교에서) 화장실 사용을 거부하고, 집으로 돌아올 때까지 배뇨/배변을 참는 경우이다.

5. **변기에 앉기를 거부하는 아이**: 어떤 아이들은 변기에 앉기를 거부하고 변

기에 앉혔을 때 텐트럼을 하기 때문에 용변 훈련에서 전혀 진전이 없었다. 결과적으로 그들은 욕실에서 성공적으로 용변을 볼 수 있을 만큼 긴장을 풀지 못했다.

6. **이불에 오줌 싸는 아이:** 이 아이는 낮에 용변 훈련을 받았지만, 밤에는 야뇨증을 겪는다.

목표 4 아동의 현재 용변 패턴뿐만 아니라 부모의 우려 사항도 평가한다

용변 훈련 계획을 수립하기 전에 자녀의 현재 용변 기술과 문제에 대한 정보가 필요하다. [부모와 함께 학습활동 6.1을 작성한다. 용변 훈련 프로그램을 시작하기 전에, 예를 들어 아이가 3일 이상 용변하지 못하는 경우와 같이 의료 상담이 필요할 수 있는 행동/문제에 주의한다. 잠재적인 의료적 우려가 있는 경우, 용변 훈련 프로그램을 시작하기 전에 다른 문제들을 배제하기 위해 아동이 의료적 평가를 받도록 하는 것이 좋다.]

목표 5 용변 데이터 수집을 시작한다

용변 훈련 프로그램을 시작하기 전에 아이의 용변 행동과 패턴에 관한 데이터를 수집하는 것이 도움이 된다. 이런 이유 때문에, 자녀의 용변 일과에 관한 적어도 일주일 분량의 데이터를 부모가 갖고 있는 것이 좋다. [부모와 함께 학습활동 6.2를 검토한다.] 관심 있는 부분은 하루 중 어느 시간에 아이가 화장실에 가는지 그리고 실수가 일어나는지 아니면 화장실에서 배뇨/배변에 성공하는지 여부이다. 실수는 화장실에 있지 않을 때 배뇨 또는 배변을 하는 것을 말한다. 따라서 아이가 중간에 변기에서 용변을 마친다 하더라도 그것은 여전히 실수로 간주된다. 우리는 또한 아이가 자발적으로 화장실에 갈 것을 요청하는지/독립적으로 화장실에 가는지 또는 요청하기 위해 부모의 촉구가 필요한지 여부를 알고자 한다. 자발적인 요청은 촉구 없이 아이가 화장실을 사용하겠다고 표시하는 것이다(그림, 구두 요청). 아이가 화장실에 가지만 용변을 보지 않는 때를 표시할 수도 있다. 마지막으로 양식의 맨 아래에는 다음 회기에서 기억하고 싶은 문제나 의견을 기록할 수 있는 공간이 있다. [부모가 데이터 수집을 끝내면 이 훈련 회기로 되돌아간다.]

목표 6 완성된 용변 데이터를 확인한다

이제 데이터가 생겼으므로, 특히 소변/대변의 빈도 및 발생 시각과 관련하여 아동의 용변 패턴을 살펴보자. 이 데이터를 사용하여 중재를 위한 다음 단계가 무엇인지 결정하자. [화장실 가는 시간을 알리는 데 도움이 되도록 용변 패턴을 찾는다. 즉, 오후 5~7시에 규칙적으로 용변하는 아이의 경우, 용변 훈련 여정이 5시가 되기 15분 전에 시작되어야 한다. 여러 가지 용변 문제를 함께 가지고 있는 아이의 경우에는, 한 번에 하나의 목표를 선택한다. 예를 들어, 아이가 낮 동안에 용변 훈련을 완료하지 못하면 야뇨증에 초점을 두지 않는다. 마찬가지로 아이가 현재 변기에 앉기를 꺼리면 집중적인 용변 훈련 프로그램을 시작하지 않아야 한다.]

목표 7 용변 훈련 단계를 소개한다

용변 훈련은 다음 세 가지 구성 요소로 이루어져 있다.

1. **음료수 섭취의 증가**: 아이가 변기에 앉았을 때 배뇨할 기회를 늘리기 위해 용변 훈련의 초기에는 아이의 수분 섭취를 늘릴 필요가 있다. 용변 훈련이 시작되기 약 30분 전에 좋아하는 액체를 제공한다. 아이가 나중에 집에서 나갈 필요가 있을 때에는 액체를 반드시 다시 줄인다. 또한 취침하기 약 2시간 전에는 높은 수분 섭취를 중단한다. [제공되는 액체를

학습활동 6.3의 항목 1에 열거한다.]

2. **정기적이고 어른이 촉구하는 화장실 사용 일정 확립**: 다음 단계는 아이에게 화장실을 사용하도록 얼마나 자주 촉구할지를 결정하는 것이다. 아이의 자연적인 용변 패턴에 따라 시간은 아마도 30분에서 60분 사이에 결정될 것이다. [학습활동 6.2에 수집된 데이터를 참조한다.] 당신이 수집한 데이터를 바탕으로 우선 아이에게 화장실을 사용하도록 ____분마다 촉구하자. [학습활동 6.3의 항목 2를 작성한다.] 그러면 아이를 화장실에 데려가는 것을 어떤 방법으로 스스로에게 상기시킬 것인가? 타이머는 미리 정해진 간격으로 설정할 수 있으므로 이러한 종류의 촉구에 유용할 수 있다. [아이를 화장실로 데려가는 것을 상기시키는 방법을 부모로 하여금 선택하게 하고, 학습활동 6.3의 항목 3을 작성한다.] 각 간격이 끝나면 화장실을 사용할지(단어, 신호 또는 그림 교환 의사소통 체계를 사용하여) 아이에게 물어본다. 아이가 요청하는 것을 돕기 위해 신체적(부드럽게 아이를 화장실로 안내), 시각적(그림 교환 의사소통 체계, 사인) 또는 언어적("무엇을 해야 하지?") 촉구를 사용할 수 있다. [이것을 학습활동 6.3의 항목 4에 추가한다.] 앉은 자리에서 꼼지락대는 것과 같은 조기 경고 징후를 알아채면 아이에게 화장실에 가도록 촉구해야 한다. 아이가 독립적으로 화장실을 사용할 의사를 표시할 때마다 이를 칭찬하고 아이를 즉시 화장실에 데리고 간다.

일단 아이를 화장실에 데려가면 옷을 벗고 앉게 한다. 아이의 속옷이 말랐는지 젖었는지 확인한다. 마른 경우에는 "바지가 말랐다."고 칭찬한다. 젖었거나 습한 경우에는 아이가 약간의 실수를 했다고 말하면서 변기에 앉히는 절차를 계속한다. 당신이 지켜보는 가운데, 아이가 즉시 배뇨하지 않으면 1~3분 동안 변기에 앉아 있는다. 아이가 화장실에 있는 것을 불쾌하게 여길 수 있으므로 이 시간을 3분 이상으로 연장하지 않도록 주의한다.

적시에 적절한 강화물을 제공하는 것은 매우 강력한 교육 도구이다. 화장실을 적절하게 사용한 대가로 아이에게 무엇을 줄 수 있는지 생각해 보자. 아이에게 매우 바람직하고 행동에 대해 유관적이라면 그것은 장난감, 게임, 선호하는 활동, 특별한 음식 또는 자유 시간일 수도 있다. 즉, 아이는 적절하게 용변을 볼 때마다 강화물을 얻을 수 있다. [부모가 선택한 강화물을 학습활동 6.3의 항목 5에 추가한다.]

아이가 화장실에서 배뇨/배변을 하면 지체 없이 아이를 강화한다. 아이가 볼 수 있는 곳에 강화물을 두고 언어적(예: "화장실에 배뇨하고 장난감 얻자.") 및 시각적 촉구(예: 먼저-그다음 보드, 장난감 포인트)를 사용하여 용변 보는 것을 격려하는 것이 도움이 될 수 있다. 아이가 앉기는 하지만 변기에서 용변하지 않으면, 서서 옷을 입은 후에 칭찬이나 다른 강화를 제공하지 않는다. 아이에게 중립적인 태도로 괜찮다고 간단히 말한다(예: "괜찮아, 넌 오줌 눌 필요가 없었어.").

3. **용변 실수에 대한 즉각적인 대응**: 용변 실수를 즉시 알아채기 위해, 훈련의 첫 단계에서는 아이가 속옷과 셔츠(엉덩이를 덮는 긴 옷이 아닌 것)만 입힐 수 있다. 용변 실수의 기미가 있을 때 아이를 중단시킨다(예: "안 돼! 서둘러, 화장실에 가서 오줌 눠야지."). 이것은 질책이어서는 안 되고, 명백하고 약간 놀랄 수도 있는(다소 큰 소리의) 교정이어야 한다. 아이가 화장실에 가고, 옷을 벗고, 변기에 앉도록 촉구한다. 그런 다음 아이가 용변을 보도록 격려한다. '정기적 화장실 사용 촉구하기' 때처럼 아이가 용변을 하면 많은 칭찬과 격려를 한다. 그렇지 않다면 아이가 옷을 입고 일정을 재개하도록 촉구한다. 화장실에 다녀오도록 예정된 휴식 시간에서 5분이 지나지 않아 용변 실수가 발생하면 해당 화장실 사용 일정을 건너뛸 수 있다. 용변 실수의 기미가 있을 때 이러한 촉구 절차는 부모와 자녀가 서로 가까이 있고, 둘 다 화장실에 가까이 있을 경우에만 성공할 수 있다. 그렇지 않으면 용변 실수를 중단시키고 제시간에 아이

를 화장실로 데려가는 것이 불가능하기 때문이다.

용변 훈련 중에 부모가 항상 아이 곁에 있지 못할 때도 있다. 이 경우에는 용변 실수 사고-화장실 사용 촉구 절차가 아마도 효과가 없을 것이다(즉, 부모가 알아채기 전에 아이가 이미 용변을 끝냈을 것이기 때문이다). 이런 경우에는 너무 많은 관심을 주지 않도록 조심하면서 중립적인 태도로 아이의 바지를 갈아입히는 것이 가장 좋다.

용변 실수 시 일부 부모는 아이가 청소를 돕게 한다. 이러한 경우에는 중립적인 태도로 아이에게 더러운 옷을 세탁기에 넣고 바닥에 있는 소변이나 대변을 닦고 청결한 옷을 입도록 요청할 수 있다. [부모가 사건을 다루는 방법을 학습활동 6.3의 항목 6에 표시하게 한다.]

용변 훈련의 실시 빈도: 얼마나 집중적인 용변 훈련을 원하는지 이야기해 보자. 매일 용변 훈련에 얼마나 많은 시간을 할애할 수 있는가? 식사 준비, 과제, 다른 아이들 돌보기와 같은 다른 할 일도 고려하자. [부모가 최소한 하루에 1~2시간 동안 전념할 수 있어야 한다.] 고려해야 할 또 다른 선택은 보다 집중적인 용변 훈련 접근법이다. 여기에는 주말 전체를 이 활동에 할애하는 것도 포함될 수 있다. 일부 아이들은 이러한 수준의 강도에서 매우 빨리 화장실 기술을 학습한다. 그러나 이렇게 하려면 부모는 훈련 기간 동안 자녀를 면밀히 관찰하고 화장실 근처에 있어야 한다. [부모를 도와서 시작일과 실습 계획을 결정한다. 이것을 학습활동 6.3의 항목 7에 추가한다.]

화장실 사용 촉구의 점진적 소거: 아이가 화장실을 사용하겠다고 명확히 요청하기 시작하고, 화장실을 성공적으로 사용하거나 촉구 없이 독립적으로 사용하면, 용변 일정을 천천히 줄이기 시작해야 한다(예: 타이머를 30분 간격에서 45분 간격으로 변경). 이 단계에서 부모는 아이가 많은 양의 액체를 소비하는지 확인하고, 일정한 간격으로 촉구를 제공하며, 아이가 화장실을 독립적으로 사용하는 것을 강화하고, 용변 실수가 시작될 때 화장실에 가도록 아이를 촉구해야 한다. 가끔 아이를 살펴보고 지난번에 화장실에 간 이후 시간이 어느 정도 지났다면 화장실 사용을 상기시킨다. 며칠 동안 용변 실수가 없으면, 강화의 양 또는 빈도를 줄이고 속옷을 입은 상태에서 바지를 입게 하고 수분 섭취를 줄이는 등 다른 훈련 요소를 점차로 줄이기 시작한다.

마른 바지 강화: 아이가 정기적인 화장실 사용에 성공하면, 부모는 촉구를 점점 줄이기 시작하면서 동시에 마른 바지 입는 것을 강화해야 한다. 예를 들어, 30분마다 아이를 확인하여 마른 상태의 유지를 칭찬할 수 있다. 바지를 적시지 않는 것을 강화하는 또 다른 좋은 시기는 아이가 화장실을 성공적으로 사용한 직후이다. 어떤 부모는 마른 상태를 유지하는 것에 대한 특별한 스티커 프로그램을 진행하기도 한다.

기타 고려 사항: 매 30분 등 일정한 간격으로 아이를 화장실로 데리고 가는 것은 시간 소모가 큰 일이다. 그렇지만 그것은 아이가 용변 보기와 관련하여 성공과 강화를 경험하고 그것을 즐길 수 있게 하기 위해 중요하다. 따라서 아이와 함께 있을 때에만 훈련 프로그램을 시작하는 것이 좋다. 그러나 학교에서도 비슷한 절차를 사용하기를 원한다면 용변 훈련을 실시하고 있음을 학교에 알릴 수 있다. 이렇게 하면 일관된 환경에서 훈련이 아이에게 제공될 수 있다. 아이가 용변 보는 순서를 배울 수 있도록 시각 단서를 사용하는 것도 고려해 볼 수 있다. 예를 들어, 시각적 일과표를 다음과 같이 세분화할 수 있다.

1. 화장실에 간다.
2. 바지를 내린다.
3. 속옷을 내린다.
4. 변기에 앉는다.
5. 용변을 본다.
6. 닦는다.
7. 속옷을 올린다.
8. 바지를 올린다.
9. 물을 내린다.
10. 손을 씻는다.
11. 손을 말린다.

[프로그램에 대한 추가적인 고려 사항(예: 시각적 자료의 사용, 학교에서의 구현)을 학습활동 6.3의 항목 8에 추가한다.]

목표 8 자발적 용변 보기를 가르친다

일부 아이들은 어른이 화장실을 규칙적으로 사용하도록 상기시키는 한 마른 상태를 유지할 수 있다. 이러한 아이들은 화장실 사용을 요청하거나 스스로 화장실에 가는 것을 배울 필요가 있다. 이 교육은 용변 훈련 자체의 일부로 포함될 수 있다. 우리는 이것을 '자발성 가르치기(teaching initiation)'라고 부른다. 이러한 훈련은 아이가 규칙적인 용변 일정을 시작해서 어른의 촉구에 성공적으로 화장실 사용을 하고 강화물도 받을 수 있을 때 시작해야 한다. 자발적 용변 보기는 용변 촉구 사이의 시간을 점차로 늘리고, 아이가 화장실을 사용하려 할 때 화장실 근처에 있게 하는 것이 포함된다. 또한 강화물의 역할을 수정하여, 촉구를 받아 화장실에 가면 칭찬을 받지만 더 바람직한 강화물(예: 장난감, 비디오, 사탕)을 얻기 위해서는 아이가 자발적으로 요청하는 것이 필요하도록 할 수 있다.

<사례>

사라(Sarah)는 어머니가 60분마다 화장실로 가도록 촉구하는 용변 일정을 가지고 있다. 자발적 용변 보기를 가르치는 중에 어머니는 사라가 욕실 근처에서 놀고 있는지 확인하고, 사라에게 혼자서 용변 보기를 시작할 기회를 주기 위해 75분으로 촉구 간격을 연장한다. 사라가 스스로 화장실에 가면, 어머니는 그녀를 칭찬하고 강화물로 사라가 가장 좋아하는 사탕을 제공할 것이다.

<사례>

조시(Josh)는 교사와 부모가 2시간마다 그를 화장실에 데려다 주면 마른 상태를 유지할 수 있다. 어머니는 그를 화장실에 데려다 줄 때 먼저 '화장실'이라고 말하도록 가르쳤다. 조시가 화장실로 가는 도중에 자발적으로 '화장실'이라고 말하는 것을 배우고 나자, 어머니는 조시를 화장실에 데리고 가는 것을 10분 단위로 늦추기 시작했다. 조시가 자발적으로 화장실에 갈 것을 요구했을 때, 어머니는 그를 칭찬하고 자신이 좋아하는 DVD에 접근할 수 있게 했다. 조시가 용변을 보지 않을 때 어머니는 10분 후에 그를 촉구했고, 그 후에 화장실에서 성공적으로 용변을 본 것에 대해 그를 칭찬했다. 조시가 용변 실수를 했을 때 어머니는 중립적으로 이것을 처리했다. 어머니는 화장실 사용을 촉구하기 전에 점차적으로 계속해서 시간을 늘렸다.

마지막으로 화장실에 갈 것을 요청하는 법을 가르칠 때 아이의 의사소통 수준에 유의해야 한다. 아이가 말을 할 수 있으면, 간단한 단어나 어구를 사용할 수 있다. 아이가 의사소통을 위해 그림 교환 의사소통 체계(PECS)를 사용한다면, 화장실 가기에 관련된 그림을 준비해서 아이가 도움을 요청할 때 사용할 수 있도록 해야 한다. [자발적 용변 보기를 가르치기와 관련된 계획을 수립하기 위해 부모와 함께 학습활동 6.4를 작성한다.]

목표 9 대변 훈련을 가르친다

대변 훈련은 종종 아이들을 위한 소변 훈련과 함께 이루어진다. 화장실 일과표를 사용할 때는 화장실에서 배뇨를 하는 것과 함께 배변을 강화해야 한다. 아이가 화장실에서 소변 보는 것에 숙달되었지만 대변에는 아직 숙달되지 않은 경우, 대변에 국한된 훈련 계획을 세울 수 있다. 먼저 시작할 일은 대변이 일어나는 시각에 어떤 패턴이 있는지 결정하기 위해 아이가 용변하는 시각을 추적하는 것이다.

패턴이 분명하지 않으면, 데이터 종이에 기입한 첫 대변으로부터 15분 전에 아이를 화장실에 데리고 가고, 그런 다음 하루 중 가장 효과가 있는 시간에 2~3회 정도 화장실에 데리고 간다. 데이터를 통하여 대변이 발생할 수 있는 시간이 파악되면, 그 시간보다 약 15분 전에 아이가 변기에 앉도록 촉구한다. 아이는 가능한 한 최대 10분 동안 앉아 있어야 한다. 아이가 변기에 앉아 있을 때 그와 함께 있어야 하며 기대되는 바를 일관되게 알려야 한다(예: "변기에 앉아서 응가 해 봐"). 변기에 앉아 있는 동안 아이가 배변하면 칭찬하고 강화한다. 그렇지 않으면 "응가가 없어, 하지만 괜찮아!"와 같이 중립적인 말을 하면서 아이가 일어나 변기를 들여다보게 한다. 그런 다음 벌이나 강화 없이 아이가 화장실에서 나갈 수 있게 한다. 10분간의 휴식 후, 아이가 화장실로 다시 가서 변기에 앉도록 촉구하고 순서를 반복한다. 이 기간 동안 용변 실수를 예방하기 위해 아이를 면밀히 관찰한다. 아이가 변기에 배변하는 데 성공할 때까지 이러한 일련의 앉기/10분 휴식을 번갈아 적어도 두 번 반복한다. 아이가 하루에 단 한 번의 배변을 한다면, 첫 번째 성공(또는 실수) 후에 멈추어야 한다. 필요할 경우, 약 7일 정도 후에 용변 일정을 수정할 수 있도록 아이의 대변에 관한 자료를 수집하는 것이 중요하다. 대변 훈련에 관한 또 하나의 제안은 아이가 변기에 앉아 있는 동안 발로 누를 수 있는 무언가를 확보하는 것이다. [용변 훈련에 관련된 계획을 세우기 위해 부모와 함께 학습활동 6.5를 작성한다.]

목표 10 변기에 앉기를 거부하는 문제를 해결한다

아이가 변기에 앉기를 거부하면 용변 훈련 프로그램을 시작하기 전에 최소 2~3분 동안 변기에 앉아 있을 수 있는 기술을 가르쳐야 한다. 이 문제에 접근하기 위한 두 가지 방법이 있다.

방법 1: 행동 형성

- 4~5회 시도를 기준으로 할 때 아이가 얼마나 변기에 앉아 있을지 기록한다. 아이가 변기에 앉도록 하고 얼마나 앉아 있는지 최대 3분까지 확인한다.
- 강력한 강화물을 확인하고 그것을 사용하여 아이가 변기에 기준보다 몇 초 더 오래 앉도록 강화한다. 타이머를 사용하여 아이가 자신이 앉아야 하는 시간 간격을 이해하는 것을 도울 수 있다. 아이가 강화물을 얻기 위해 필요한 앉아 있는 시간을 점차적으로 늘린다. 이러한 과정을 '행동 형성'이라고 한다(앉아 있는 것과 같은 요구 사항을 시간이 지남에 따라 조금씩 단계적으로 증가시키는 것).
- 아이가 변기에서 일어나면 강화물을 주지 않는다.
- 변기에 앉아 있는 동안 아이가 재미있게 할 수 있는 활동을 제공한다.

방법 2: 도피/소거(이 방법은 텐트럼과 비명을 통해 변기에서 벗어난 것이 학습된 아이들에게 적합하다.)

- 짧은 시간(예: 10초) 동안으로 타이머를 설정하고 아이가 변기에 앉도록 한다.
- 타이머가 울릴 때까지 부드럽게 아이가 변기에 앉아 있도록 유지한다(그동안 아이가 무언가 하도록 유도할 수 있다).
- 아이에게 소리 지르는 것을 통해서가 아니라 알람 소리에 반응해서 일어나도록 허용한다.

- 아이가 10초 동안 협조적으로 앉아 있으면 점차적으로 시간을 늘린다.

일부 아이들의 경우, 용변을 너무 혐오하여 화장실에 들어가는 것을 피한다. 당신의 아이가 이에 해당한다면, 타이머와 강화물을 사용하고 앞과 같은 행동 형성 절차를 사용하여 아이를 화장실 쪽으로 더 가까이 이동시킬 수 있다. 예를 들어, 아이는 먼저 화장실 출입구에 10초간 서고, 개수대 앞에 서고, 변기 앞에 서고, 그다음에는 뚜껑을 내린 변기에 앉도록 강화할 수 있다. [부모가 접근법(형성, 텐트럼을 누그러뜨리기, 욕실에 머무르기)을 선택하게 하고, 아이가 변기에 앉도록 가르치는 계획을 수립하기 위해 학습활동 6.6을 작성한다.]

목표 11 기저귀 습관을 해결한다

아이의 기저귀 습관을 다룰 때 따라야 할 단계는 다음과 같다.

1. 강력한 강화물을 식별한다.

2. 아이가 요청할 때 기저귀를 제공하지만, 배변/배뇨를 위해 (변기 위가 아닌) 화장실 어딘가에서 용변하도록 요구한다. 화장실에서의 성공적인 용변을 강화한다.

3. 아이가 이 일을 하게 되면, 강화물을 얻기 위해 기저귀를 입은 채 변기에 앉도록 요구한다(변기 뚜껑을 올려야 하지만 변기 뚜껑을 내린 중간 단계가 필요할 수도 있다).

4. 기저귀에 구멍을 뚫거나 기저귀를 걷어 올려서 아이가 변기에 용변을 보게 한다.

5. 기저귀가 더 이상 필요하지 않을 때까지 계속해서 기저귀에 구멍을 뚫거나 접어 올린다.
   [기저귀 습관과 관련하여 계획을 수립하기 위해 부모와 함께 학습활동 6.7을 작성한다.]

목표 12 야뇨증을 해결한다

[참고: 야뇨증을 다루려면 아동의 정신 연령이 최소 5세가 되어야 한다.] 야뇨증을 해결하기 위한 다음 네 가지 전략이 있다.

- 저녁 식사 후 또는 취침 2시간 전에 수분 섭취를 제한한다.
- 밤에 아이를 깨워서 화장실로 데려간다.
- 밤에 마른 상태를 유지하기 위한 긍정적 강화 프로그램을 사용한다.
- 벨과 패드(bell-and-pad; 젖으면 울리는 알람 장치)를 사용한다.

액체 제한이나 야간 깨우기는 단기간에 효과가 있을 수 있지만, 야뇨증에 대한 영구적인 해결책으로서 이를 뒷받침할 수 있는 데이터는 거의 없다. 당신의 아이가 지연된 강화 전략의 사용을 이해할 수 있다고 생각한다면, 강화 프로그램이 액체를 주지 않으면서 사용할 수 있는 합리적인 초기 접근법이다. 마지막으로 벨과 패드도 성공률이 높지만, 야뇨증을 제거하도록 아이가 동기부여가 되어야 한다. 동기를 높이려면 벨과 패드 치료의 일부로서 강력한 강화물이 필요할 수 있다. 대부분의 벨과 패드에는 사용 지침이 포함되어 있다. 처음에는 알람이 울릴 때 아이의 화장실 사용을 도와주고 알람을 재설정하기 위해 일어나야 할 수도 있다. 벨과 패드로 성공하려면 최대 3개월이 걸릴 수 있다. 비강 스프레이 제품인 데스모프레신(desmopressin)도 일부 아이들에게도 효과적이다. 데스모프레신의 효과는 종종 시간이 지남에 따라 희미해지기 때문에 일부 부모는 이를 '필요에 따라' 사용한다(예: 남의 집이나

캠프에서 잘 때). [야뇨증 관련 계획을 세우기 위해 부모와 함께 학습활동 6.8을 작성한다.]

목표 13 과제 데이터 수집 절차를 개발한다

용변 훈련 계획을 수립했으므로 이제는 앞으로 몇 주 동안 아이의 진도를 추적하는 것이 중요하다. 주제별 학습활동과 함께 학습활동 6.2를 계속 사용하여 용변 실수 또는 화장실 가기의 성공 여부 그리고 아이가 화장실에 자발적으로 가는지 또는 촉구를 요구하는지 기록한다. 이를 추적하는 것은 우리의 계획에 수정이 필요한지 여부를 알기 위해 중요하다. 다음 회기에서 기억하고 싶은 문제나 의견을 잊지 말고 기록한다.

목표 14 행동지원계획서를 갱신한다

[부모와 함께 이 회기에서 논의된 사항에 기초하여 행동지원계획서를 갱신한다. 과제의 대상이 되는 전략뿐만 아니라 고려 중인 모든 전략을 포함시킨다. 보충 회기 6 정리로 넘어가 부모에게 이 자료를 이번 주 동안 복습하도록 한다. 다음 회기 일정을 계획하며 이 회기를 종결한다.]

용변 훈련 - 치료 충실도 체크리스트

성명(아동): ______________________ 방문일: ______________ (년/월/일)
치료자: ______________________

회기 목표가 치료자에 의해 달성된 정도를 평가한다.

0 = 목표가 달성되지 않음

1 = 목표가 부분적으로 달성됨

2 = 목표가 완전히 달성됨

N/A = 목표가 회기에 포함되지 않음

치료자의 완성도 목표평가

용변 훈련 1부				
1. 이전 회기의 과제를 확인한다.	0	1	2	N/A
2. 행동지원계획서를 확인한다.	0	1	2	N/A
3. 자폐 스펙트럼 장애 아동의 용변 문제에 대한 개요를 제공한다.	0	1	2	N/A
4. 아동의 현재 용변 패턴뿐만 아니라 부모의 우려 사항도 평가한다.	0	1	2	N/A
5. 용변 데이터 수집을 시작한다.	0	1	2	N/A
용변 훈련 2부				
6. 완성된 용변 데이터를 확인한다.	0	1	2	N/A

7. 용변 훈련 단계를 소개한다.	0	1	2	N/A
8. 자발적 용변 보기를 가르친다.	0	1	2	N/A
9. 대변 훈련을 가르친다.	0	1	2	N/A
10. 변기에 앉기를 거부하는 문제를 해결한다.	0	1	2	N/A
11. 기저귀 습관을 해결한다.	0	1	2	N/A
12. 야뇨증을 해결한다.	0	1	2	N/A
13. 과제 데이터 수집 절차를 개발한다.	0	1	2	N/A
14. 행동지원계획서를 갱신한다.	0	1	2	N/A

계 ________ / 28

부모의 참여, 올바른 응답 및 활동 완료 정도를 평가한다.

0 = 부모가 기술이나 이해를 보여 주지 않았고 과제를 완료하지 못함

1 = 부모가 몇몇 질문을 올바르게 이해하고 응답했으며 부분적으로 과제를 완수함

2 = 부모가 거의 모든 질문을 올바르게 이해하고 응답함

N/A = 목표가 회기에 포함되지 않음

부모의 목표	**평가**			
1. 부모가 아이의 현재 용변 행동과 문제에 대한 정보를 제공한다.	0	1	2	N/A
2. 부모가 가정에서 실시할 용변 훈련 계획의 개발을 돕는다.	0	1	2	N/A
3. 부모가 진행 상황을 모니터링하고 데이터를 기록하는 능력을 보여 준다.	0	1	2	N/A

계 ________ / 6

충실도 노트:

보충 회기 7

위기 관리

개요

(선택 1) 아동 문제: 회기의 이 부분은 아동이 안전 계획을 필요로 하는 위험한 행동을 하는 상황을 해결하기 위해 설계되어 있다. 위기 상황에서 사용할 수 있는 중재의 유형과 관련하여 기관마다 서로 다른 규칙과 규정을 가지고 있다. 따라서 이 회기에서는 안전 계획에 대해 생각해 볼 수 있는 가이드라인만을 제공하며 안전 계획의 개발에 도움을 제공한다.

(선택 2) 가족/시스템 문제: 회기의 이 부분은 부모훈련이 추가적으로 진행되기 전에 해결할 필요가 있다고 치료자가 결정하는 심각한 문제에 대해 사용될 수 있다(예: 부부 문제, 학대의 가능성, 중요한 학교 문제).

아동 문제 목표(선택 1)

1. 아동이 나타내는 특정 행동(behavior)을 식별한다.
2. 이러한 행동을 해결하기 위한 이전 및 현재 시도를 명확히 한다.
3. 이러한 행동에 대한 선행사건(antecedent) 관리 전략을 확인한다.
4. 기능적 의사소통 또는 다른 대안적 기술을 가르치는 방법을 논의한다.
5. 결과(consequence)를 확인한다.
6. 단계별 안전 계획을 개발한다.
7. 안전 계획을 살펴보고 가족이 실시에 필요한 모든 것을 보유하고 있는지 확인한다.
8. 역할놀이를 통하여 안전 계획을 살펴본다.
9. 가정에서 안전 계획을 실시하는 과제를 할당한다.
10. 행동지원계획서를 갱신한다.

가족 또는 시스템 문제 목표(선택 2)

1. 문제 해결 모델을 부모에게 소개한다.
2. 특정 문제를 식별한다.
3. 부모가 다양한 해결책 또는 대안에 대해 논하는 것을 돕는다.
4. 부모가 대안을 측정하고 평가하는 것을 돕는다.
5. 부모가 시도 가능한 구체적인 단계를 개발하는 것을 돕는다.
6. 행동지원계획서를 갱신한다.

아동 문제에 대한 부모의 목표(선택 1)

1. 부모가 표적행동을 설명한다.
2. 부모가 문제 해결을 위한 현재 및 이전의 시도를 설명한다.
3. 부모가 행동에 대한 선행사건을 설명한다.
4. 부모가 표적행동을 대체하는 데 사용될 수 있는 대안적 행동을 생성한다.
5. 부모가 행동을 다루는 데 사용될 수 있는 새로운 결과를 생성한다.
6. 부모가 안전 계획의 수립을 돕는다.
7. 부모가 안전 계획을 실시하는 데 필요한 항목을 확인한다.
8. 부모가 역할놀이를 통해 안전 계획을 실시하는 능력을 보여 준다.

가족 또는 시스템 문제에 대한 부모의 목표(선택 2)

1. 부모가 문제에 관한 구체적인 내용을 제공한다.
2. 부모가 가능성 있는 해결책을 만드는 것을 돕는다.
3. 부모가 가능성 있는 해결책을 측정하고 평가하는 것을 보조하며 하나 이상을 선택한다.
4. 부모가 실행할 구체적인 단계를 만드는 것을 돕는다.

자료

1. 치료자 스크립트
2. 부모용 워크북 위기 관리 학습활동
3. 치료 충실도 체크리스트
4. 행동지원계획서

치료자 스크립트

선택 1: 아동 문제

목표 1 아동이 나타내는 특정 행동(behavior)을 식별한다

오늘 우리의 일차적 목표는 아동을 위한 안전 계획을 수립하는 것이다. 여기에 아동의 문제행동에 대해 이미 알고 있는 내용은 이렇다. [우려되는 행동에 대해 알고 있는 바를 토론한다.] 이제 이러한 행동이 발생할 때 어떤 일이 발생하는지 단계별로 말해 보자. 당신과 다른 사람들이 각 단계에서 자녀에게 어떻게 반응하는지 알아야 한다. 예를 들어, 부모는 아이가 벽에 구멍을 내거나 창을 부수려고 하는 정도까지 격앙되기 전에 보통 비명을 지르기 시작한다고 말할 수 있다. [이 정보를 학습활동 7.1에 기록한다. 이 학습활동의 목표는 당신과 가족이 동일한 행동에 대해 이야기하는 것임을 확인하고, 위험해지기 전에 상황을 완화시키는 방법에 대한 추가적인 단서를 제공할 수 있는 정보를 수집하는 것이다.]

이러한 문제행동이 발생하지 않는 시기를 아는 것도 도움이 된다. 우려되는 행동이 일어나지 않는 상황을 묘사해 보자. [사람들이 어떻게 응답하는지에 대하여 그리고 이 시기 존재하는 선행사건들에 대하여 후속 질문을 해야 한다.]

목표 2 이러한 행동을 해결하기 위한 이전 및 현재의 시도를 명확히 한다

이러한 행동을 관리하려는 이전의 시도에 대해 말해 보자. 과거에 효과가 있었던 것과 그렇지 않았던 것은 각각 무엇인가? [부모가 응답하도록 하고 학습활동 7.1에 대답을 요약하게 한다.] 이제 행동이 다양한 환경과 사람들 속에서 현재 어떻게 다루고 있는지 말해 보자. [목표는 어떤 전략이 효과적이지 않았는지 파악하고, 문제행동들이 의도하지는 않았지만 강화되지는 않았는지 알아보고, 행동을 다루기 위한 이전의 성공적인 시도들이 안전 계획을 개발하는 데 있어 단서를 제공할 수 있는지 조사하는 것이다. 당신은 이미 학교에서 사용된 안전 계획의 사본을 가지고 있을 수도 있다.]

목표 3 이러한 행동에 대한 선행사건(antecedent) 관리 전략을 확인한다

이제 행동에 대하여 가능한 모든 선행사건에 대해 이야기해 보자. [선행사건이 불분명한 경우 배경이 되는 당시 상황(예: 질병, 배고픔)에 대한 논의를 포함한다. 또한 일정 계획이 어떻게 문제행동에 연결될 수 있는지 논의하고, 그것을 학습활동 7.1에 요약한다.]

이 행동이 발생하는 것을 막으려면 몇 가지 임시적인 선행사건 관리 기법을 사용해야 할 수도 있다. 예를 들어, 어머니가 목욕시킬 때 자주 감정이 격앙되는 아이가 있다면, 어머니는 아이의 아버지가 집에 있을 때에만 일시적으로 목욕시켜 주고 싶어 할 수 있다. 이렇게 하면 문제가 발생하는 것을 예방할 수 있을 뿐만 아니라 아이의 행동이 확대되면 추가 지원을 제공할 수도 있다. 또 다른 예를 들면, 요구에 반응하여 위험한 행동을 하는 아이의 경우에는 요구를 일시적으로 줄여야 할 수도 있다.

또한 상황이 통제에서 벗어나기 전에 행동을 진정시킬 수 있는 방법을 살펴볼 시점이기도 하다. 예를 들어, 불안의 초기 징후가 보이는 아동은 가능하다면 집 안의 안전한 부분으로 옮길 수 있다. 이런 점에서 공격에 이르는 모든 '행동 연쇄'를 우리가 알고 있는지 확인해야 한다. 우리는 행동 연쇄에 중재함으로써 위험한 행동으로의 고조를 막을 수 있다. [부모가 '행동 연쇄'를

설명하게 하고, 이것을 학습활동 7.1에 기록한다.]

따라서 우리는 이러한 문제행동이 발생하지 않도록 예방할 수 있는 3~5개의 선행사건 관리 전략을 수립해야 한다. [학습활동 7.1에서 선행사건 관리 전략의 목록을 검토한다. 그런 다음 사용될 수 있는 선행사건 관리 전략의 목록을 만들고 그것을 학습활동 7.1에 기록한다.]

목표 4 기능적 의사소통 또는 다른 대안적 기술을 가르치는 방법을 논의한다

우리는 또한 위험한 상황을 완화시키기 위해 기능적 의사소통의 사용에 관해 논의해야 한다. [기능적 의사소통에 관한 회기가 이미 완료되었다면, 가족은 이 절차를 기본적으로 이해하고 있어야 한다. 그렇지 않다면, 가족은 적어도 첫 번째 회기 동안 행동의 기능에 대한 지침을 받았어야 한다. 이것을 다시 참조하여 무엇이 행동의 기능인 것처럼 보이는지 그리고 아이에게 보다 적절한 의사소통 방법을 어떻게 가르칠지 이야기해 보자.] 어떤 경우에는 아동이 이미 의사소통을 하고 있을 수도 있지만 의사소통이 인식되거나 강화되지는 않는다. 예를 들어, 특정 일을 하도록 요청받았을 때 '아니요.'라고 말하는 아이는 이미 아주 적절히 의사소통하고 있다. 쟁점을 밀어붙이는 것이 행동의 위험한 고조로 이어질 경우, 부모는 자녀의 의사소통에 긍정적으로 응답할 수 있다(예: "접시를 치우고 싶지 않다고 말해 줘서 고마워."). 그다음에 아이는 잠시 휴식을 취할 수 있으며, 접시를 치워서 TV 보는 시간을 얻을 준비가 되면 부모에게 알려 주라는 말을 듣는다. 이것이 처음에는 지시 따르지 않는 행동을 강화할 수도 있지만 잠재적으로 위험한 상황에서는 유일한 선택일 수 있다. 대립이 완화되면 아이는 조금 나중에 같은 요청을 했을 때 좀 더 잘 받아들일 수 있다. 마찬가지로 기능적 의사소통 접근법은 행동 형성을 사용하여 요구를 점진적으로 증가시킬 수 있다. 예를 들어, 접시 치우는 것을 거부하는 아이는 의사소통을 해서 고맙다는 말을 들은 후, 주방을 떠나기 전에 접시 하나를 치우라는 요청을 받을 수 있었다. 시간이 지남에 따라 요구 사항은 점차 증가할 것이다. [기능적 의사소통을 사용하여 행동을 다루는 데 따른 제안 사항을 학습활동 7.1에 기록한다. 사용해야 할 강화물도 포함시킨다.]

목표 5 결과(consequence)를 확인한다

이제 이 행동에 대해 또는 문제행동으로 이어질 수 있는 다른 행동에 대해 사용되는 현재의 결과를 검토하자. 우리가 어떤 행동에 대해 사용하는 결과는 때때로 우리가 생각한 대로 효과가 없을 수도 있다. 예를 들어, 한 가족이 물건을 던지는 사소한 일회성 사건에 대하여 아이를 타임아웃에 배치하기로 결정했다. 그러나 아이가 타임아웃 영역에 머물기를 거부하고, 아이를 거기에 머물게 하려는 부모의 노력은 일반적으로 행동을 위험한 수준으로 격앙시킨다. 이런 경우 타임아웃을 사용하지 말고 하루 동안 컴퓨터 게임에 대한 접근을 제한하는 것과 같은 대안적인 결과를 개발하는 것이 가장 좋다. [현재의 결과를 학습활동 7.1에 기록하고, 그것이 현재 어떻게 작동하고 있는지 설명한다.]

문제행동에 새로운 결과를 초래할 수도 있다. 예를 들어, 물리적으로 제지되는 경우 아동은 매우 강한 특권을 잃을 수 있다. 포인트 점수 또는 수준 시스템과 관련된 토큰 시스템에서는 아동이 위험한 수준의 행동을 보일 때 종종 상당한 반응 대가/벌금 또는 특권 상실이 뒤따른다. [합의된 결과를 단계별로 가정(if-then) 형식으로 학습활동 7.1에 작성한다.]

목표 6 단계별 안전 계획을 개발한다

이를 통해 우리는 단계별 안전 계획을 수립할 수 있다. 안전 계획은 결과에 대한 단순한 설명으로서 아이와 다른 가족의 안전을 유지하는 데 사용될 수 있다. 이 계획은 예방 전략에 중점을 둘 뿐만 아니라 문제행동의 빈도를 줄이는 데 도움이 되는 다른 행동의 강화에도 집중한다. 다음은 단계별 계획

을 수립하는 데 도움이 될 몇 가지 질문이다. [학습활동 7.2를 검토한다.]

1. 아이를 이동시켜야 하는 특정 장소가 있는가? 언제 그 장소로 가야 하는가? 아이를 어떻게 거기로 데려가야 하는가?

2. 사용할 수 있는 재료 또는 품목이 있는가(예: 매트, 베개, 어른용 보호 장갑)? 그렇다면 그것들은 누구에게 주어지고 어디에 보관되는가?

3. 해당 지역에서 물건을 제거해야 하는가(예: 가구, 던질 수 있는 물건)? 그렇다면 누가 그 일을 할 것인가?

4. 도움을 제공할 수 있는 연락 가능한 다른 사람들이 있는가? 그렇다면 그들의 전화번호가 확보되어 있는가? 그리고 누가 그들에게 연락할 것인가?

5. 어떤 시점에서 아이가 신체적 관리 중재가 필요할 수 있는가? 부모는 훈련이 필요한가?

6. 어떤 시점에서 연락을 취할 필요가 있는 지역 위기 관리 팀이 있는가? 언제 그리고 누가 연락을 취하는가?

7. 어떤 시점에서 아이를 병원으로 이송해야 하는가? 누가 어떻게 연락을 취할 것인가?

안전 계획은 의사결정 나무와 같이 단계별로 작성해야 한다. 각 단계별 의사 선택에 대한 응답은 명확하게 설명되어야 한다.

다음의 예시는 문제행동이 비명 지르는 것부터 시작하지만 상당 기간의 매우 공격적인 행동으로 확대될 수 있는 존(John)이라는 아동을 위한 안전 계획이다. 가능한 각각의 행동에 대한 반응이 명확하게 설명되는 방식에 특히 주의하면서 이 계획을 검토하자. [부모와 함께 학습활동 7.3a를 검토한다.]

이제 학습활동 7.1과 7.2에 있는 모든 정보를 취합하여 방금 검토한 것과 같은 아동을 위한 단계별 안전 계획서를 만들어 보자. [학습활동 7.3b를 작성한다.]

목표 7 안전 계획을 살펴보고 가족이 실시에 필요한 모든 것을 보유하고 있는지 확인한다

안전 계획의 설계를 마쳤으므로, 이제 우리가 필요한 모든 것을 갖추고 있는지 확인해 보자. 계획상 이웃 사람에게 전화할 시점인데, 정작 전화번호가 없다면 소용이 없다! [학습활동 7.3b에 정보를 열거한다.]

1. 즉시 사용할 수 있는 보호복과 보호 장비(예: 매트)가 있는가?

2. 그 위치에 사용할 수 있는 휴대 전화 또는 전화가 있는가?

3. 연락해야 할 외부 사람들의 전화번호가 확보되어 있는가? 그 사람이 연락이 안 되면 대체할 사람들을 확인했는가? (이웃 사람이 응답하지 않으면 어떻게 할 것인가?) 이웃과 전화를 할 때 어떤 도움이 필요한지 상의한 적이 있는가? 응급 의료원이 도착했을 때 당신의 자녀를 어떻게 관리하고 어디로 데리고 갈지 이해할 수 있도록 그들에게 설명한 적이 있는가?

목표 8 역할놀이를 통하여 안전 계획을 살펴본다

계획을 함께 한번에 살펴보고 가능한 모든 행동을 처리하는 방법을 알고 있는지 확인하자. [아동 역할을 하고 계획의 다양한 단계를 부모와 함께 살펴본다. 여기에는 물리적 관리 기법의 연습도 포함된다.]

목표 9 가정에서 안전 계획을 실시하는 과제를 할당한다

안전 계획을 사용하는 법을 알았으니, 이번 주에는 집에서 직접 사용해 보자. 다음은 계획의 요약이다. [가족에게 작성된 계획, 학습활동 7.1, 7.2 및 7.3b를 제공한다.] 또한 계획을 사용할 때마다 기록할 수 있도록 데이터 시트를 제공한다. [학습활동 7.4를 제공한다.] 보다시피 날짜, 시간, 행동, 중재 유형, 에피소드가 지속된 시간 및 참고란이 있다. 참고란에는 이 계획의 문제점을 기록한다. 이것은 우리가 함께 검토하여 계획을 조정할 수 있는 중요한 정보가 된다.

목표 10 행동지원계획서를 갱신한다

[부모와 함께 이 회기에서 논의된 사항에 기초하여 행동지원계획서를 갱신한다. 과제의 대상이 되는 전략뿐만 아니라 고려 중인 모든 전략을 포함시킨다. 보충 회기 7 정리로 넘어가 부모에게 이 자료를 이번 주 동안 복습하도록 한다. 다음 회기 일정을 계획하며 이 회기를 종결한다.]

선택 2: 가족 또는 시스템 문제

[가족이 직면하는 몇몇 문제는 단지 지엽적으로 아이의 행동에 연관될 수 있다. 예를 들어, 주거, 실업 또는 부부간의 불화와 같은 문제가 있다. 치료자는 이 선택에서

설명된 대로 문제-해결 접근법을 사용하여 가족을 돕기로 선택할 수 있다.]

목표 1 문제 해결 모델을 부모에게 소개한다

도전적인 아동의 행동을 관리하는 어려움 중 일부는 가족이 경험할 수 있는 다른 스트레스 요인들, 즉 재정 문제, 주택 문제, 결혼 생활 문제, 다른 부양자와의 훈육에 대한 의견 불일치 등과 연관될 수 있다. 이러한 문제는 어려운 행동을 관리하는 능력에 영향을 줄 수 있으므로 직접적으로 해결하는 것이 중요하다. 이러한 유형의 문제에 접근하기 위해 우리는 문제 해결 모델을 따를 수 있다. 문제 해결에는 다음 네 가지 단계가 포함된다. 즉, 목표로 삼을 특정 문제를 식별하고 정의하는 단계, 문제에 대한 대체 해결책을 생성하는 단계, 해결책을 선택하는 단계 그리고 선택한 해결책을 구현하는 단계가 그것이다. 이제 이 네 가지 단계를 살펴보자.

목표 2 특정 문제를 식별한다

자녀의 행동에 관해 이야기할 때처럼 오늘 우리가 해결해야 할 문제를 충분히 설명하자. [가족과 이야기하여 문제점을 명확히 식별하고 규정하며, 구체적인 문제와 우려 사항을 밝히고, 이것을 학습활동 7.5에 요약한다.]

목표 3 부모가 다양한 해결책 또는 대안에 대해 논하는 것을 돕는다

다음 단계에서 우리는 이 문제에 대한 다양한 해결책이나 대안을 생성한다. 아이디어를 생각해 내기 위한 브레인스토밍을 하자. 도움이 될 것으로 생각되는 모든 것을 열거해 보자. [가족을 도와서 문제에 대한 가능한 해결책 또는 대안의 목록을 생각하고 만든다. 이 단계에서 부모는 특정 방법의 장점을 판단하지 말고 (명백한 실현 가능성에 관계 없이) 가능한 한 많은 제안 사항을 제공한다. 치료자는 이러한 해결책을 학습활동 7.5에 기록한다.]

목표 4 부모가 대안을 측정하고 평가하는 것을 돕는다

각 해결책의 장단점을 평가한다. [이러한 정보는 항목별로 학습활동 7.5의 '장점'과 '단점' 열 아래에 적절히 작성한다. 가족이 평가에 기초하여 하나 또는 복수의 방법을 선택한다.]

목표 5 부모가 시도 가능한 구체적인 단계를 개발하는 것을 돕는다

우리가 선택한 해결책을 제정하기 위해 취해야 할 구체적인 단계의 목록을 만든다. [이것을 학습활동 7.5에 기록하고, 부모에게 제공한다.]

목표 6 행동지원계획서를 갱신한다

[부모와 함께 이 회기에서 논의된 사항에 기초하여 행동지원계획서를 갱신한다. 과제의 대상이 되는 전략뿐만 아니라 고려 중인 모든 전략을 포함시킨다. 보충 회기 7 정리로 넘어가 부모에게 이 자료를 이번 주 동안 복습하도록 한다. 다음 회기 일정을 계획하며 이 회기를 종결한다.]

위기 관리
- 치료 충실도 체크리스트

성명(아동): ______________________ 방문일: ______________ (년/월/일)
치료자: ______________________

회기 목표가 치료자에 의해 달성된 정도를 평가한다.

0 = 목표가 달성되지 않음

1 = 목표가 부분적으로 달성됨

2 = 목표가 완전히 달성됨

N/A = 목표가 회기에 포함되지 않음

치료자의 완성도 목표평가

아동 문제(선택 1)				
1. 아동이 나타내는 특정 행동(behavior)을 식별한다.	0	1	2	N/A
2. 이러한 행동을 해결하기 위한 이전 및 현재 시도를 명확히 한다.	0	1	2	N/A
3. 이러한 행동에 대한 선행사건(antecedent) 관리 전략을 확인한다.	0	1	2	N/A
4. 기능적 의사소통 또는 다른 대안적 기술을 가르치는 방법을 논의한다.	0	1	2	N/A
5. 결과(consequence)를 확인한다.	0	1	2	N/A
6. 단계별 안전 계획을 개발한다.	0	1	2	N/A
7. 안전 계획을 살펴보고 가족이 실시에 필요한 모든 것을 보유하고 있는지 확인한다.	0	1	2	N/A

8. 역할놀이를 통하여 안전 계획을 살펴본다.	0	1	2	N/A
9. 가정에서 안전 계획을 실시하는 과제를 할당한다.	0	1	2	N/A
10. 행동지원계획서를 갱신한다.				

계 ________ / 20

가족 또는 시스템 문제(선택 2)				
1. 문제 해결 모델을 부모에게 소개한다.	0	1	2	N/A
2. 특정 문제를 식별한다.	0	1	2	N/A
3. 부모가 다양한 해결책 또는 대안에 대해 논하는 것을 돕는다.	0	1	2	N/A
4. 부모가 대안을 측정하고 평가하는 것을 돕는다.	0	1	2	N/A
5. 부모가 시도 가능한 구체적인 단계를 개발하는 것을 돕는다.	0	1	2	N/A
6. 행동지원계획서를 갱신한다.				

계 ________ / 12

부모의 참여, 올바른 응답 및 활동 완료 정도를 평가한다.

0 = 부모가 기술이나 이해를 보여 주지 않았고 과제를 완료하지 못함

1 = 부모가 몇몇 질문을 올바르게 이해하고 응답했으며 부분적으로 과제를 완수함

2 = 부모가 거의 모든 질문을 올바르게 이해하고 응답함

N/A = 목표가 회기에 포함되지 않음

부모의 목표	평가			
아동 문제(선택 1)				
1. 부모가 표적행동을 설명한다.	0	1	2	N/A
2. 부모가 문제 해결을 위한 현재 및 이전의 시도를 설명한다.	0	1	2	N/A
3. 부모가 행동에 대한 선행사건을 설명한다.	0	1	2	N/A

4. 부모가 표적행동을 대체하는 데 사용될 수 있는 대안적 행동을 생성한다.	0	1	2	N/A
5. 부모가 행동을 다루는 데 사용될 수 있는 새로운 결과를 생성한다.	0	1	2	N/A
6. 부모가 안전 계획의 수립을 돕는다.	0	1	2	N/A
7. 부모가 안전 계획을 실시하는 데 필요한 항목을 확인한다.	0	1	2	N/A
8. 부모가 역할놀이를 통해 안전 계획을 실시하는 능력을 보여준다.	0	1	2	N/A

계 ________ / 16

가족 또는 시스템 문제(선택 2)				
1. 부모가 문제에 관한 구체적인 내용을 제공한다.	0	1	2	N/A
2. 부모가 가능성 있는 해결책을 만드는 것을 돕는다.	0	1	2	N/A
3. 부모가 가능성 있는 해결책을 측정하고 평가하는 것을 보조하며 하나 이상을 선택한다.	0	1	2	N/A
4. 부모가 실행할 구체적인 단계를 만드는 것을 돕는다.	0	1	2	N/A

계 ________ / 8

충실도 노트:

부록 1

촉진 전화 통화

개요

촉진 전화 통화 회기에서는 아동의 행동 이득을 일반화하고 유지하는 진행 상황 및 행동지원계획서를 검토하며 치료 전략을 개선할 기회를 제공한다. 새로운 또는 지속적으로 우려되는 행동을 해결하기 위해 전화를 사용할 수 있다.

목표

1. 이전 회기의 과제를 확인한다(해당되는 경우).
2. 행동지원계획서를 확인한다.
3. 행동지원계획서의 변경 사항을 요약한다.
4. 현재 우려되는 행동에 대해 논의한다.
5. 문제행동 또는 새로운 목표를 다루기 위한 중재법으로 문제 해결을 논한다.
6. 과제를 제공한다(해당되는 경우).

부모의 목표

1. 부모가 행동지원계획서를 완성하는 데 도움을 준다.
2. 부모가 지난 회의 이후의 아이의 진전을 설명하고 현재 우려되는 행동을 보고한다.
3. 부모가 문제행동 또는 새로운 기술에 전략을 적용하는 문제를 해결할 수 있다.

자료

1. 치료자 스크립트
2. 행동지원계획서
3. 학습활동(치료자 매뉴얼에 포함되어 있음)
4. 치료 충실도 체크리스트

치료자 스크립트

목표 1 이전 회기의 과제를 확인한다(해당되는 경우)

오늘 우리는 프로그램 과정에서 당신의 아이를 위해 작성한 행동 강령 계획을 검토한다. 그에 앞서 먼저 지난 회기에 당신에게 부여된 과제를 다시 한번 살펴보자. [과제를 실시한 방법에 대하여 질문한다. 필요 시 수정한다.]

목표 2 행동지원계획서를 확인한다

아동의 행동지원계획서를 살펴보자. [부모가 앞으로 진행할 행동지원계획서가 있는지 확인한다.] 우리가 이 프로그램을 통해 목표로 삼고자 했던 행동의 관점에서 우리가 시작한 부분을 면밀히 검토하고, 이러한 행동과 기술을 다루기 위해 우리가 생각한 모든 전략에 대해 논의하자. 이러한 전략 중 일부는 여전히 사용될 수도 있고, 또 다른 일부는 행동이 개선되어 더 이상 필요가 없거나 효과가 없었거나 또는 실시에 너무 많은 어려움이 있었기 때문에 더 이상 사용되지 않을 수도 있다. 우리의 모든 전략을 재검토하고 행동 계획 계획에 추가하거나 변경해야 할 부분이 있는지 생각해 보자. [치료자는 부모와 함께 행동지원계획서를 검토하고 문서를 적절히 수정한다. 부모가 더 이상 사용하지 않는다고 말하는 전략에 주목한다. 전략이 너무 어려워 부모가 포기하는 것이 원인이라면, 보다 효과적인 실시를 위해 그러한 전략의 사용 문제를 해결할 수 있는지 알아본다. 부모가 더 이상 사용하지 않는다고 말하는 전략을 버리지 않는다.]

목표 3 행동지원계획서의 변경 사항을 요약한다

우리는 오늘 아동의 행동지원계획서에 대한 다음의 수정 사항에 대하여 논의했다. [수정 사항을 요약한다.]

목표 4 현재 우려되는 행동에 대해 논의한다

[부모와 이야기하면서 학습활동 1을 완료한다. 이 학습활동은 현재 문제행동이나 부모가 표적으로 삼고 있는 새로운 기술을 문서화한다.] 이제 우리는 지난 약속일 이후 일어난 일에 집중할 수 있다. 우리가 마지막으로 만난 지 몇 주가 되었다. 일이 어떻게 진행되고 있는가? [지난 약속일 이후 일어난 일을 부모가 설명할 수 있게 한다. 학습활동 1에 의견을 적는다.] 아동에게 새로운 문제행동이 있는가? 발달될 것으로 우려되는 잠재적인 문제가 있는가? 또는 돌아왔거나 돌아올 것으로 우려되는 예전의 문제행동이 있는가? 아동에게 가르치고 싶은 새로운 기술이 있는가? [부모에게 대답하도록 격려한다. 학습활동 1에 의견을 기록한다.]

목표 5 문제행동 또는 새로운 목표를 다루기 위한 중재법으로 문제 해결을 논한다

당신은 [행동/기술]에 관해서 작업하고 싶다고 보고했다. 이러한 [행동/새로운 기술]을 어떻게 다룰 수 있는지 생각해 보자. [확인된 문제행동이나 부모가 가르치고 싶은 새로운 기술의 경우, 그 달성 방법에 대한 문제를 부모와 함께 해결한다. 부모가 전략을 생각해 내도록 격려한다. 프로그램에서 다루어진 다양한 전략을 적용하여 행동/기술 문제를 해결한다. 중재법을 계획할 때 부모로 하여금 행동지원계획서를 참조하게 한다. 목표로 삼을 새로운 행동/기술과 계획된 중재 전략을 학습활동 1과 행동지원계획서에 기록한다.]

목표 6 과제를 제공한다(해당되는 경우)

[적합한 경우, 과제를 제공하고 학습활동 1에 그것을 기록한다.]

- 가족이 추가적인 자원과 후속조치가 필요한 경우: 부모와 약 2~4주 후로 다음 약속을 잡는다. 행동지원계획서에 대한 모든 수정을 마무리하고, 다음 촉진 전화 통화 이전에 갱신된 버전을 우편으로 가족에게 발송한다.
- 가족이 성공적으로 프로그램을 완료하고 추가적인 후속조치가 필요하지 않은 경우: 프로그램 동안에 거둔 모든 진전에 대하여 부모에게 축하하고 행동지원계획서에 기록된 전략을 지속적으로 사용하도록 격려한다. 행동지원계획서에 대한 모든 수정을 마무리하고 갱신된 최종 버전을 우편으로 가족에게 발송한다.

학습활동 1

아동의 현재 행동/경과에 대한 부모의 보고서: ______________________________

____

____

____

새로운 문제행동: ____

____

____

____

부모가 발전을 우려하는 문제행동: ______________________________

____

____

____

돌아왔거나 돌아올 것으로 부모가 우려하는 예전의 문제행동: ______________

____

____

____

부모가 아동에게 가르치고 싶은 새로운 기술: ______________________

____

____

____

아동의 행동에 대한 추가 메모/의견: ______________________________

____

____

____

중재 계획(표적행동, 실시한 전략, 과제): ____________________________

____

____

____

비고: 우리는 촉진 전화 통화 학습활동을 각 가족 구성원이 필요한 경우에 사용할 수 있도록 복사본을 만들 것을 권장한다.

촉진 전화 통화 - 치료 충실도 체크리스트

성명(아동): ____________________ 방문일: ____________ (년/월/일)

치료자: ____________________

회기 목표가 치료자에 의해 달성된 정도를 평가한다.

0 = 목표가 달성되지 않음

1 = 목표가 부분적으로 달성됨

2 = 목표가 완전히 달성됨

N/A = 목표가 회기에 포함되지 않음

치료자의 완성도 목표	평가			
1. 이전 회기의 과제를 확인한다(해당되는 경우).	0	1	2	N/A
2. 행동지원계획서를 확인한다.	0	1	2	N/A
3. 행동지원계획서의 변경 사항을 요약한다.	0	1	2	N/A
4. 현재의 우려되는 행동에 대해 논의한다.	0	1	2	N/A
5. 문제행동 또는 새로운 목표를 다루기 위한 중재법으로 문제 해결을 논한다	0	1	2	N/A
6. 과제를 제공한다(해당되는 경우).	0	1	2	N/A
	계 ________ / 12			

부모의 참여, 올바른 응답 및 활동 완료 정도를 평가한다.

0 = 부모가 기술이나 이해를 보여 주지 않았고 과제를 완료하지 못함

1 = 부모가 몇몇 질문을 올바르게 이해하고 응답했으며 부분적으로 과제를 완수함

2 = 부모가 거의 모든 질문을 올바르게 이해하고 응답함

N/A = 목표가 회기에 포함되지 않음

부모의 목표	**평가**			
1. 부모가 행동지원계획서를 완성하는 데 도움을 준다.	0	1	2	N/A
2. 부모가 지난 회의 이후의 아이의 진전을 설명하고 현재 우려되는 행동을 보고한다.	0	1	2	N/A
3. 부모가 문제행동 또는 새로운 기술에 전략을 적용하는 문제를 해결할 수 있다.	0	1	2	N/A
	계 ________ / 6			

충실도 노트:

부록 2

가정방문

개요

가정방문은 치료자가 아동의 환경을 잘 이해하고, 아동의 가족과 함께 아동에 대하여 자연적 관찰을 실시하도록 설계된다. 치료자는 60~90분간의 방문을 위한 계획을 세울 수 있다.

참고: 가정방문은 아동이 집에 있을 때, 이상적으로는 하루 중 문제가 되는 시간으로 일정을 잡아야 한다(예: 식사 시간, 힘든 전환).

목표

1. 가족과 라포(친밀한 관계)를 형성한다.
2. 집을 둘러보면서 아동이 시간을 보내는 장소를 관찰하고, 안전, 구조 및 발달에 적합한 자료의 존재에 대한 아동의 환경을 평가한다.
3. 가정이라는 상황 내에서 아동의 행동과 부모가 사용하는 구체적인 기술과 행동 전략에 대한 자연적 관찰을 실시한다.
4. 향후 부모훈련 회기에서 사용될 수 있는 가정 환경에 대한 관찰 사항을 기록한다.

부모의 목표

1. 부모가 치료자에게 가정의 일상사가 일어나는 장소들을 보여 주고 설명한다.
2. 부모가 아동과 상호작용하며 일상적인 모습으로 중재한다.

자료

1. 치료자 스크립트
2. 가정방문 데이터 양식
3. 치료 충실도 체크리스트

치료자용 팁 시트

가정방문의 이점은 치료자에게 자연적인 환경에서, 이상적으로는 일상 활동 중에 또는 하루 중 문제의 시간에, 아동의 행동을 관찰할 수 있는 기회를 제공한다는 것이다. 또한 가정방문을 통해 치료자는 아동의 집 배치에 대해 더 잘 이해할 수 있다. 이것은 시각적 일과표를 설치할 벽이나 방을 선택하거나 타임아웃 의자를 위한 가장 적합한 지점을 찾는 것과 같은 전략을 구현할 때 도움이 될 수 있다. 가정방문은 여러 시점에서 프로그램에 포함될 수 있다.

1. **치료를 시작하기 전**, 자연스러운 환경에서 아이의 행동과 아이에 대한 부모의 반응을 평가할 수 있는 좋은 기회를 제공한다.

2. **시각적 일과표와 강화 회기 사이**. 대부분의 경우, 시각적 일과표는 개인화되기 때문에, 치료자는 시각적 일과표 회기가 종료될 때, 가족에게 줄 시각적 일과표를 완성하지 못할 수 있다. 이 두 회기 사이에 가정방문을 실시함으로써 치료자는 시각적 일과표 회기 후에 일정을 작성하고, 가정에 전달하여 사용을 위한 역할놀이를 하고, 가정에서의 배치 및 구현 문제를 해결할 기회를 갖게 된다.

3. **치료가 끝날 무렵**(촉진 단계 회기 동안)에는, 나머지 문제행동에 대한 부모의 기술 구현에 대한 최종 지도를 제공할 기회를 준다. 이것은 또한 치료자에게 아동의 환경에 대한 수정과 부모의 성공적인 기술 구현을 직접 관찰할 수 있는 기회를 제공한다.

치료자 스크립트

목표 1 가족과 라포(친밀한 관계)를 형성한다

[가족을 편안하게 해 주고, 사용 가능한 장난감과 활동 및 기타 긍정적인 특성을 포함한 가정 환경에 대하여 부모를 강화하는 데 일정 시간을 보낸다.]

목표 2 집을 둘러보면서 아동이 시간을 보내는 장소를 관찰하고, 안전, 구조 및 발달에 적합한 자료의 존재에 대한 아동의 환경을 평가한다

우선, 하루 동안 아동에 관련된 일이 어디에서 진행되고 있는지 볼 수 있도록 아동의 전형적인 일과를 따라 집을 살펴보자. 먼저, 아동이 잠에서 깨는 장소에서부터 시작하자. [가정방문 데이터 양식에 있는 섹션 1(가정 둘러보기/일과표)의 질문에 따른다. 명백한 안전 관련 우려 사항이 있는지 여부, 다양한 물건을 보관하는 장소, 문과 캐비닛을 잠그는 방법 그리고 방 안에 있는 물건의 배치를 관찰한다. 치료자는 가정방문 데이터 양식의 섹션 1에 관찰한 내용과 부모의 응답을 기록한다.]

목표 3 가정이라는 상황 내에서 아동의 행동과 부모가 사용하는 구체적인 기술과 행동 전략에 대한 자연적 관찰을 실시한다

다음 30분 동안, 하루 중 이 시간대에 일반적으로 어떤 일이 일어나는지 관찰하고자 한다. 당신이 일반적으로 하는 일을 시작해 보자. 치료자는 앉아서 당신의 아이와 더불어 일어나는 일에 대한 아이의 반응을 관찰한다. 다음 회기에서 논의할 수 있는 몇 가지 사항을 기록할 것이다. [가정방문 데이터 양식의 섹션 2(자연스러운 가정 관찰)를 수행할 때에는 최대한 눈에 드러나지 않게 가정과 아동을 관찰한다. 치료자가 중재해서는 안 된다. 서로 각 항목에 발생하는 다양한 활동을 표시한다. 각 활동의 시작과 종료는 그것이 일어난 시간 단위로 기록한다. 관찰은 치료자가 아동이 2개 이상의 활동을 수행하는 것을 관찰한 후에 종료할 수 있다. 오늘 관찰한 내용이 아동이 이 시간대에 수행하는 전형적인 행동인지 부모에게 반드시 질문한다.]

목표 4 향후 부모훈련 회기에서 사용될 수 있는 가정 환경에 대한 관찰 사항을 기록한다

[집에서 나온 후 치료자는 관찰 기간 동안에 완료하지 못한 경우, 섹션 3(가정방문 체크리스트), 섹션 4(관찰 중에 사용되는 행동 전략) 및 섹션 5(향후 회기를 위한 치료자의 노트)를 완료해야 한다.]

가정방문 데이터 양식

성명(아동): ____________ 참석한 가족 구성원: ____________

치료자: ____________

이 시간은 아동에게 문제가 되는 시간으로 확인되었는가? 예 / 아니요

1. 가정 둘러보기/일과표

부모에게 다음 질문을 한다	치료자의 관찰 내용 및 부모의 응답
아이가 어디에서 하루를 시작합니까? (아이가 자는 곳을 관찰한다.)	침실과 아이가 사용할 수 있는 장난감에 안전 문제가 있는지 기록한다.
아이가 밤새 여기서 잡니까? 아이가 일상적으로 여기서 잡니까? 그 외 어디에서 아이가 잡니까?	아이가 깨어나 다른 방에 들어갈 수 있는지 그리고 누구와 함께 있는지 기록한다.
아이가 어디에서 화장실을 사용합니까? 아이가 이 일을 혼자서 할 수 있습니까? 아이가 당신의 도움이 필요합니까?	화장실에서 침실 및 아이가 시간을 보내는 집의 다른 부분까지의 거리를 기록한다. 안전 문제가 있는지 기록하고, 아동을 위한 시설을 기록한다.

아이가 어디에서 식사를 합니까? 아이가 얼마나 오래 앉아서 먹을 수 있습니까?	아이가 식탁에서 자주 앉는 의자에서 식사하는지, 적응이 이루어졌는지, 아이가 일상적으로 식사하는 장소가 있는지, TV와 같은 산만한 요소가 있는지 기록한다.
아이가 어디에서 독립적으로 놉니까? 독립적으로 놀 때에는 아이가 무엇을 합니까?	놀이 영역에 안전 문제가 없는지 관찰하고, 사용할 수 있는 장난감의 유형과 아이가 무엇을 선택하는지 기록한다.
당신이 가사일을 하는 동안 아이가 독립적으로 놉니까? 아이가 노는 동안 당신은 어디에 있습니까?	아이가 독립적으로 놀 수 있는지, 부모가 어디에 있을 수 있는지(시야 안, 복도 끝, 다른 층) 기록한다.
아이가 밖에서 놀 때에는 어디에 있습니까? 아이가 여기저기 방황합니까?	안전 문제, 즉 울타리가 있는지 그리고 장난감은 충분히 안전하고 적절한지 여부를 기록한다.
당신은 아이에게 타임아웃을 사용합니까? 타임아웃이 어디에서 발생합니까?	가정의 면적을 기록한다. 콘센트, 전기 장비 및 불안정한 가구와 같은 안전 문제, 산만한 요소의 존재 여부 그리고 강화물에 대한 접근성을 기록한다.
그 외에 집 안 어디에서 아이가 시간을 보냅니까?	아이가 집에서 시간을 보낼 수 있는 장소를 기록하고, 명백한 안전 문제가 있는지 관찰한다.

2. 자연스러운 가정 관찰

장소 및 시간 [시작/종료 시간 기록]	치료자의 관찰 내용 및 부모의 응답	참석한 사람	관찰된 선행사건 [활동의 변화 또는 중단, 거부, 혼자 놀기, 요구 등을 포함한 선행사건을 기록한다.]	관찰된 아동의 행동 [긍정적인 행동과 문제행동을 기록한다. 기능의 가설(도피, 관심, 유형의 물건에 대한 접근, 자기 자극, 전환, 알려지지 않은 것)]	관찰된 부모의 행동 [적절한 기술과 부적절한 기술을 기록한다(선호하는 대상/감각적 유입, 관심/도움, 요구 제거, 영역에서 제거, 무시)]

관찰된 내용이 아동의 이 시간대의 전형적인 행동인지 부모에게 물어본다:

3. 가정방문 체크리스트

1부. 가정 환경: 일반 지침 치료자는 전반적인 가정방문을 기반으로 다음의 평가를 완료해야 한다. 이러한 평가는 관찰 사항에 대한 전체적인 평가를 의미한다. 치료자는 또한 이후의 회기에서 사용될 수 있도록 관찰 내용을 기록해야 한다. 항목을 평가하는 데에는 다음과 같은 척도가 사용된다.

0 = 관찰되지 않거나 존재하지 않음, 1 = 다소 있으나 일관되지 않음,

2 = 적절한 장소 또는 시간에 관찰됨, NA = 해당 없음

환경 조정 및 자극	평가	치료자가 관찰한 내용
아이를 위해 가정 안전이 보장(안전하지 않은 물체를 손이 닿지 않는 곳에 보관)됩니까?	0 1 2 NA	
특정 구역에서의 놀이를 조장하기 위해 집이 구조화되어 있습니까?	0 1 2 NA	
아이가 선호하는 놀이 활동에 쉽게 접근할 수 있습니까?	0 1 2 NA	
아이가 발달에 적합한 장난감과 활동에 접근할 수 있습니까?	0 1 2 NA	
안전한 놀이 공간을 허용하도록 집 안이 배치되어 있습니까?	0 1 2 NA	
부모가 가정 일을 수행하는 가운데 아이를 감독할 수 있도록 집 안이 배치되어 있습니까?	0 1 2 NA	
학습에 도움이 되고 학습을 자극하는 장난감과 재료(예: 책, 학습 소프트웨어가 있는 컴퓨터)가 있습니까?	0 1 2 NA	
총체적 운동 기능을 촉진하는 재료/장난감(놀이터, 자전거, 트램펄린)이 있습니까?	0 1 2 NA	

2부. 부모의 행동: 일반 지침 치료자는 전반적인 가정방문을 기반으로 다음의 평가를 완료해야 한다. 이러한 평가는 관찰 사항에 대한 전체적인 평가를 의미한다. 치료자는 또한 이후의 회기에서 사용될 수 있도록 관찰 내용을 기록해야 한다. 항목을 평가하는 데에는 다음과 같은 척도가 사용된다.

0 = 관찰되지 않거나 존재하지 않음, 1 = 다소 있으나 일관되지 않음,

2 = 적절한 장소 또는 시간에 관찰됨, NA = 해당 없음

부모의 행동	평가	치료자가 관찰한 내용
부모가 자발적으로 아이와 의사소통을 합니까(요청 또는 질책 제외)?	0 1 2 NA	
부모가 아이의 적절한 행동에 대해 자발적으로 언어적 강화를 합니까?	0 1 2 NA	
부모가 의사소통 시도를 주목하고 강화합니까?	0 1 2 NA	
부모가 아이를 관리하기 위해 선행사건이나 예방 접근법을 사용합니까?	0 1 2 NA	
부모가 최소한의 신체적 도움을 사용합니까?	0 1 2 NA	
부모가 아이에게 적절한 활동을 제공합니까?	0 1 2 NA	

4. 관찰 중에 사용되는 행동 전략

일반 지침 치료자는 전반적인 가정방문을 기반으로 다음의 평가를 완료해야 한다. 이러한 평가는 관찰 사항에 대한 전체적인 평가를 의미한다. 치료자는 또한 이후의 회기에서 사용될 수 있도록 관찰 내용을 기록해야 한다. 항목을 평가하는 데에는 다음과 같은 척도가 사용된다.

0 = 관찰되지 않거나 존재하지 않음, 1 = 다소 있으나 일관되지 않음,

2 = 적절한 장소 또는 시간에 관찰됨, NA = 해당 없음

실행된 전략	평가	치료자의 관찰 내용
1. 일과를 준수함	0 1 2 NA	
2. 아이와 함께 시각적 일과표를 사용함	0 1 2 NA	
3. 기타 시각 촉구/단서를 사용함	0 1 2 NA	
4. 언어 강화 유관을 사용함	0 1 2 NA	
5. 언어 강화가 유형의 강화물과 함께 사용됨	0 1 2 NA	
6. 토큰을 사용함	0 1 2 NA	

7. 부모가 지시 따르기를 강화함	0 1 2 NA	
8. 부모가 지시 따르지 않는 것에 적절히 대처함	0 1 2 NA	
9. 부모가 아이가 기능적 의사소통을 할 수 있도록 격려하고 강화함	0 1 2 NA	
10. 부모가 새로운 기술을 촉진하기 위해 적절한 기술 가르치기를 사용함	0 1 2 NA	
11. 부모가 계획된 무시를 원래 계획대로 사용함	0 1 2 NA	
12. 부모가 타임아웃을 의도대로 사용함	0 1 2 NA	
13. 기타 전략을 실행(구체적으로)	0 1 2 NA	

5. 향후 회기를 위한 치료자의 노트

회기	가능한 중재 목표
예방 전략에 관련된 관찰	
강화 전략에 관련된 관찰	
지시 따르기 훈련에 관련된 관찰	
계획된 무시의 사용에 관련된 관찰	
기술 가르치기에 관련된 관찰	
기능적 의사소통 훈련에 관련된 관찰	
보충 회기에 관련된 관찰(토큰 시스템, 섭식 문제, 모방 기술, 수면 문제, 타임아웃, 용변 훈련, 위기 관리)	
기타 전략에 관련된 관찰	

가정방문 - 치료 충실도 체크리스트

성명(아동): ____________________ 방문일: ____________ (년/월/일)
치료자: ____________________

회기 목표가 치료자에 의해 달성된 정도를 평가한다.

0 = 목표가 달성되지 않음

1 = 목표가 부분적으로 달성됨

2 = 목표가 완전히 달성됨

N/A = 목표가 회기에 포함되지 않음

치료자의 완성도 목표	평가			
1. 가족과 라포(친밀한 관계)를 형성한다.	0	1	2	N/A
2. 집을 둘러보면서 아동이 시간을 보내는 장소를 관찰하고, 안전, 구조 및 발달에 적합한 자료의 존재에 대한 아동의 환경을 평가한다.	0	1	2	N/A
3. 가정이라는 상황 내에서 아동의 행동과 부모가 사용하는 구체적인 기술과 행동 전략에 대한 자연적 관찰을 실시한다.	0	1	2	N/A
4. 향후 부모훈련 회기에서 사용될 수 있는 가정 환경에 대한 관찰 사항을 기록한다.	0	1	2	N/A

계 ________ / 8

부모의 참여, 올바른 응답 및 활동 완료 정도를 평가한다.

0 = 부모가 기술이나 이해를 보여 주지 않았고 과제를 완료하지 못함

1 = 부모가 몇몇 질문을 올바르게 이해하고 응답했으며 부분적으로 과제를 완수함

2 = 부모가 거의 모든 질문을 올바르게 이해하고 응답함

N/A = 목표가 회기에 포함되지 않음

부모의 목표	평가			
1. 부모가 치료자에게 가정의 일상사가 일어나는 장소들을 보여 주고 설명한다.	0	1	2	N/A
2. 부모가 아동과 상호작용하며 일상적인 모습으로 중재한다.	0	1	2	N/A

계 ________ / 4

충실도 노트:

부록 3

샘플 행동지원계획서를 사용하는 부모훈련 사례

배경 정보

벤 스미스(Ben Smith, 가명)는 5세의 백인 남자아이로서, 자신의 생물학적 부모와 함께 살고 있다. 그는 유일한 아이이며, 스미스 여사의 임신 중에 아무런 합병증도 발견되지 않았다. 벤은 6개월부터 2세까지 민간 어린이집에 다녔다. 벤은 2세부터 3세까지 가정 내 어린이집에 다녔다. 스미스 여사는 벤이 약 7개월 즈음에 옹알이를 시작했고, 12개월 즈음에 단어(예: 볼, 개)를 말하기 시작했다고 회상한다. 벤은 9개월 즈음에 기어 다니기 시작했으나 16개월까지 걷지 않았다. ADHD의 경우 가족력이 중요하며, 언어 지연은 모계 그리고 우울증은 부계의 가족력이 중요하다.

스미스 여사는 벤의 언어가 발전하지 않았던 15개월 무렵 벤의 발달에 대한 우려를 처음으로 제기했다. 이러한 우려로 인해 스미스 여사는 지역의 아동 정신과 의사로부터 평가를 받았으며, 그 의사는 전반적 발달장애(PDD-NOS)라는 진단을 내렸다. 2세 때, 벤은 주에서 중재 프로그램으로 평가를 받았다. 벤은 언어와 작업 치료를 각각 1시간 동안 받을 자격을 얻었다. 이러한 서비스는 3세가 될 때까지 계속되었다. 그런 다음 벤은 특수교육 유치원으로 옮겨서 매주 1시간씩 언어와 작업 치료를 계속 받았다. 초기 평가 당시, 벤은 자폐 스펙트럼 장애 아동을 위한 SCERTS(사회적 의사소통, 정서적 규제, 교류 지원) 중재 모델을 사용하는 특수교육 유치원 교실에 매주 30시간 참여하도록 등록되었다. 학교 프로그램의 일환으로 벤은 주당 1시간의 언어치료를 받았고, 주당 1시간의 작업치료를 받았다. 학교 밖에서 벤은 1시간의 사적인 작업 요법을 받았다.

스미스 여사는 가정과 지역사회 환경(예: 상점, 공원, 식당)에서 벤의 문제행동을 다루는 방법에 대한 조언을 구하기 위해 우리 프로그램에 연락했다. 그녀는 벤이 2세 무렵 텐트럼을 나타내기 시작했으며, 그러한 행동은 자신이 원하고 필요한 것을 전달할 수 없다는 좌절에 부분적으로 기인한다고 말했다. 벤의 가장 두드러지는 현재 문제에 관해 질문을 받았을 때, 스미스 여사는 지시에 따르지 않는 행동과 텐트럼이라고 대답했다. 벤은 종종 일상적인 요청을 무시하거나 적극적으로 항의했다. 외견상 낮아 보이는 좌절에 대한 참을성은 '뜻대로 되지 않을' 경우 종종 폭발적인 텐트럼으로 이어졌다. 스미스 여사는 벤의 텐트럼과 지시 따르지 않는 행동이 가족의 일상생활에서 매일 혼란을 야기하고 있으며, 그러한 행동을 어떻게 다룰지에 있어서 그녀와 남편 사이에 압박감을 주고 있다고 보고했다.

평가 및 진단 정보

스미스 여사는 먼저 벤을 병원으로 데리고 가서 자폐 스펙트럼 장애(ASD) 진단을 확인했다. 그녀는 벤의 발달력과 현재의 진단 발표에 관한 광범위한 인터뷰를 마쳤으며(자폐증 진단 인터뷰-개정), 그동안 벤은 직접적인 관찰 진단 회기(자폐증 진단 관찰 일정, 모듈 2)와 인지 평가(스탠포드-비네 지능 척도-제5판)를 완료했다. 벤의 적응적 기능(바인랜드 적응 행동 척도-제2판, 부모 보고 양식)과 행동의 어려움[이탈 행동 체크리스트(ABC)]도 평가되었다.

평가 절차

인지: 스탠포드-비네 지능 척도(SB-V)

진단: 자폐증 진단 인터뷰-개정(ADI-R)

자폐증 진단 관찰 일정-모듈 2(ADOS)

적응: 바인랜드 적응 행동 척도-제2판, 부모 보고 양식

행동: 이탈 행동 체크리스트(ABC)

인지 평가의 결과, 벤은 같은 연령대와 비교하여 평균 범위 내의 전체 IQ를 나타내었으나(전체 IQ = 108), 언어 및 비언어적 IQ 간에 상당한 차이를 보였다(비언어적 IQ = 97, 언어적 IQ = 119). 진단 평가(ADI-R와 ADOS)에서는 벤의 사회적 상호작용, 의사소통 및 반복적인 행동의 존재에서 비전형적인 발달 패턴이 확인되었다. 자폐증의 조기 징후가 벤의 생후 첫 2년 내에 분명하게 나타났으며, 이러한 징후에는 언어 지연, 사회적 상호작용 시 제한적인 눈 마주치기, 저조하게 발달될 놀이 기술, 2세 때까지 존재한 반복적인 관심사(예: 토마스와 친구들) 등이 포함되었다. 다른 아동들에 대한 벤의 사회적 관심도는 제한적이다. 그는 종종 또래들과 상호작용할 수 있는 초대를 무시한다. 스미스 여사는 벤이 어른과 더 성공적으로 상호작용한다고 이야기한다. 그녀는 벤이 가끔 토마스와 친구들과 같은 관심사를 어른들과 나누려고 한다고 지적한다. 비록 벤의 언어가 문구 말하기로 묘사되었고, 어머니가 시작하는 주제에 대해 서로 주고받는 경우가 종종 있지만, 유연한 상호 간의 대화를 나누지는 않는다. 비언어적인 의사소통과 관련하여 벤은 자발적인 몸짓과 눈 마주치기의 빈도가 낮았다. 마지막으로 벤은 현재 신호등에 많은 관심을 보이고 있으며, 놀이 진단 평가 중에 대상을 육안으로 검사하는 것이 관찰되었다. 전반적으로 벤은 ADOS와 ADI-R 모두에서 자폐 스펙트럼 장애에 대해 확립된 기준을 초과했다.

적응적 기능과 관련하여 벤의 의사소통 및 일상생활 기술 영역 점수는 평균 범위 내에 들었다. 이에 비해, 벤은 사회화(표준 점수 = 77) 부분에서 상당

한 지연을 보였을 뿐만 아니라 운동 기능(표준 점수 = 84) 부분에서 보통 수준의 지연을 나타냈다.

스미스 여사는 벤의 현재의 문제행동에 관한 정보를 제공하기 위해 이탈 행동 체크리스트(ABC)를 작성했다. ABC에는 문제행동, 과다 활동 및 정형 행동을 측정하는 다섯 가지 하위 척도가 있다. 아동의 점수는 발달장애가 있는 아동들의 대규모 표본과 비교될 수 있다. 텐트럼, 공격 및 자해 행동을 반영하는 흥분성 하위 척도에서 벤은 평균보다 높은 표준 편차인 23점을 받았다. 이 점수는 RUBI 자폐증 네트워크에 의해 실시된 다기관 연구에 참여한 아동의 평균 기준 점수와 유사하다(Bearss et al., 2015). 양적인 면에서는, 스미스 여사는 벤이 일상적인 요구에 반응하여 10~15분 동안 지속하는 텐트럼을 매일 2~3회 한다고 보고했다. 또한 그녀는 벤이 그 시간 중 75% 정도 지시에 따르지 않는다고 추정했다.

요약하자면, 임상적으로 확인된 평가와 함께 '최적화된 표준' 측정법[즉, 자폐증 진단 관찰 척도(ADOS)와 자폐증 진단 인터뷰-개정판(ADI-R)]을 사용하여 검사한 결과, 벤이 자폐 스펙트럼 장애의 진단 기준을 충족한다는 사실이 확인되었다. 그는 평균적인 인지 능력을 가지고 있지만 바인랜드(Vineland)에서는 기대 점수보다 낮았다. ABC에 대한 점수는 그에게 심각한 문제행동이 있음을 보여 주고 있다.

치료

스미스 여사는 벤에 대한 평가 후 일주일 이내에 부모훈련 과정을 시작했다. 그녀는 24주 동안 총 12회의 직접 면담, 2회의 가정방문, 2회의 촉진 전화 통화에 참석했다(치료 활동 및 생성된 전략에 대한 자세한 설명은 샘플 행동지원계획서를 참조). 스미스 여사는 처음에 벤의 텐트럼과 지시 따르지 않는 행동의 기능에 대해 더 자세히 알기 위해 '선행사건 – 행동 – 결과(ABC)' 데이터를 수집했다. 벤의 경우, 이러한 행동들은 주로 일상적인 부모의 요구에서 '벗어나거나' '자신이 원하는 것을 얻기' 위해 시작되었다. 초기 예방 전략은 벤이 저녁 식사 전에 칭얼거리는 것을 줄이고, 부적절한 간식(예: 쿠키, 감자칩)에 대한 요구를 줄일 수 있도록 오후에 간식을 먹는 일상을 변화시킬 뿐만 아니라 이행하도록 벤을 돕는 데 중점을 두었다(예: 경고를 제공하는 타이머 사용). 그 후 몇 차례의 회기에서는 예방 및 강화 전략을 사용하여 테이블에 머무르거나 음식을 먹는 것과 같은 '과제 수행' 행동을 위한 강화를 포함하여 식사 시간 행동을 형성하는 데 집중했다. 스미스 여사는 '부정적인 말'(예: 엄마의 이름 부르기)을 해결하는 동시에 '친절한 말'을 보강하기 위해 계획적인 무시를 사용하는 법을 배웠다. 아침의 일상적인 요구를 성공적으로 완수하는 것을 목표로 강화와 함께 단계별 지시 따르기 훈련을 사용했다. 마지막으로 벤이 오랜 수면 문제를 가지고 있었기 때문에 우리는 추가적으로 수면 문제 회기를 검토했다. 스미스 여사는 수면에 관련된 문제에 대해 설명했다(예: 벤은 잠들기 위해 DVD 플레이어를 켜야 했다). 또한 그녀는 벤이 야간에 자주 깨며, 그로 인해 부모의 침대에서 잤다고 했다. 수면에 관련된 문제를 해결하기 위해 우리는 DVD 대신에 침대 옆에 음향 기기를 두었다. 벤이 밤에 일어났을 때, 스미스 여사는 그가 자신의 침대로 되돌아가도록 했다. 기술 가르치기 회기로 옮겨갈 때쯤, 스미스 여사는 벤의 텐트럼과 반항적인 행동이 상당히 감소했다고 보고했다. 지시 따르기와 일상생활 기술을 구축하기 위해, 우리는 벤에게 자신의 안전벨트를 매는 법을 가르치는 데 중점을 두었다.

부모훈련 프로그램에서는 전반적으로 벤의 일상생활에서 일관성과 예측 가능성을 높이는 방식으로 모든 전략을 구현하는 것의 중요성이 스미스 여사에게 강조되었다. 스미스 여사는 이러한 프로그램 구성 요소의 모든 측면을 성공적으로 실행했다. 행동지원계획서에는 프로그램 과정 전반에 걸쳐 스미스 여사에게 소개된 많은 행동 전략이 요약되어 있다.

24주째 후속 방문에서 스미스 여사는 벤의 텐트럼 및 지시 따르지 않는 행동에 상당한 감소가 있었다고 보고했다. ABC 흥분성 하위 검사 점수는 기준선의 23점에서 24주째에 10점으로 낮아졌는데, 이는 발달장애가 있는 아동의 평균치보다 낮은 것이었다.

또한 스미스 부인은 텐트럼이 하루에 1회 1~2분 동안으로 감소했다고 보고했다. 벤은 일반적으로 일상생활의 기술을 수행하는 데 협조적이었다. 지시 따르지 않는 행동은 시간의 10~15%에 발생하는 것으로 추정되었다.

<table>
<tr><th colspan="2">행동지원계획서</th></tr>
<tr><td colspan="2">성명(아동): 벤 스미스　　번호:</td></tr>
<tr><td colspan="2">표적 문제행동:
줄이고 싶은 행동의 정의</td></tr>
<tr><td>행동 1:
텐트럼</td><td>때로 공격을 수반하는 고함 및 비명 지르기 또는 물건을 던지거나 두드리기</td></tr>
<tr><td>행동 2:
지시 따르지 않기</td><td>어떤 과제(예: 아침/저녁의 일상) 또는 선호하지 않는 요구(예: 정리)를 수행하라는 지시에 따르기를 거부하는 것</td></tr>
<tr><td colspan="2">인지된 기능(들):
표적행동의 원인</td></tr>
<tr><td>행동 1:
텐트럼</td><td>원하는 것을 얻고(부적절한 간식에 대한 접근), 따르고 싶지 않은 요구가 있을 때 이를 도피하고, (계획된 무시 동안) 주의를 끌기 위해 고조됨</td></tr>
<tr><td>행동 2:
지시 따르지 않기</td><td>원치 않는 활동(예: 저녁 식사 식탁에 앉아 있기, 정리, 아침/저녁의 일상적인 요구)에서 벗어나기</td></tr>
<tr><td colspan="2">문제행동에 대한 예측/촉발 요인들:
행동을 더 자주 유발시키는 상황</td></tr>
<tr><td colspan="2">전환(더 선호하는 활동에서 덜 선호하는 활동으로)
제지했을 때(예: “안 돼.”라고 들었을 때)
비선호 요구가 주어졌을 때
벤이 어머니의 관심을 끌고 싶을 때</td></tr>
</table>

자료 수집: 문제행동의 과정을 추적하는 방법			
약어	**약어의 의미**	**정의**	**사례**
A	**선행사건** (Antecedent)	행동이 발생하기 직전에 일어나는 단서(cue) 혹은 촉발요인(trigger)	• 무엇을 하라고 지시받는 것 • 원하는 것을 얻지 못한 것 • 관심을 주지 않는 것
B	**행동** (Behavior)	관찰, 계산 또는 시간 측정이 가능한 표적행동	• 때리기 • 소리 지르기 • 말대꾸 • 칭얼거림
C	**결과** (Consequence)	행동 직후 일어나는 것. 긍정적이거나 부정적일 수 있음	• 타임아웃 • 특권의 제한 • 무시 • 보상 • 안아주기 또는 칭찬하기

1) ABC를 사용하여 행동의 기능을 결정한다.
   - 요구를 회피하거나 '하지 않기' 위해서
   - 관심을 끌기 위해서
   - '아이가 원하는 것을 얻기' 위해서
   - '자기 자극'을 추구하기 위해서

2) 문제행동의 **기능**을 다루기에 가장 효과적인 행동 전략을 결정한다.

3) 행동 전략을 실제로 해 보고, 아이의 행동이 어떻게 바뀌고 있는지 그 과정을 추적해 보기 위해 자료 수집 서식들을 만들고 사용한다.

예방 전략(선행사건) : 행동이 처음부터 발생하지 않도록 우리가 하려는 것		
전략	**세부 사항**	**시작일**
타이머 (시각 단서의 일종)	시각적인 타이머(시간 타이머)는 전환이나 보상이 발생하는 시간 또는 활동이 끝나는 시간을 아동에게 알려 주는 훌륭한 방법이다. 전환이 일어날 때까지 얼마의 시간이 남았는지 구두로 말하는 대신 타이머를 사용하여 정보를 제시한다. • 이것은 부모가 (예를 들어, 전환이 일어나야 한다는) '나쁜 소식을 전하는 사람'이 되는 것을 피하게 한다. • 타이머가 울리면 즉시 응답하는 것이 중요하다. • 장난감을 정리할 시간이라는 신호로 타이머를 사용하는 것이 좋다. • 저녁 식사 일과에서 벤이 식사 시간(10~15분) 동안 식탁에 머무는 것을 돕기 위해 타이머가 도입되었다. • 우리는 먼저 저녁 식사 중 적절한 앉기를 위해 매 3분마다 M&Ms을 제공했으며, 이후 4분으로 간격을 증가시켰다. • 결국 우리는 식사량을 소비하는 데 적절한 시간 간격으로 이동했다(예: 저녁 식사를 4개의 부분으로 나누었으며, 벤이 각 부분을 먹는 데 3분이 소요, 완료 = M&Ms 보상).	
사건의 순서 변경 / '먼저 - 다음에'	선호도가 낮은 활동이 먼저 오게 하고, 더 선호하는 활동이 뒤따르게 하는 방식으로 일상생활에서 활동 순서를 변경하면 하루를 더 원활하게 운영할 수 있다. 선호하는 활동이 두 번째에 오게 하는 것은 덜 재미있는 활동을 완수하게 하는 동기를 부여한다. 이것은 아침 일과 동안에 사용했다. "먼저 옷을 입어. 시간이 남으면 너는 TV를 볼 수 있어."	
질문 방식 바꾸기	"안 돼."라고 직접 말하면 문제행동이 증가할 수 있다. 대신에 다른 반응 방식을 찾는 것이 도움이 될 수 있다. 선택권을 부여하면 지시 따르기를 높이고 어려운 행동을 줄이는 데 도움이 될 수 있다. • 벤은 자신의 일과의 일부로 선택권을 부여받을 수 있다(예: 이 활동과 저 활동 중에서 어느 것을 하고 싶니?). • 이는 간식 선택권 제공에도 적용될 수 있다(건강한 오후 간식의 선택을 촉진하기 위해). **참고**: 벤이 선택권을 받아들이지 않거나 적절한 대안을 제시하지 못하면, "선택하렴. 그렇지 않으면 내가 너 대신에 선택할게."라고 말할 수 있으며, 그런 다음 이행한다.	

힘든 날에는 요구 사항을 줄이거나 신속하게 포기한다.	벤은 (그리고 때때로 어머니도) '쉬는 날'이 있다. 벤에게 '힘든 날'이 될 것이라는 느낌이 들 때에는 그날의 요구 숫자를 줄이는 것이 좋다. 요구를 주고 물러서는 것보다는 요구를 아예 주지 않는 편이 낫다. 벤이 '힘든 날'을 보내고 있을 때, 우리는 그가 따라야 할 요구 중에서 표적을 정하는 것에 대해 논의했다. 예를 들어, 아침 일과 전체에서 지시 따르기를 요구하는 대신에 양치질을 하는 데에만 집중한다. 저녁에는 샤워하고 양치질을 하는 데 집중한다. "착하게 부탁하면 내가 _____할 거야."라고 벤을 격려하여 텐트럼이 아니라 긍정적인/적절한 행동에 응답할 수 있다.	
배경사건을 해결한다.	배경사건에는 배고프거나 피곤하거나 아픈 상황이 포함된다. 이러한 사건들은 어려운 행동을 '촉발'할 가능성을 높인다. 벤의 경우에는 어머니가, 저녁 식사 때까지 그가 견딜 수 있도록 오후 중반에 배고픈 상황을 해결하는 방법으로 단백질 바를 도입했다.	
각본 있는 대화를 위한 시간을 별도로 설정한다. ('학교 대화')	벤은 학교에 대한 반복적인 대화에 참여하고 있다. 이에 대한 제한을 설정하려면 벤에게 '학교 대화'에 참여할 수 있는 시간을 부여한다(예: 학교에 차 타고 가기). 이 시간 동안 그는 학교에 관해 이야기할 수 있다. 벤이 자동차 타기 이외의 주제를 제기하려고 시도하면, 어머니는 그에게 자동차를 타는 동안 '학교 대화'를 다할 때까지 기다리도록 격려할 수 있다. 이것은 이러한 행동에 대한 제한을 설정하는 동시에 벤에게 행동에 참여할 수 있는 기회를 (매일) 제공한다.	

강화물:
아동에게 동기를 부여하는 항목이나 활동

일차적 강화물	초콜릿(M&Ms) 치킨너깃 쿠키 맥앤치즈(Macaroni and cheese) 종이팩 주스
사회적 강화물	하이 파이브
물질/유형의 강화물	성냥갑 자동차 슈퍼 히어로 자동차가 있는 모든 것 불이 켜지는 장난감 / 시끄러운 장난감 메가 블록
활동/특권	엄마와 함께 외출 / 자전거 타기 엄마와 함께 승마하기 공원에 가기 처키 치즈 킨들 게임
토큰	OT – 티켓 시스템 사용 가정 – 점수표 구슬 항아리

강화물에 대한 추가적인 참고 사항:

강화물은 다음과 같은 경우에 가장 효과적이다.
- 벤의 강화물에 대한 접근은 행동 유관의 상황을 제외하고는 제한적이다.
- 벤은 정말로 강화물을 원한다.
- 벤이 행동을 성공적으로 완료했을 때에만 강화물은 주어진다.

전형적인 관심사를 강화물로 사용한다.
- 반복적인 행동/정형화된 관심사에 대한 목표는 그것들이 벤의 사회적 상호작용이나 학습을 방해하지 않도록 하는 것이다.
- 이러한 강한 선호행동은 표적행동의 동기로 사용될 수 있다. 매우 선호하는 장난감/활동(예: 성냥갑 자동차, 불이 켜지는 장난감)에 대한 접근 권한으로 더 많은 기능적 작업/행동을 완료한다.
- 정형화된 관심사/행동이 벤에게 있어 스트레스 해소법이 될 수 있기 때문에 그러한 것들을 하도록 허용하는 것이 좋다. 그가 이러한 항목들을 가지고 놀기에 적합한 '시간과 장소'가 있다(즉, 그에 대한 시간을 허용할 수 있지만, 그에 대한 제한을 둘 수도 있다).

강화 전략: 좋은 행동에 대한 보상을 아동에게 제공하는 방법		
전략	**세부 사항**	**시작일**
행동 유관에 강화물을 사용하기	이 전략은 벤이 강화물에 접근하기 위해서는 특정 행동이 일어나야 하는 것을 말한다. 아침에 혼자서 옷을 입도록 벤을 격려하기 위해 우리는 행동 유관을 개발했다. 독립적으로 옷을 입을 경우 벤은 자신의 점수표에서 점수를 얻게 된다. 이는 벤이 '독립적으로 옷 입기'라는 표적행동에 대해 조금이라도 지시에 따르지 않으면 점수를 제공하지 않는다는 것을 가정한다. 행동 유관에 대한 참고 사항: 표적행동에서 벤의 지시 따르기가 나아짐에 따라 '기준을 높일' 수 있다. 예를 들어, 아침 일과의 일부로서 먼저 "혼자 옷을 입고 점수표에 점수를 표시하렴."이라고 말할 수 있다. 벤이 지속적으로 이러한 유관을 따르면, "혼자서 옷을 입고 파자마를 세탁물 바구니에 넣으면 점수표에 기입할 점수를 얻을 수 있어."라는 식으로 정도를 강화할 수 있다. **참고**: 행동을 방지하려면, 문제행동이 발생하기 전에 미리 행동 유관을 설정하는 것이 중요하다(예: 아침 일과에 일어날 수 있는 예측 가능한 어려움을 인식하는 것). 행동이 일어난 후에(예를 들어, 벤이 요구에서 벗어나기 위해 이미 방에서 뛰쳐나왔을 때) 유관을 실행하는 것은 유관의 효과를 줄이고 부정적인 행동을 강화할 수 있다(즉, 벤은 도망치면 재미있는 보상이 제공된다는 것을 배울 수 있다).	
부정적 결과를 유관할 경우	이것은 위와 관련이 있다. 즉, '긍정적인' 또는 보상에 기초한 유관을 격려하는 것은 이것은 대신에 "엄마의 이름을 부르면, #####를 잃게 될 거야!"라는 유관을 내포한다.	
'친절한 말 사용하기'에 대한 시의적절한 보상	벤이 '부정적인 말'을 할 가능성이 높은 하루 중 특히 힘든 시기에는, 표적 문제행동의 부재에 대하여 강화물을 제공할 수 있는 시간 간격을 할당한다. 벤은 '부정적인 말'의 부재에 대한 특별한 보상을 받는다('잘했다고 친절하게 말하는' 칭찬과 함께). 예를 들면, 벤이 다음 30분 동안 친절한 단어를 사용한다면, 엄마의 킨들(kindle)을 사용할 수 있다.	

놀이 시간 규칙 1 : 벤의 주도를 따른다.	이 전략은 아동 주도의 놀이 활동을 사용하여 벤과의 긍정적인 놀이 회기에 참여하는 것이 포함된다. 약 10분 동안 지속되는 이 회기는 사전에 정해진 시간에 또는 벤이 이미 장난감을 가지고 노는 시간대에 일어날 수 있다. 어머니는 처음에 벤을 잠시 지켜보고, 그런 다음 벤의 놀이를 **모방**하고, 그의 행동을 **묘사**하며, 칭찬을 통해 자발적이고 적절한 상상 놀이 기술을 보여 주려고 시도한다. 이것은 놀이 기술을 **칭찬**하고 적절한 경우 이 기술을 모방 유도할 수 있는 좋은 기회이다. 이러한 상호작용은 언어, 사회 및 놀이 능력에 실제로 도움이 될 수 있다. 놀이에서 일어날 수 있는 경미한 문제행동은 무시한다. 우리는 사회적 기술(나누기, 순서 기다리기)을 향상시키는 수단으로 블록을 사용하는 것을 목표로 설정했다. 이것은 취침 시간 전에 '진정 활동'으로 사용될 수 있어, 벤이 (너무 피곤하기 때문에) 취침 전에 흥분/확대하는 경향을 막을 수 있다.
벤의 좋은 행동 포착하기	이 전략은 사회적 강화(칭찬)뿐만 아니라 필요 시 유형의 강화물을(예: 점수표 상의 점수) 사용하여 자발적이고 긍정적인 행동을 강조하도록 권장한다. 예를 들어, 벤이 활동 사이에서 잘 이행하거나 지시를 바로 따르는 경우, 이는 점수표에 점수를 표시하는 것과 함께 칭찬해 주어야 한다. 어머니는 또한 이를 사용하여 (밤새 침대를 벗어나지 않는) 좋은 '수면' 행동을 칭찬한다.

결과 전략: 행동이 발생한 후에 해야 할 일		
전략	**세부 사항**	**시작일**
계획된 무시의 유형	비파괴적이지만 주의를 끌려는 행동에 대해서는 **아동과 행동 모두를 무시한다.** 위험한 행동의 경우(예: 길거리를 내달리기, 자해)에는 **아동을 돌보고 위험한 행동을 중지시키되,** 당신이 행동을 해결하는 동안에는 **아동에게 주의를 기울이지 않는다.** 매우 빈번한 행동의 경우(예: 반복적으로 질문하기)에는 이러한 행동이 발생할 때 아동을 무시하게 되면 하루 중 많은 시간 동안 아동을 무시하게 될 수 있다. 그 대신에 **표적이 정해진 무시를 실시한다.**	
계획된 무시의 규칙	행동을 **완전히** 무시한다(무표정, 말하지 않기, 필요 시 자리를 떠나기). 표적행동이 멈출 때까지 무시한다. 행동이 멈추기 전에 무너져서 주의를 기울이게 된다면, 아동은 당신의 '한계점'을 학습하게 된다. 행동은 **개선되기 전에** 일반적으로 **더 악화된다**(아이들은 '판돈 올리기'를 좋아한다).	
벤을 위한 계획된 무시 전략: **아동과 행동을 무시한다.**	• 벤의 '**부정적인 말**'을 무시한다. 벤은 종종 부적절한 말을 했다. 이러한 행동에 제공된 사회적 관심을 제거하는 데 계획된 무시가 사용되었다. 벤의 문제행동으로 확대에 대한 초기 우려는 '행동이 아니라 아동을 무시한다.'는 원칙을 적용하여 다루었다. 그가 파괴적으로 되면, 어머니는 이야기하거나 보지 않고 물리적으로 그가 파괴적으로 되는 것을 막았다. • 전화가 왔을 때: 이 전략은 예방(당신이 전화하는 동안 벤에게 할 일을 주는 것)과 강화물("내가 전화를 하는 동안 조용히 놀면, 너는 ####을 얻을 수 있어.")과 함께 실행하는 것이 가장 좋다. 예기치 않은 전화가 걸려오고 벤이 할 일이 없거나 파괴적이 될 가능성이 있는 경우(예: 자동차에 있을 때)에는 몇 분 후에 다시 전화하겠다고 상대방에게 말할 수 있다. 그런 다음 예방/강화 유관을 설정한 다음 그 사람에게 다시 전화한다.	

<table>
<tr>
<td>지시 따르기 훈련</td>
<td>아동에게 요구를 준수하도록 가르치는 것은 다음과 같은 몇 가지 중요한 단계를 포함한다.

• 아동의 주목을 끌고 눈을 마주친다.
• 아동에게 정확히 무엇을 해야 하는지를 말하는(부탁하지 않음) 동시에 지시를 완료하기 위한 몇 가지 신체적 도움을 제공한다.
• 아동이 준수할 때 즉각적이고 구체적인 칭찬을 한다.

끝까지 연습할 수 없는 상황에서가 아니라, 끝까지 할 수 있도록 준비된 상황이 올 때까지 기다리는 것이 중요하다.
장난감을 치울 때 우리는 계획된 무시와 강화를 지시 따르기 훈련과 병행하여 사용하는 것에 대해 논의했다. 이것은 어머니가 신체적 도움을 사용하여 벤이 정리하도록 시킬 때 발생했던 (무시할 수 있는) 부정적인 행동(웃음) 중의 일부를 타겟팅 하는 것이다. 강화(예: 점수표상의 점수)는 지시를 준수하기 위한 추가적인 동기부여 도구로 사용될 수 있다. 벤이 준수하는 것을 도와야 하는 경우라 하더라도, 준수한 후에는 항상 사회적 칭찬을 제공한다.
우리는 “장난감을 정리해.” “욕실에 가서 양치질을 해.” 그리고 “욕조에 들어가.”와 같은 ‘지시 따르기’를 사용하여 벤에게 준수를 가르치는 데에 이러한 전략을 사용하는 것에 대해 논의했다.</td>
<td></td>
</tr>
</table>

<table>
<tr><th colspan="3">기술 가르치기 전략:
행동이 발생하지 않도록 우리가 아동에게 가르치려고 하는 것</th></tr>
<tr><th>전략</th><th>세부 사항</th><th>시작일</th></tr>
<tr><td>기능적 의사소통</td><td>부적절한 행동의 '기능'을 파악하는 것부터 시작한다(즉, 벤은 주의를 끌고 싶어 하거나, 요구에서 벗어나고 싶어 하거나, 무엇인가를 하고 싶다는 의사소통을 위해 행동하고 있습니까?).

다음 지침들을 사용하여 새로운 교체 기술을 가르친다. 기능적 의사소통 훈련은 다음과 같아야 한다.
1) 즉시 작동한다.
2) 사용될 때마다 매번 작동한다.
3) 비기능적 소통보다 덜 힘들어야 한다.

벤은 대화하고 있으며 도움을 요청하고 자신의 필요를 설명하기 위한 말을 사용할 수 있다. 따라서 우리의 목표는 벤이 의사소통하기 위한 (그러나 비기능적인) 행동에 대한 기능적 대체물로서 '자신의 말'을 사용하도록 가르치는 것이다.

• 과제를 완수하는 데 있어 벤의 어려움을 생각할 때, 우리는 이 행동이 어떻게 '도피'가 될 수 있는지에 대해 논의했다. 우리의 목표는 징징거리거나 불평하는 대신에, 과제로부터 '잠시 쉬는 것'을 어머니에게 요청하도록 벤을 가르치는 것이다.

• 처음에는 벤이 자신의 말을 사용하고 휴식을 요청할 때 즉시 응답해야 한다. 이것은 행동을 강화하고, (징징거리거나 불평하거나 테이블을 떠날 필요 없이) 자신의 말을 사용하여 휴식을 취할 수 있음을 그에게 보여 준다.

• 벤이 계속적으로 휴식을 요구하면, 휴식을 제공하기 전에 그에게 더 오랜 시간 동안 기다리도록 요구하는 것을 시작할 수 있다(예: 문제 하나를 더 해결하면 휴식을 취할 수 있다고 말하기).</td><td></td></tr>
</table>

새로운 기술 가르치기	우리는 새로운 기술을 가르치는 주요 원칙에 대해 논의했다. 1. '과제 분석'을 실시한다. • 큰 과제를 더 작은 단계로 나눈다. 2. 벤이 이미 어떻게 할지 알고 있는 단계와 아직 학습해야 할 단계를 결정한다. • 기술을 학습할 때 벤은 어떻게 해야 하는지 알고 있는 단계를 항상 완료해야 한다. 3. 어느 단계부터 먼저 가르칠지를 결정한다 • '쉬운' 단계부터 시작하는 것이 도움이 된다. 4. 한 번에 오직 한 단계만 교육하는 것에 집중해야 하며, 이는 좌절감을 최소화하는 데 도움이 된다. 5. 한 단계의 학습이 끝나면, 다음 단계로 넘어간다. • '전향 행동 연쇄'(과제의 첫 번째 단계부터 시작하여 목록을 따라 내려가기) 또는 '후향 행동 연쇄'(과제의 마지막 단계부터 시작하여 역으로 작업하기)를 사용할 수 있다. 6. 필요한 경우, 특정 단계에서의 '시도' 자체를 보상하는 강화물을 포함시킨다. • 우리는 벤의 안전벨트 착용을 목표로 이러한 전략을 사용하는 것에 대해 논의했다.	

보충 회기

수면:

우리는 다음과 같은 수면 문제를 목표로 삼았다.

- 수면 연관 행동(잠들기 위해 침대에서 DVD를 시청하는 것이 필요함)
- 수면 연관 행동(벤이 DVD를 통해서도 잠들지 않을 경우, 어머니가 곁에 있어야 함)
- 어머니의 침대로 이동하는 것을 포함한 야간 각성

포함된 중재:

- 벤이 잠자리에 들기 전에 DVD가 재생되도록 취침 일과를 변경
- 잠들기 위한 새로운 '유관 행동'으로서 밤새도록 작동할 음향 기기를 도입(조용한 소리를 내는 DVD)
- 행동을 다른 방향으로 전환시키기(침실로 되돌아가기) 및 벤이 잠들어 있는 동안 어머니에 의한 정기적인 확인
- 벤이 한밤중에 어머니의 침대로 이동할 경우 방향 전환(침실로 되돌아가기)
- 우리는 아동이 어머니의 침대로 이동하는 것을 어머니가 때때로 알아채지 못하는 것에 대해 논의하였으며, 아동의 움직임을 엄마에게 알리기 위한 아기 모니터나 다른 수단을 사용하여 문제를 해결하였다. 우리는 벤이 자신의 침대에서 깰 수 있도록 어머니가 아침에 일어났을 때 벤을 다시 자기 방으로 옮기는 문제에 대해서도 논의하였다.
- 자신의 침대에서 깨었을 경우 강화물을 제공(점수표상의 점수)
- 벤이 어머니의 침실로 접근하는 것을 막기 위해 베이비 게이트를 사용. 벤이 베이비 게이트를 '만났을' 때(그리고 어머니를 깨우는 경우), 어머니는 그를 자기 침대로 되돌려 보낼 수 있다.

타임아웃:

욕뿐만 아니라 '부정적인 말'을 해결한다.

- 타임아웃은 정확히 어떠한 행동이 자신을 타임아웃으로 (계속해서) 보내는지 벤이 알 수 있도록 **한 번에 한 가지 행동**에 대해 사용되어야 한다.
- 벤이 새로운 '가정 규칙'이 있다는 사실을 미리 알게 한다. 그리고 매일 아침 이 규칙이 시행 중임을 그에게 상기시킨다. 이러한 가정 규칙에 대한 시각적 알림을 표시할 수 있다(예: 타임아웃 의자 바로 위에 게시된 어떤 것).
- 벤이 부정적인 말을 할 때마다, 필요에 따라 신체 촉구를 조금 사용하여 그를 주목하지 않은 채 타임아웃으로 보낸다.
- 벤이 타임아웃 의자에서 너무 파괴적이라면, 그를 그의 방으로 옮긴다.
- 벤은 최소한의 시간 동안(예: 3분) 타임아웃에서 머물러야 한다.

참고: 벤은 조용해질 때까지 타임아웃을 떠날 수 없어야 한다. 3분이 지나서도 여전히 화가 나 있다면, 당신은 그가 타임아웃을 벗어나도록 허락하기 전에 진정할 때까지 기다려야 한다.

타임아웃 작업을 돕기 위해서는 벤에게 제공하는 긍정적인 관심의 양을 증가키는 것이 중요하다(그가 잘하고 있을 때를 포착한다). 타임아웃은 타임아웃에 동반하는 부정적인 측면에 대응하여 긍정적인 관심이 '건강한 균형'을 이룰 때 가장 효과적이다. 우리는 벤이 잘하고 있을 때 어떤 일이 일어날지 그에게 상기시키는 긍정적인 관심을 사용하기를 원한다(예: 나는 엄마로부터 많은 긍정적인 주목을 받는다!).

유지 및 일반화:
모든 환경에서 문제행동 비율을 낮게 유지시키기 위하여 어떻게 해야 하는가

행동 유지를 위한 팁

1. 행동을 유지하는 데 있어 지속적인 강화가 중요하다.
2. 새로 얻어진 기술에 용암법(자극의 점진적 소거)을 사용하여 보다 실제적인 강화 계획으로 전환한다.
   한 가지 방법은 매번 행동을 강화하는 것에서 매 3번 또는 5번마다 행동을 강화하는 것으로 전환하는 것이다. 이는 간헐적인 강화의 한 가지 예일 수 있다.
   또 하나의 방법은 행동을 즉시 강화하지 않고, 시간이 조금 지난 후에 제공하는 지연 강화를 통해 강화를 덜 제공하는 것이다.

상황과 사람 전체에서 기술의 일반화를 촉진하기 위한 팁

1. 새로운 기술은 다양한 상황을 통해 강화될 때 일반화될 가능성이 더 크다.
2. 다양한 상황에서 자연스럽게 발행하는 강화물을 사용하는 것이 도움이 된다.
3. 어떠한 상황이 기술을 학습한 상황과 너무 다르면, 새로운 기술이 새로운 상황에서 일반화되지 않는 경우가 있다.
4. 문제행동이 가정 밖의 상황에서 강화되지 않도록 한다.

앞으로 고려해야 할 사항: (다가올) 미래에 시행할 수 있는 전략	
전략	**세부 사항**
강화: 선호 활동에 대한 접근 시간 확보 (식사 시간 타이머 계획 참조)	정확한 식사 시간 행동에 대하여 M&M's를 제공하는 대신, 벤은 선호하는 활동에 대한 '시간'을 얻을 수도 있다. 예를 들어, 벤이 자신의 식사량을 4분 간격으로 마칠 때마다 어머니와 함께할 5분 동안의 특별한 시간을 제공하거나 어머니의 킨들을 사용할 시간을 5분 동안 제공한다.
예방: 시각적 일과표	시각적인 형식으로 (청각적인 형식과 대조적으로) 정보를 전달하는 것은 자폐 스펙트럼 장애 아동에게 매우 도움이 될 수 있다. 시각적 일과표는 하루 중의 활동과 전환을 그림으로 표현한 것이다. • 이것은 우리 프로그램에는 소개되지는 않았지만, 앞으로 일과의 구조에 시각 단서를 제공하는 데 유용한 전략이 될 수 있다.
예방: 일과 만들기	이것은 벤에 대한 예측 가능성을 높인다. 저녁 일과는 이미 훌륭하고 예측 가능하다. 학년이 시작되면 '아침 일과'에 대한 동일한 종류의 예측 가능한 일과를 만드는 데 도움이 될 수 있다. 어머니는 벤이 아침 일정을 설계하는 것을 돕기 위해 시각적 일과표를 추가하는 것을 고려할 수도 있다.
기술 가르치기	향후 목표는 주스 붓기, 책가방 챙기기, 옷 입기 등이다.

부록 4

프로그램 실행 시의 문제 해결

어떤 부모는 제시간에 나타나서 회기에서 제시된 자료에 주의를 기울이며 과제를 완료하는 등 거의 완벽하다. 그러나 '현실 세계'에서는 항상 그런 것만은 아니다. 가족은 여러 가지 요구에 직면하며, 일부는 그들의 통제를 벗어난다. 어떤 부모는 아이가 하는 행동의 어려움 때문에 동기와 자신감을 잃기도 한다. 따라서 내부 및 외부 요소들이 부모 참여에 영향을 미칠 수 있다. 프로그램의 완전성을 유지하고 부모가 부모훈련 시간을 최대한 활용하는 것을 돕기 위해, 다음과 같이 치료 중에 발생할 수 있는 문제를 극복하기 위한 유용한 전략들이 있다.

1. **부모가 자료를 완전히 이해하지 못한다.** 초기 회기에 포함된 많은 활동과 연습이 진행되는 동안 부모가 정보를 얻는 데 어려움을 겪고 있다는 것을 느끼게 된다. 이 경우 먼저 자료를 설명하는 다양한 방법을 시도해 본다. 매뉴얼의 스크립트에서 출발하여 특정 아동에게 원리를 적용하는 것이 도움이 될 수 있다. 예를 들어, 부모가 그날 아침에 방금 처리한 상황에 대해 당신이 이야기하면, 부모가 행동 원리 회기에서 ABC와 더

잘 연결할 수도 있다. 과제를 내줄 때에는 부모가 소화할 수 있는 것만을 다루도록 한다. 부모가 실시할 수 없는 정교한 과제를 내는 것보다 작지만 의미 있는 행동 변화로 성공할 수 있는 과정을 제시하는 것이 더 중요하다.

2. **부모가 특정 전략에 열중하지 않거나 프로그램에 참여하지 않는다.** 프로그램에 대한 '참여'를 늘리는 한 가지 방법은 부모가 과제를 선택하도록 하는 것이다. 예를 들어, 예방 전략 회기에서 부모와 치료자는 문제행동을 다루기 위한 몇 가지 전략을 만들 수 있다. 당신은 '가장 큰 효율성'을 제공하는 전략에 주목할 수 있으나, 부모는 아동별 문제에 적합한 기법에 더 관심을 가질 수 있다. 특히 '참여'에 대한 우려가 있는 경우에는, 다음 주에 이러한 문제를 다룰 전략을 부모가 선택하게 한다. 그런 다음 부모가 선택한 전략을 성공으로 적용할 수 있다면 모델을 지원하고 참여를 촉진한다. 이러한 성공을 바탕으로, 부모는 향후 회기에서 치료자가 제안하는 전략에 대해 더욱 개방적일 수 있다.

3. **부모가 과제 용지를 가져오는 것을 '잊어버린다'.** 과제의 완료와 문서화는 성공적인 프로그램의 필수 구성 요소이다. 과제 경험에 대한 문서화 없이는 치료자가 부모의 회상에 의존하게 되는데, 이는 이전 주에 발생한 행동을 추적하는 것보다 정확하지 않을 수 있다. 과제 완료를 권장하기 위한 다음의 몇 가지 제안이 있다.

   - 부모가 과제를 끝냈는지 여부와 관계없이 과제에 대해 토론할 시간을 갖는다. 이는 과제가 프로그램의 필수적인 부분으로서 모든 회기에서 검토될 것이라는 명확한 메시지를 보내는 것이다.
   - 빈 활동지를 손쉽게 이용할 수 있도록 준비하고, 과제에 관해 토론할 때 채울 수 있도록 부모에게 시간을 준다. 지난 며칠 동안 시도된 구

체적인 전략을 따라 가도록 부모에게 요청한다.

- 과제 완료를 방해하는 요소를 확인한다. 불편한 장소에 활동지가 보관되어 있는가? 부모는 언제 활동지를 완성하는가? 아동이 잠든 하루의 끝에서 인가 아니면, 목욕이나 식사 시간과 같은 표적 기술이나 행동이 완료된 직후인가?

4. **부모가 과제를 완료하지 않는다.** 부모훈련 프로그램은 각 회기마다 새로운 주제로 이동한다. 이런 속도 때문에 부모가 과제를 완료하는 것이 중요하다. 과제를 처음으로 놓친 경우, 치료자는 현재 및 이전 회기의 과제를 '합치게' 할 수 있다. 부모가 2개의 과제를 연속적으로 빠뜨리면, 속도를 늦추고 전략을 구현하는 데 있어 회기를 문제 해결에 사용한다. 그런 다음 부모는 이전에 할당된 과제를 완료하기 위해 집으로 보낼 수 있다. 당신이 과제의 성공 또는 실패에 여전히 관심이 있다는 것을 부모가 알게 할 필요가 있다. 부모가 돌아오고 아직도 어떠한 과제도 완료하지 못했다면 치료 참여, 구조적 장벽 및 생활 스트레스에 관한 집중적인 토론이 필요하다. 예를 들어, 이혼 중인 부모는 부모훈련 프로그램의 기대 효과에 집중할 수 없다. 부모가 전략을 실행하지 않으면 프로그램이 작동하지 않는다는 점을 강조하면서, 프로그램 중에 또는 프로그램을 중단해서 휴식을 취할 가능성을 토론에 포함시킨다.

5. **기법을 도입했을 때 아이가 심하게 떼를 써서 기법이 작동하지 않았다고 부모가 말한다.** 부모가 이러한 기대를 누그러뜨리는 것을 돕는다. 부모가 최선의 노력을 다했음에도 불구하고, 텐트럼은 어쨌든 일어날 수 있다. 예를 들어, 부모가 목욕 시간에 앞서 5분 간의 경고로서 타이머를 도입한다. 이러한 전략은 어려움을 최소화하도록 설계되었는데, 그것은 그러한 전략이 전환이 임박한 아동에게 명확한 촉구를 제공하기 때문이다. 지시받은 대로, 부모는 타이머를 설정하고 5분 후에 목욕 시간이 발

생할 것이라고 아이에게 구두로 촉구한다. 타이머는 5분 후에 울리고 아이는 목욕을 하고 싶지 않다고 소리를 지르기 시작한다! 타이머가 왜 텐트럼을 '막지' 않았는지 부모가 혼란스러워하는 것은 당연하다. 이러한 반응이 예상되지 못한 것이 아니라는 점을 부모에게 알린다. 부모는 전략을 끝까지 이행할 필요가 있다(예: 타이머가 울리면 욕조로 이동한다). 이것은 부모의 말은 공허한 협박이 아니라 의미가 있다는 것을 아이에게 가르쳐 준다. 부모가 일관성이 있고 전략을 이행하는 경우, 아이의 저항은 시간이 지남에 따라 감소한다. 타이머는 결국 작동하여 목욕 시간으로의 매끄러운 전환을 촉진한다.

6. **부모가 회기에 위기를 가져온다.** 모든 것이 계획대로 진행된다면 치료자는 각 회기에서 주제별로 이동할 수 있어야 한다. 그러나 일이 항상 계획대로 진행되지는 않는다. 부모는 아이의 학교 문제, 부부 생활과 가족 문제 또는 기타 대인 관계와 같은 위기 상황에 놓인 채 회기에 도착할 수 있다. 먼저 시간을 갖고 문제를 인정하고 사용 가능한 자원에 기초하여 가능한 솔루션을 충분히 생각한다. 보다 심층적인 토론이 필요하면, 치료자는 보충 회기인 위기 관리 회기를 시작할 수 있다(www.oup.com/us/ttw에서 이용 가능). 이 회기에서는 특정의 아동 행동(예: 공격 또는 자해의 증가) 또는 좀 더 전반적인 문제(예: 부모가 아이의 학교 프로그램을 변경하기를 원하는 것)에 집중할 수 있다. 부모가 더 많은 지원을 필요로 한다고 생각되면, 외부 자원의 소개에 대한 논의가 필요하다(예: 개인/부부 생활 상담, 변호/법률 상담). 어떤 상황에서는 문제의 압박적 성격 때문에 문제를 해결하기 위해 부모훈련 프로그램에서 휴식을 취해야 한다는 신호가 있다.

7. **부모가 회기에 와서 아이가 '폭발했다'고 말한다.** 경험에 따르면 일 년 중에서 몇 번은 가족에게 특히 어려울 수 있음을 알 수 있다. 학년의 시작

과 끝, 주요 공휴일, 디즈니월드와 같은 재미있는 장소로의 여행조차도 부모가 아이가 심하게 힘들어하고 전략이 작동하지 않는다고 보고하는 시기와 일치할 수 있다. 이러한 순간들은 자폐 스펙트럼 장애 아동에 있어 일관성과 예측 가능성이 얼마나 중요한지에 대해 부모와 토론할 수 있는 좋은 기회를 제공한다. 전학, 휴일 및 휴가와 같은 스케줄의 큰 변화는 아동의 불안과 조절장애를 증가시킬 수 있다. 아동의 주요 일과 변화에 따라 예상되는 문제행동의 증가를 재조명할 수 있다. 문제행동의 증가가 일시적일 가능성이 있으며, 일단 아이가 규칙적인 일상생활로 복귀하면 진정된다고 부모에게 알린다. 한편, 현재까지 성공적으로 적용되었던 전략들을 검토하고, 그러한 전략들이 현재의 문제행동을 줄이는 데 도움이 되기 위해 어떻게 적용될 수 있는지 부모와 함께 생각한다. 부모가 약간의 행동 증가로 인하여 압도된 느낌을 받을 때에는, 아이가 정상적인 일상으로 돌아갈 때까지 평상시의 요구에서 물러서는 전략을 부모에게 상기시킨다. 좋은 소식은, 충분한 시간과 일관성을 가지고 전략을 사용하면, 아동이 '폭발' 이전의 행동 수준으로 되돌아간다는 사실이다.

8. 프로그램 전반에 걸쳐 필요할 수 있는 추가적인 알림 사항

- 일상적인 구조와 효과적인 양육 전략의 일관된 적용이 아동의 문제행동을 줄이기 위한 필수 요소이다.
- 아동은 자신을 위한 행동에 몰두한다. 부모의 과제는 잘 정립된 행동 패턴을 변경하는 것이다. 아동의 저항을 거쳐서 행동의 개선을 가져오기 위해서는 시간과 인내가 필요하다.
- 부모는 아동의 행동에서 예상치 못한 격분 또는 자신의 개인적인 또는 재정적인 문제로 인한 어려움 때문에 감정에 휩싸인 채 회기에 나올 때가 있다. 이러한 기간 동안에 부모는 아동에 대한 요구를 줄이는 것이 좋다.

부록 5

RUBI 경과 노트

성명(아동): ________________ 방문일: __________________ (년/월/일)

치료자: ____________________ 회기: _____________________

과제 문제:
문제행동: (우려되는 행동)
회기 문제:
결정(추가, 변경)
과제:

참고문헌

Aman, M. G., McDougle, C. J., Scahill, L., Handen, B., Arnold, L. E., Johnson, C., ... Wagner, A. (2009). Medication and parent training in children with pervasive developmental disorders and serious behavior problems: Results from a randomized clinical trial. *Journal of the American Academy of Child and Adolescent Psychiatry, 48*, 1143-1154.

American Psychiatric Association. (2013). *Diagnostic and statistical manual of mental disorders, 5th ed. DSM-V.* Washington, DC; Author.

Bearss, K., Johnson, C., Handen, B., Smith, T., & Scahill, L. (2013a). A pilot study of parent training in young children with autism spectrum disorders and disruptive behavior. *Journal of Autism and Developmental Disorders,* 43, 829-840.

Bearss, K., Lecavalier, L., Minshawi, N., Johnson, C., Smith, T., Handen, B., ... Scahill, L. (2013b). Toward an exportable parent training program for disruptive behaviors in autism spectrum disorders. *Neuropsychiatry, 3*, 169-180.

Bearss, K., Johnson, C., Smith, T., Lecavalier, L., Swiezy, N., Aman, M., ... Scahill, L. (2015). Effect of parent training versus parent education on behavioral problems in children with autism spectrum disorder: A randomized clinical trial. *Journal* of *the American Medical Association, 313*, 1525–1533. doi: 10.10001/jama.2015.3150

Brookman-Frazee, L., Drahota, A., Stadnick, N., & Palinkas, L. A. (2012). Therapist perspectives on community mental health services for children with autism spectrum disorders. *Administration and Policy in Mental Health and Mental Health Services Research, 39*, 365–373.

Carter, A. S., Messinger, D. S., Stone, W. L., Celimli, S., Nahmias, A. S., & Yoder, P. (2011). A randomised controlled trial of Hanen's "More Than Words" in toddlers with early autism symptoms. *Journal of Child Psychology and Psychiatry, 52*(7), 741–752.

Dawson, G., Rogers, S., Munson, J., Smith, M., Winter, J., Greenson, J., ... Varlet, J. (2010). Randomized, controlled trial of an intervention for toddlers with autism: The early start Denver model. *Pediatrics, 125*, 17–23. doi: 10.1542/peds.2009-0958

Dretzke, J., Davenport, C., Frew, E., Barlow, J., Stewart-Brown, S., Bayliss, S., ... & Hyde, C. (2009). The clinical effectiveness of different parenting programmes for children with conduct problems: A systematic review of randomized control trials. *Child and Adolescent Psychiatry and Mental Health, 3*(7). doi: 10.1186/1753-2000-3-7

Elsabbagh, M., Divan, G., Koh, Y., Kim, Y., Kauchali, S., Marcin, C., ... & Fombonne, E. (2012). Global Prevalence of autism and other pervasive developmental disorders, *Autism Research, 5*, 160–179.

Hanley, G. P., Iwata, B. A., & McCord, B. E. (2003). Functional analysis of problem behavior: A review. *Journal of Applied Behavior Analysis, 36*, 147–185.

Hartley, S. L., Sikora, D. M., & McCoy, R. (2008). Prevalence and risk factors of maladaptive behaviour in young children with autistic disorder. *Journal of Intellectual Disabilities Research, 52*, 819–829.

Hayes, S. A., & Watson, S. L. (2013). The impact of parenting stress: A meta-analysis of studies comparing the experience of parenting stress in parents of children with and without autism spectrum disorder. *Journal of Autism and Developmental Disorders, 43*, 629–642.

Henggeler, S. W., Melton, G. B., Brondino, M. J., Scherer, D. G., & Hanley, J. H.

(1997). Multisystemic therapy with violent and chronic juvenile offenders and their families: The role of treatment fidelity in successful dissemination. *Journal of Consulting and Clinical Psychology, 65*, 821-833.

Horner, R. H., Carr, E. G., Strain, P. S., Todd, A. W., & Reed, H. K. (2002). Problem behavior interventions for young children with autism: A research synthesis. *Journal of Autism and Developmental Disorders, 32*, 423-446.

Johnson, C. R., Handen, B. L., Butter, E., Wagner, A., Mulick, J., Sukhodolsky, D. G., ... Smith, T. (2007). Development of a parent training program for children with pervasive developmental disorders. *Behavioral Interventions, 22*, 201-221.

Kaminski, J. W., Valle, L. A., Filene, J. H., & Boyle, C. L. (2008). A meta-analytic review of components associated with parent training program effectiveness. *Journal of Abnormal Child Psychology, 36*, 567-589.

Kasari, C., Gulsrud, A. C., Wong, C., Kwon, S., & Locke, J. (2010). Randomized controlled caregiver mediated joint engagement intervention for toddlers with autism. *Journal of Autism and Developmental Disorders, 40*, 1045-1056. doi: 10.1007/s 10803-010-0955-5

Mazurek, M. O., Kanne, S. M., & Wodka, E. L. (2013). Physical aggression in children and adolescents with autism spectrum disorders. *Research in Autism Spectrum Disorders, 7*, 455-465.

Perepletchikova, F., Hilt, L. M., Chereji, E., & Kazdin, A. E. (2009). Barriers to implementing treatment integrity procedures: Survey of treatment outcome researchers. *Journal of Consulting and Clinical Psychology, 77*, 212-218. http://dx.doi.org/10.1037/a0015232

Perepletchikova, F., & Kazdin, A. E. (2005). Treatment integrity and therapeutic change: Issues and research recommendations. *Clinical Psychology: Research and Practice, 12*(4), 365-383.

Research Units on Pediatric Psychopharmacology (RUPP) Autism Network. (2007). Parent training for children with pervasive developmental disorders: A Multi-site feasibility trial. *Behavioral Interventions, 22*, 179-199.

Scahill, L., Aman, M. G., McDougle, C. J., Arnold, L. E., McCracken, J. T., Handen, B., ... Vitiello, B. (2009). Trial design challenges when combining medication and parent training in children with pervasive developmental disorders. *Journal of Autism and Developmental Disorders, 39*, 720-729.

Scahill, L., McDougle, C. J., Aman, M. G., Johnson, C., Handen, B., Bearss, K., ... Vitiello, B. (2012). Effects of risperidone and parent training on adaptive functioning in children with pervasive developmental disorders and serious behavioral problems. *Journal of the American Academy of Child and Adolescent Psychiatry, 51*(2), 136-146. doi: 10.1016/j.jaac.2011.11.010

Silverman, L., Hollway, J. A., Smith, T., Aman, M. G., Arnold, L. E., Pan, X., ... Handen, B. L. (2014). A multisite trial of atomoxetine and parent training in children with autism spectrum disorders: Rational and design challenges. *Research in Autism Spectrum Disorders, 8*, 899-907.

Smith, T., Scahill, L., Dawson, G., Guthrie, D., Lord, C., Odom, S., ... Wagner, A. (2007). Designing research studies on psychosocial interventions in autism. *Journal of Autism and Developmental Disorders, 37*, 354-366.

Tonge, B., Brereton, A., Kiomall, M., Mackinnon, A., & Rinehart, N. J. (2014). A randomized group comparison controlled trial of "preschoolers with autism": A parent education and skills training intervention for young children with autistic disorder. *International Journal of Research & Practice, 18*(2), 166-177.

Whittingham K., Sofronoff, K., Sheffield, J., & Sanders, M. R. (2009). Stepping Stones Triple P: An RCT of a parenting program with parents of a child diagnosed with an autism spectrum disorder. *Journal of Abnormal Child Psychology, 37*(4), 469-480.

저자 소개

Karen Bearss 박사는 워싱턴 대학교 정신의학 및 행동과학부 조교수이며, 시애틀 자폐아동센터에서 RUBI 클리닉센터장이다.

Cynthia R. Johnson 박사는 러너 의과대학, 케이스 웨스턴 리저브 대학교의 교수이며, 클리블랜드 오하이오주에 있는 클리블랜드 자폐임상센터장이다.

Benjamin L. Handen 박사는 피츠버그 의과대학 소아정신의학과 교수이며, 웨스턴 정신의학연구소 및 클리닉의 자폐 및 발달장애센터에서 연구/임상서비스 부장이다.

Eric Butter 박사는 아동심리학자이며, 오하이오 주립대학교 소아학 및 심리학과 조교수이며, 오하이오주 콜럼버스에 위치한 네이션와일드 아동병원의 심리과장이다.

Luc Lecavalier 박사는 임상심리학자이자 오하이오 주립대학교 심리학 및 소아학 교수이다.

Tristram Smith 박사는 심리학자이자 행동분석가로, 로체스터 대학교 의료센터의 소아발달/행동과 교수이다.

Lawrence Scahill 박사는 에모리 의과대학 소아과 교수이며, 애틀랜타주에 자리한 마커스 자폐센터 임상실험부장이다.

역자 소개

김붕년(Kim, Bung-Nyun, MD, PhD)

서울대학교 의과대학 및 동 대학원 석사 및 박사(정신의학: 소아청소년정신의학 분야)
Queensland Brain Institute and Child Trauma Center in Australia 장기연수 및 방문교수
현 서울대학교 의과대학 교수
서울대학교병원 소아청소년정신과 분과장
발달장애인 거점병원 및 행동발달증진센터장
대한소아청소년정신의학회 차기 이사장
국제소아청소년정신의학회 부회장
전 서울시 소아청소년광역정신보건센터장
한국자폐학회 회장

김예니(Kim, Ye-ni, MD, PhD)

서울대학교 의과대학 및 동 대학원 석사 및 박사(생화학: 발달신경학 분야)
Salk Institute for Biological Studies 장기연수 및 연구원
현 동국대학교 일산불교병원 부교수
한국자폐학회 학술이사
대한소아청소년정신의학회 학술위원
대한신경정신의학회 청소년특임위원
전 국립서울병원 소아청소년정신과 과장
국립서울병원 참다울학교 교장
국립정신건강센터 행동발달증진센터장

자폐증의 문제행동에 대한 부모훈련

-RUBI 자폐증 네트워크- 치료자 매뉴얼

Parent Training for Disruptive Behavior

The RUBI Autism Network CLINICIAN MANUAL

2020년 9월 10일 1판 1쇄 발행
2024년 1월 25일 1판 3쇄 발행

지은이 • Karen Bearss · Cynthia R. Johnson · Benjamin L. Handen
Eric Butter · Luc Lecavalier · Tristram Smith · Lawrence Scahill

옮긴이 • 김붕년 · 김예니

펴낸이 • 김 진 환

펴낸곳 • (주) 학지사
04031 서울특별시 마포구 양화로 15길 20 마인드월드빌딩 5층

대표전화 • 02) 330-5114 팩스 • 02) 324-2345

등록번호 • 제313-2006-000265호

홈페이지 • http://www.hakjisa.co.kr
인스타그램 • https://www.instagram.com/hakjisabook

ISBN 978-89-997-2182-3 93180

정가 23,000원

역자와의 협약으로 인지는 생략합니다.
파본은 구입처에서 교환하여 드립니다.